惠園東洋古典 20

孫子兵法

李民樹 譯解

惠園出版社

□ 머 리 말

「손자병법(孫子兵法)」은 중국에 있어서 가장 위대한 군사적 저작(軍事的 著作)이다. 이는 대개 춘추 전국시대의 경험을 모아서 남북병학(南北兵學)의 정영(精英)을 합쳐서 만든 책이기 때문이다.

이 책의 저자인 손무(孫武)는 기원전 6세기경, 곧 지금으로부터 2천 수백 년 전 춘추 전국시대의 병법가(兵法家)이다.

이 저작은 2천 수백 년 전의 옛날의 일이고, 또 당시의 중국은 크고 작은 제후국(諸侯國)들의 패권 다툼으로 시끄러웠으므로 오늘날까지 남아 있는 사서(史書)도 얼마 되지 않아서 「손자」에 대해서도 여러 가지로 불확실한 점이 많다.

우선 그의 생몰(生殁)의 연대가 분명치 않고, 그가 쓴 이 병서(兵書)에 대해서도 그의 후손으로 전국시대에 진(晋)나라에 벼슬한 손빈(孫臏)이 지었다는 설도 있고, 심지어는 삼국시대(三國時代)의 위(魏)나라 무제(武帝)인 조조(曺操)가 편찬했다는 설까지 있다.

또 어떤 사람들은 아예 손자(孫子)라는 인물이 실재(實在)하지 않았다고 주장하기도 한다. 그것은 당시의 일을 기록한 「좌전(左傳)」이란 사서(史書)에 손자의 이름이 전혀 나타나 있지 않은 사실에 근거한 주장일 것이다.

그러나 「좌전」이라는 책은 주로 당시의 재상이나 중신(重臣)들의 일만을 기록한 책이므로, 손자 같은 일개 병술가(兵術家), 곧 실무가(實務家)가 등장하지 않았다 해서 그것이 그가 실존 인물이 아니라는 증거는 되지 않는다.

여기에 수록된 13편의 내용은 시계(始計), 작전(作戰), 모공(謀攻), 군형(軍形), 병세(兵勢), 허실(虛實), 군쟁(軍爭), 구변(九變), 행군(行軍), 지형(地形), 구지(九地), 화공(火攻), 용간(用間)으로 되어 있는데, 「손자병법」은 중국 최초의 병서일 뿐만 아니라 내용에 있어서도 무경칠서(武經七書)의 다른 병서와 비교가 안 될 정도로 뛰어나다.

　그의 사상은 노자(老子)와 공통되는 부분이 많다. 첫째는 만물을 고정된 것이 아니고, 변화 발전하는 것으로 파악하려 한 점이다. 그가 운동전(運動戰)을 중시한 것도 이 변화에서 나온 것이다.

　또 이것은 힘에 무리가 없는 주체성의 확립을 이끌어 낸다. 변화의 법칙을 파악하여, 거기에 거스르지 않고 그것을 이용한다. 열세에서도 우위에 설 수가 있어 주도권을 장악하게 되는 것이다. 문제가 되고 있는 궤도(詭道)도 단순한 속임수가 아니고 이 법칙성에 따르고 있는 것이다.

　「손자병법」은 핵무기가 등장하는 현대전(現代戰)은 물론이고 평상시의 사회 생활, 인간 관계에도 훌륭하게 응용될 수 있는 책이다. 자신 있는 인생, 승리하는 삶을 원하는 사람이라면 반드시 한번 읽어 보기 바란다.

역해자 이 민 수 씀

□ 일러두기

- 본서는 손자병법 전편(全篇)을 번역 수록한 것이다.
- 직역은 거의 원문을 놓고 한 자 한 자 손으로 짚어가며 읽을 수 있도록 하는 데 주력했다. 따라서 문장이 부드럽지 못한 부분은 해설을 참고하기 바란다.
- 본서는 한글 역(譯), 원문(原文), 주(註), 해설(解說)의 순으로 배열했다.
- 원문에는 독음(讀音)과 토를 달아 이해를 도왔다.

손자병법　　　　　　　　차　례

- 머리말
- 일러두기
- 손자병법 해제　　　　　　　　7

1. 시계편(始計篇)　　　　　　15
2. 작전편(作戰篇)　　　　　　43
3. 모공편(謀攻篇)　　　　　　59
4. 군형편(軍形篇)　　　　　　75
5. 병세편(兵勢篇)　　　　　　89
6. 허실편(虛實篇)　　　　　107
7. 군쟁편(軍爭篇)　　　　　133
8. 구변편(九變篇)　　　　　153
9. 행군편(行軍篇)　　　　　167
10. 지형편(地形篇)　　　　　193
11. 구지편(九地篇)　　　　　215
12. 화공편(火攻篇)　　　　　257
13. 용간편(用間篇)　　　　　271

손자병법 해제(孫子兵法 解題)

이 민 수

1. 손자(孫子)에 대(對)하여

한(漢)나라 사마천(司馬遷)이 쓴 「사기(史記)」의 열전(列傳)에 의하면 손자(孫子), 즉 손무(孫武)란 인물에 대하여 대략 다음과 같이 말하고 있다.

손자의 이름은 무(武)이며, 지금의 산동성(山東省)인 제(齊)나라 사람이다. 그가 병법(兵法)을 연구해 가지고 오(吳)나라 임금 합려(闔閭)를 찾아가 보이자 합려는 말했다.

"나는 선생의 병서 13편을 다 읽어 보았소. 그 병법에 의하여 시험삼아 군대를 실제로 좀 움직여 보여 주겠소?"

손자가 대답했다.

"좋습니다."

합려는 다시 제의했다.

"부인들을 군사로 삼아서 시험해 볼 수 있겠소?"

손자는 다시 좋다고 그 제의를 수락했다.

이에 합려는 궁중에 있는 미녀 1백 80명을 궁전 뜰에 집합시켰다.

손자는 이들을 두 부대로 나눈 다음 임금이 총애하는 여자 두 사람을 뽑아 각 부대의 대장으로 삼고 그들로 하여금 부대를 지휘하게 했다.

그런 다음에 손자는 미녀들에게 물었다.

"당신들은 가슴과 왼편과 바른편 손과 등을 알고 있지요?"

그러자 모두 알고 있다고 대답했다.

"그러면 내 지시를 잘 들으시오. 앞쪽이라고 말하거든 가슴이 있는 앞쪽을 보시고, 왼편이라고 말하거든 고개를 돌려 왼손편을 보시오. 바른편이라고 말하거든 고개를 돌려 오른손편을 보시오. 뒤쪽이라 말하거든 몸을 돌려 뒤편을 보시오."

그러자 모두 알았다고 대답했다.

이러한 약속을 한 다음에, 손자는 형벌을 가하는 기구와 부하를 처형하는 도끼를 내놓고 호령을 여러 번 되풀이했다. 손자가 북을 치면서 오른편이라 호령하자, 장난기가 많은 부인들은 크게 웃음만을 터뜨렸다. 그러자 손자는 명령했다.

"약속한 호령대로 움직이지 않는 것은 부대장의 죄이니 주의하시오."

다시 손자는 북을 치면서 왼편이라고 호령했다. 그러자 부인들은 또다시 크게 웃음만을 터뜨렸다.

이에 손자가 말했다.

"약속한 대로 움직이지 않는 것은 부대장의 죄라고 이미 언명하였소. 그런데도 법대로 처벌하지 않는 것은 형리(刑吏)의 죄가 되오."

그리고는 손자는 도끼를 들고 양쪽 부대장의 머리를 치려 했다.

오(吳)나라 임금은 누대(樓臺)에서 이것을 보고 있다가 사랑하는 여자들의 목이 달아나려는 것을 보자 크게 놀라 급히 옆의 신하로 하여금 달려가서 말하게 했다.

"나는 이미 장군께서 용병을 잘하신다는 것을 알고 있소. 그러나 나는 이들 두 여자가 없다면 음식을 먹어도 그 맛을 모르고, 또한 편하게 잠도 자지 못할 것이오. 제발 이들의 목만은 치지 말아 주시오."

그러나 손자의 대답은 단호했다.

"신은 이미 임금의 명령을 받아 장수가 되어 있습니다. 장수는 군대의 통솔에 있어서 비록 임금의 명령이라 하더라도 받아들이지 않을 수가 있습니다."

그리고는 마침내 임금이 사랑하는 두 부대장의 목을 친 다음, 다시 대열을 정비하고 나서 다시 두 사람을 뽑아 부대장으로 삼았다. 그런 다음에 다시 북을 치면서 호령을 내리니, 부인들은 전후 좌우로 재빠르고 정연하게 움직이고 잡소리 한마디 내지 못했다.

이렇게 되자 손자는 사람을 보내어 임금에게 아뢰었다.

"군사들은 이미 정제히 움직일 수 있도록 조련되었습니다. 이제 임금께서 친히 내려오셔서 시험해 보아 주십시오. 불 속으로 뛰어들거나 물 속에 빠지거나 이제는 마음대로 될 것이옵니다."

그러나 임금은 말했다.

"장군! 이제 그만하고 숙소로 돌아가 쉬시오. 나는 내려가 보고 싶은 생각이 없소."

이에 손자가 말했다.

"임금님께서는 쓸데없는 이론은 좋아하시면서도 실천은 하시지 않으려 하십니다."

이런 일이 있은 다음, 합려는 손자가 용병을 잘한다는 사실을 인정하고, 마침내 오나라의 장수로 임명했다.

  손자가 자기의 사랑하는 미인들을 둘씩이나 죽였는데도 불구하고 오나라 임금 합려가 손자를 자기 나라의 장수로 임명한 것은 그만큼 나라의 형편이 절박했기 때문이었다. 그때 오나라는 남·서·북의 삼면으로 모두 강한 나라들과 경계를 마주하고 있어서, 나라를 지탱하기 위해서는 강한 군사와 훌륭한 장수들이 절대로 필요했다. 오나라 임금은 손자가 내심으로 괘씸하면서도, 자기 애인들을 죽인 죄를 묻지 않고 이를 악물고 장수로 임명했을 것이다.

  장군이 된 손자는 곧 군사를 일으켜 서쪽의 강대한 초(楚)나라를 무찌르고 그 나라 수도(首都)인 영(郢)을 함락시켰다. 또 북쪽으로 나가서 강한 제(齊)나라와 진(晉)나라 군사를 깨침으로써 이들에게 압박을 가하여, 오나라의 명성을 천하에 떨치게 했다. 이것들은 오로지 뛰어난 손자의 용병(用兵) 덕분이었다. 이러고 나서 얼마 안 가서 손무(孫武)는 죽었다.

2. 병법(兵法)의 내용(內容)

  지금 우리가 보는 손자(孫子)는 시계편(始計篇)에서 시작하여 용간편(用間篇)으로 끝나는 열세 편으로 이루어져 있다. 사기의 손자오기열전(孫子吳起列傳)에도 「손자」 13편이라 했으나 편목(篇目)이나 내용도 지금의 「손자」와 같은 것인지 알 길이 없다. 그러나 「한서(漢書)」 예문지(藝文志)를 보면, 「오손자병법(吳孫子兵法)」 82편을 병권모(兵權謀) 십삼가(十三家) 259편의 첫머리에 싣고 있다. 그리고 안사고(顏師古)는 이 책이 오나라 합려의 장수로 있었던 손무(孫武)의 저술이라고 주(註)에서 말하고 있다. 그러나 수서(隋書) 경적지(經籍志)에는, 「손자병법(孫子兵法)」 1권, 「손무병경(孫武兵經)」 2권, 「오손자빈팔진위(吳孫子牝八陣圍)」 2권, 「속손자병법(續孫子兵法)」 2권, 「손자병법잡점(孫子兵法雜占)」 4권이 수록되어 있고, 구당서(舊唐書)에는 「손자병법」 13권을 수록하고 저자는 손무며, 위(魏)나라 무제(武帝)가 주를 달았다는 설명이 붙어 있다.

「사기」의 손자오기열전(孫子吳起列傳)에 의하면, 손빈(孫臏)은 손무가 죽은 뒤 백여 년 뒤의 사람으로서 손무의 자손이라 한다. 그는 친구인 방연(龐涓)과 함께 병법을 배웠다. 방연은 일찍이 위(魏)나라 혜왕(惠王)을 섬겨 장수가 되었으나, 손빈이 자기보다 병법이 뛰어난 것을 항상 시기하고 있었다. 이에 방연은 손빈을 혜왕에게 추천하여 벼슬을 하게 한 다음, 남몰래 그를 모함하여 죄를 씌워 두 다리를 잘리고, 얼굴에 먹물을 새기는 묵형(墨刑)을 당하게 했다. 그러나 손빈은 뒤에 제(齊)나라 사신에게 발견되어, 사신은 그를 수레에 태워 제나라로 데려갔다. 제나라로 간 손빈은 제나라 위왕(威王)과 장수인 전기(田忌)에게 인정을 받아 신임이 두터웠다. 뒤에 위(魏)나라가 조(趙)나라와 함께 한(韓)나라를 공격했을 때, 제나라는 한나라를 도와주었다. 이때 제나라 장수 전기는 위나라의 대량(大梁)을 침공했다. 그러나 한나라로 침입했던 위나라 장수 방연은 급히 군사를 돌려 위나라 도읍인 대량으로 돌아가려 했다. 그러나 마릉(馬陵)이라는 좁은 길목에서 손빈의 계략에 걸려 협공을 당하여 크게 패하여 자결하고 말았다. 이로부터 병가로서의 손빈의 이름은 천하에 알려지게 되었다. 이러한 손빈이 「제손자(諸孫子)」 89편을 지었다는 것이다.

한편 손자는 '전쟁이란 국가의 대사(大事)요, 나라가 존속하고 멸망하는 갈림길이니, 잘 살피지 않으면 안 된다.'고 서두를 시작하면서, 여러 가지 전쟁의 권모(權謀)를 논하고 있다.

그러나 '백 번 싸워서 백 번 다 이기는 것은, 전쟁을 잘하는 자 중에서 잘하는 자가 못 된다. 싸우지 않고도 적의 군대를 굴복시키는 것이 전쟁을 잘하는 자 중에서도 가장 잘하는 자이다(謀攻)'라는 기본 정신을 바탕으로 하고 있다. 이것은 중국의 전통적인 전쟁관이라고도 말할 수 있을 것이다.

무(武)라는 글자를 풀어보면, 과(戈), 즉 창과 전쟁을 중지(止)한다는 뜻의 글자가 모여서 된 회의문자(會意文字)이다. 군대나 무력이란 적을 공격하여 전쟁을 도발하는 데 의의가 있는 것이 아니라, 인류를 불행으로 몰아넣는 전쟁을 방지하는 데에 의의가 있다는 것이다. 그러기에 「오자(吳子)」에서도 '전쟁은 부득이 할 때에만 해야 된다.'고 주장한 것이다. 병가(兵家)라고 해서 모두 호전가(好戰家)는 아닌 것이다.

그러나 여러 사람들이나 나라들이 접촉하다 보면 이해 관계가 상반(相反)되는 경우가 생기고, 이해 관계가 상반되면 서로 양보하지 않고 전쟁으로 발전하게 되는 경우가 허다하다. 세계 평화를 이룩할 진짜 성인(聖人)이 출현하지 않는 이상 전쟁은 피할 수 없는 것인지도 모른다. 그렇다면 어느 나라건 전쟁을 좋아해서도 안 되지만 전쟁을 소홀히 생각해서도 안 된다. 그래서 손자는 전쟁을 되도록이면 짧은 시일 안에 어떤 방법을 써서라도 간단하고 적은 희생으로 승리로 끝맺어야 한다고 생각하였다. 따라서 자기 힘을 가지고 운동 시합을 하듯이 정정당당히 적과 마주 싸운다는 것은 어리석은 자나 할 일이라는 것이다. 그런 식으로 싸우다 보면 적과 똑같이 이 편도 많은 인명의 피해와 재물의 손실을 보아야 한다. 그것은 더욱 비정(非情)하고 참혹하며 파괴적인 전쟁을 뜻할 따름이다. 그러기에 손자는 전쟁을 되도록 빨리 끝맺을 수 있는 방법으로 권모(權謀)를 연구하여 논하게 된 것이다. 손자는 '전쟁이란 상대방을 속이는 도(道)인 것이다.'라고 요점을 잘라 말하기도 했다.

따라서 손자는 처음부터 끝까지 적을 속히 쳐부술 수 있는 계략을 논했다. 손자가 얘기한 병법(兵法)은 대부분이 현대 전쟁에도 적용되는 고전적인 가치를 지닌 내용이다. 그래서 현대에 이르기까지도 동서양을 막론하고 수많은 전술가(戰術家)들이 손자의 병법을 연구하게 된 것이다.

그러면 「손자병법」은 전술가들만이 읽고 연구할 성격의 책인가? 그렇지 않다. 전쟁과는 거리가 먼 직업을 가진 사람이라도 모든 지성인(知性人)이 한 번은 읽고 음미(吟味)해야만 될 책인 것이다. 먼저 우리는 손자의 병법을 통해서 비정한 전쟁을 피하려는 기본 정신을 배워서 지금도 인류의 최대 위협이 되고 있는 전쟁을 없앨 길을 모색해야 할 것이다.

또 시야(視野)를 좁혀 사람들이 사는 사회를 보면 이해 관계로 인한 개인적인 충돌로 시작해서 어떤 단체와 단체, 또는 어떤 지역과 지역간의 경쟁이 끊이지 않고 있다. 곧 인간 사회란 생존 경쟁이 치열한 것이다. 이러한 사회의 경쟁이란 바로 작은 규모의 전쟁이라 풀이할 수도 있을 것이다. 손자가 해설하는 전쟁에 대처하는 방법은 바로 이러한 개인이나 단체의 생존 경쟁에도 적용될 수 있는 원리인 것이다. 따라서 손자를 읽고 잘 음미한다면 어떤 책을 읽는 것보다도 효과적인 인생의 처세술(處世術)을 터득하게 될 것이다. 이러한 이유 때문에 손자는 고전(古典)으로서 현대 우리 생활 속에서도 살아 숨쉴 수 있는 것이다.

또한 「손자병법」의 6천 몇백 자는, 그것이 13편으로 나누어져 있으면서도 처음부터 끝까지 수미일관(首尾一貫)된 하나의 체계를 이루고 있다.

1. 시계편(始計篇)

　시계(始計)는 전쟁에 관해 맨 처음에 세우는 계획이다. 전쟁을 시작하기 전에는 반드시 적과 우리 편의 군사력(軍事力)을 비교하여 서로 싸워서 기어이 이길 수 있는 계획을 세워야 한다. 여기에서는 전쟁에 대비하는 다섯 가지 기본 요건(基本 要件)을 제시했다. 그리고 다시 용병술(用兵術)의 본질에까지도 언급하고 있다.

　따라서 이 '시계편'은 「손자병법」 13편의 총론인 동시에 「손자병법」의 기본이라고 할 수 있다.

　시계는 요즘 말로는 처음 세우는 전략이란 말인데, 전략도 세우지 않고 전쟁을 시작한다는 것은 무모한 것이며 절대로 적을 이길 수 없는 일이다.

　이 편(篇)에서는 승리의 기반이 되는 전략을 세울 때에 유의해야 할 전쟁의 기본적인 이론을 말하고 있다.

1

　손자(孫子)는 말했다.
　전쟁[兵]이란 나라의 중대한 일이다. 사람들이 죽고 사는 마당이 되고 나라가 계속되고 망하는 길이 되는 것이니 살피지 않을 수 없는 것이다.

原文　孫子曰 兵者는 國之大事라 死生之地요 存亡之道니 不可不察也니라.

註　병(兵): 본래는 병기(兵器)・무기(武器)의 뜻. 군인(軍人)・군대(軍隊)・전쟁 등 여러 가지 뜻으로 쓰이는데 여기에서는 특히 전쟁을 가리켜 한 말이다. 지(地): 마당・처지・판국. 즉 죽느냐 사느냐 하는 중대한 일이 결정되는 마당이란 뜻. 존망(存亡): 존속(存續)되고 멸망함.

解說　손자(孫子)는 이 책의 첫머리에서 전쟁이란 것이 얼마나 중대한 것인가에 대하여 강조(強調)하고 있다. 전쟁이란 다른 일들과는 달리 수많은 백성들을 살리느냐 죽이느냐 하는 문제를 결정짓고 나라가 그대로 존속되느냐 망하느냐가 결정되는 판가름이 되는 것이다. 전쟁이란 이처럼 결정적이고도 비정(非情)한 것이다. 따라서 손자는 병법(兵法)을 보다 더 조직적인 논리로 해설하기 위하여 그 하나의 큰 전제(前提)로서 이와 같이 말을 꺼내고 있는 것이다.

전쟁이 국가의 중대한 일이라는 것은 누구나 다 알고 있는 일이다. 그러나 많은 사람들이 다 알고 있는 일인 반면에 이를 소홀히 해서 일을 실패하는 일이 많다.
　법의 목적은 물론 평화이다. 그러나 평화에 도달하기 위한 수단은 투쟁의 형태를 취해야 한다는 것이다. 그리고 이 세상이 존속하는 한 그것은 항상 계속된다고 했다. 이러한 커다란 약속에 얽매여 있는 것이 전력(戰力)이기 때문에 여기에서는 살피지 않으면 안 된다고 말하고 있는 것이다.

2

　그런 까닭에 다음 다섯 가지 일로서 기틀을 삼고 일곱 가지 계보로서 비교하여 그 실정(實情)을 찾아야 한다.

原文 故로 經之以五事하고 校之以七計하여 而索其情이니라.
(고) (경지이오사) (교지이칠계) (이색기정)

註 경(經) : 일정한 기준(基準)이나 법도(法度). 상(常)과도 같은 뜻이다. 오사(五事) : 이 다섯 가지 일은 바로 다음에 나온다. 교(校) : 교(較)와 같은 뜻으로서 비교하다.

解說 여기에서부터는 전쟁을 시작하기 전에 전략을 세우는 방법을 자세히 설명하고 있다. 전략을 세움에 있어서는 그 표준이 되는 일이 다섯 가지가 있다. 이 다섯 가지 일을 기준으로 하여 적과 우리 군사의 병력(兵力)을 비교해 본 다음에 전쟁의 방법을

결정한다는 것이다.

3

첫째는 도(道)요, 둘째는 하늘〔天〕이요, 셋째는 땅〔地〕이요, 넷째는 장수〔將〕요, 다섯째는 법(法)이다.

原文 一曰道요 二曰天이요 三曰地요 四曰將이요 五曰法이니라.

註 도(道) : 올바른 도리. 전쟁을 하는 정당한 명분(名分).

解說 전략을 세우는 기준이 되는 다섯 가지 일에 대해서 말하고 있다.
　첫째, 전쟁은 올바른 도리에 맞아야 된다. 우선 이 전쟁이 현재의 사회를 위하여 필요해야만 한다. 물론 전쟁인 이상 일부 사람들에게는 피해를 끼치게 된다. 그러나 그것은 극히 소수의 사람에게만 끼쳐지는 일이므로 훨씬 많은 사람에게 이득이나 보람이 돌아오는 일이라면 이것은 사회의 정의(正義)를 위하여 올바른 일이므로 도(道)에 해당한다.
　둘째의 하늘은, 중국 고대의 철학에서 말하는 우주의 법칙, 즉 만상(萬象)을 지배한다는 절대적인 것이다. 이 경우에는 좋게 풀이하여 천상(天象), 즉 기후(氣候)로 보아도 좋다.
　셋째는 땅이다. 이것은 간단히 지리(地利)로 보아도 좋다. 이 지리는 산악(山岳)·구릉(丘陵)·하천(河川)·바다·평야 등을 들 수가 있는데, 이 역시 전쟁에 있어서는 충분히 조사해서 알아야 할 조건인 것이다.

  넷째는 장수, 이 장수란 전쟁을 지휘하는 대장(大將)을 말한다. 어느 조직에서나 이 대장격(大將格)인 총지휘자는 소중한 것이지만, 특히 전쟁에 있어서의 대장은 소중한 것이니 이 대장의 지휘 여하가 곧 전쟁의 승패를 좌우하기 때문이다.

  다섯째는 법이다. 이 법이란 법제(法制), 또는 규칙(規則)으로서 곧 질서(秩序)를 말한다. 군대에서는 올바른 질서가 지켜져야 모든 행동을 올바른 궤도에 올려놓고 혼란을 방지할 수가 있다.

  이 다섯 가지에 대해서 적과 우리의 사정을 살펴서 비교함으로써 모든 실정을 올바르게 파악한 다음에 비로소 전쟁을 시작해야 실수가 없다는 것이다.

4

  도(道)란 백성으로 하여금 임금과 함께 뜻을 같이하도록 한다. 그런 까닭에 그들은 임금을 위하여 죽을 수도 있고 임금을 위하여 살게도 되며, 위험스러운 것을 두려워하지 않는 것이다.

原文 道者는 令民與上同意也라. 故로 可與之死하고 可與之生하며 而不畏危也니라.

註 상(上) : 윗자리에 있는 사람으로서 여기에서는 임금으로 풀었다.

解說 여기에서 말한 도(道)란 바로 전쟁을 하는 올바른 명분(名分)을 말한다. 전쟁에 임하는 명분이 뚜렷해야만 백성들도 전쟁

1. 시계편 19

을 위하여 용감히 싸우게 된다. 명분이 뚜렷하지 않으면 아무리 대군(大軍)을 거느리고 출전(出戰)한다고 해도 그 전쟁을 승리로 이끌지는 못할 것이다. 그것은 백성들이나 군사들이 윗사람들을 신임하지 않게 될 것이기 때문이다.

백성들이 전쟁의 명분을 올바르다고 깨닫기만 하면 뜨거운 애국심을 바탕으로 하여 적 앞에 전 국민이 일치단결하여 전쟁에 임할 것이다. 전쟁이 이롭다고만 느껴지면 나라나 임금을 위하여 자기 한 몸쯤은 기꺼이 나라에 바칠 것이다.

아무리 강한 군사를 거느리고 있어도 의로운 명분이 없으면 싸워서 이기기 어렵다. 적과 우리를 비교함에 있어 손자(孫子)가 이처럼 도덕적인 문제를 가장 먼저 들고 있는 것은 주목할 만한 일이다.

5

하늘이란 흐리고 볕나는 것(陰陽), 춥고 더운 것(寒暑), 사시의 철을 제어하는 것(時制)이다.

原文 天者는 陰陽寒暑時制也라.

註 시제(時制) : 사시(四時)의 계절(季節)을 제어(制御)하여 전쟁에 유리하게 이용하는 것.

解說 하늘이란 여기에서의 경우 천기(天氣)와 사시(四時)의 변화를 말한다. 날씨는 사람의 힘으로 어찌할 수 없는 것이어서 전쟁을 하자면 계절과 기후의 변화를 잘 이용할 줄 알아야 한다.

음양(陰陽)은 날이 새면 밝은 아침이 되고 해가 지면 어두운 밤이 된다. 한서(寒暑)는 기후에 의한 덥고 추운 것을 말한다. 더 크게는 그것들을 포함한 사시(四時)의 기후 변천이란 말로도 풀이된다.

시제(時制)란 이상에 말한 음양과 한서를 시(時)로 보고 이것에 적응(適應)시켜 이를 이용하는 것을 제(制)라고 한다.

물론 당시 중국에서는 태양을 중심으로 하지 않고 달의 운행을 중심으로 한 태음력(太陰曆)을 썼으므로 손자가 생각했던 시제는 이와 훨씬 다른 것이었는지도 모르는 일이다.

6

땅이란 멀고 가까운 것, 험하고 평탄한 것, 넓고 좁은 것, 죽을 땅인가 살 땅인가이다.

原文 地者는 遠近 險易 廣狹 死生也라.

註 험이(險易) : 지형이 험한 곳과 평탄한 곳. 사생(死生) : 사(死)는 활로(活路)가 없는 지극히 불리한 꼭 죽게 된 지형, 생(生)은 평탄하여 활로(活路)가 있는 싸우기에 매우 유리한 지형.

解說 지(地)는 곧 지형(地形)을 말한다. 전쟁을 함에 있어서는 무엇보다도 지형을 잘 이용할 줄 알아야 한다는 것은 상식(常識)이다.

원근(遠近)・험이(險易)・광협(廣狹)들은 지질학적인 지식이지만, 이러한 지식이 단지 학문적, 학술적인 지식에서 끝나서는 안 된다. 그것이 사지(死地)에서 나아갈 수도 없고 물러설 수도 없는, 죽을 수밖에 없는 결전(決戰)의 땅인가, 혹은 생지(生地)에서 기사회생(起死回生)의 땅인가를 충분히 활용하여 판단하는 것이 무엇보다도 중요하다. 이와 같이 언제나 방위(防衛)나 공격의 방법은 지형에 의하여 결정되는 것이기 때문에 지형을 올바로 살펴서 이용할 줄 모르는 장수는 졸장(拙將)이라 할 것이다.

7

장수란 지혜〔智〕와 믿음〔信〕과 어짐〔仁〕과 용맹〔勇〕과 위엄〔嚴〕이 있어야 한다.

[原文] 將者는 智信仁勇嚴也니라.

[解說] 장수로서의 다섯 가지 인격에 대하여 말하고 있다. 이 다섯 가지 조건 중에서 한 가지만 빠져도 통솔이 제대로 되지 않는다. 또 그중 하나만이 뚜렷하게 뛰어나 있어도 곤란하다. 이 다섯 가지가 원만하게 조화를 이루어 혼연일체(渾然一體)가 되어 하나의 인격으로서 작용하지 않으면 안 된다.

다섯 가지 조건 중에는 모순되어 서로 반발하는 것도 있다. 이를테면 지(智)와 용(勇)으로, 덮어놓고 용기를 내는 수도 있고 지나치게 알고 있기 때문에 얼핏 결단을 내리지 못하는 수도 종종 있다. 그러나 모르기 때문에 강한 것은 진정한 용기가 아니다.

또 인(仁)과 엄(嚴)은 간혹 양립(兩立)하기 어려운 경우가 있다. 그러나 어떠한 부정에 대해서도 관대(寬大) 이외의 태도를 취하지 못하는 것을 올바른 일이라고는 볼 수 없다. 넓게 보는 엄은 그대로 인에 통하는 것이다.

　장수의 경우에 있어서는 의리는 인과 용 속에 포함되어 있고, 예는 믿음과 위엄 속에 포함되어 있기는 하겠으나 비정(非情)한 전쟁의 지휘자로서의 요건(要件)은 일반 유가(儒家)로서의 다섯 가지 덕목(德目)과 성격상 똑같을 수는 없을 것이다.

8

법(法)이란 곡제(曲制)·관도(官道)·주용(主用)이다.

原文 法^{법자}者란 曲^{곡제}制, 官^{관도}道, 主^{주용야}用也니라.

註 곡제(曲制) : 군(軍)의 편제(編制). 옛날 중국에서는 다섯 명이 오(伍), 열 명이 십(什), 50명이 대(隊), 1백 명이 곡(曲), 2백 명이 관(官), 4백 명이 부(部), 5백 명이 여(旅)로 되어 있다. 1백 명 단위의 부대 이름인 곡(曲)자를 따서 군(軍)의 편제(編制)를 곡제(曲制)라고 부른다. 관도(官道) : 군(軍)의 직제(職制). 장수 이하 대장 및 각 편대의 장(長)들의 복무(服務) 규정(規定). 주용(主用) : 군(軍)에서 주관하여 쓰는 것. 곧 군비와 보급을 뜻한다.

解說 군대는 한 사람 한 사람의 군인이 모두 용감해야 하겠지만 무엇보다도 중요한 것은 대오(隊伍)를 무너뜨리지 않고 전체가 일사불란(一絲不亂)하게 행동할 수 있는 집단적인 규율(規律)이 요청된다. 군(軍)의 조직이 꽉 짜이지 않으면 아무리 용감한 병사가 많아도 전쟁에 승리를 거두지 못한다.

　부대와 부대, 전방과 후방, 전투 부대와 보급(補給), 보병(步

兵)과 중화기부대(重火器部隊) 등의 제휴가 원만스러울 수 없을 것이기 때문이다.

9

　대체로 이 다섯 가지는 장수라면 듣지 못한 자가 없을 것이다. 이것을 잘 아는 자는 승리하고 알지 못하는 자는 승리하지 못한다.

[原文] 凡此五者는 將莫不聞이라. 知之者는 勝하고 不知者는 不勝이니라.
(범차오자) (장막불문) (지지자) (승) (부지자) (불승)

[解説] 앞에서 말한 다섯 가지 일이란 모두가 장수라면 모르는 자가 없는 것이다. 그러나 알면서도 실지로 잘 운용하지 못하면 그것은 진정 아는 것이 못 된다. 특히 전쟁은 지식과 행동의 합치를 요구한다. 이미 알고 있는 이러한 사실들을 기준으로 하여 적과 아군의 실정을 옳게 파악하여 비교해 본 다음에 전략을 세워야 한다는 것이다. 물론 이러한 사실들을 기초로 하여 실정을 조사해 본 결과 이길 만한 승산(勝算)이 서지 않는다면 전쟁을 피해야 한다.

10

　그런 까닭에 계(計)로써 비교하여 그 실정(實情)을 찾는다.

原文 故(고)로 校之以計(교지이계)하야 而索其情(이색기정)이니라.

解說 지금까지 말한 다섯 가지 일을 충분히 관찰하면 그것이 실마리가 되어 실제로는 어느 정도의 능력이 되어 나타날지, 앞으로 말할 일곱 가지 항목과 비교해서 음미(吟味)·검토해야 할 것이다.
  '그 실정(實情)을 찾는다'에서 실태를 추정(推定)할 수 있다. 이 경우 경쟁 상대를 목표로 해서 말하고 있는데, 다음 조목의 칠계(七計)에서는 다소 생각하는 바를 수정해야 할 필요가 있을지도 모른다. 그러나 이 상대를 새로운 사업 계획으로서 적용해 보는 것도 또한 재미있을 것이다.

11

  임금은 어느 쪽이 도(道)를 지니고 있는가, 장수는 어느 쪽이 유능(有能)한가, 하늘과 땅은 어느 편이 얻고 있는가, 법령(法令)은 어느 편이 잘 시행하는가, 군사들은 어느 편이 더 강한가, 사병은 누가 더 훈련되어 있는가, 상주고 벌주는 것은 어느 편이 더 분명히 하는가. 나는 이런 것으로써 승부(勝負)를 안다.

原文 曰主孰有道(왈주숙유도)아, 將孰有能(장숙유능)가, 天地孰得(천지숙득)가, 法令孰行(법령숙행)가, 兵衆孰强(병중숙강)가, 士卒孰練(사졸숙련)가, 賞罰孰明(상벌숙명)가, 吾以此(오이차)로 知(지)勝負矣(승부의)로다.

解說 임금은 어느 편이 올바른 도(道)를 가지고 있느냐는 것은 앞에 말한 다섯 가지 일 중의 도에 해당한다. 전쟁을 하기 전에 먼저 어느 편의 임금이 올바른가, 또는 어느 편의 전쟁의 명분이 뚜렷한가를 비교해 보아야 한다. 백성들은 올바른 임금을 따르고 명분이 뚜렷하여야 그 전쟁을 지지(支持)하기 때문이다.

다음으로 장수는 어느 편이 유능한가. 이것은 앞에 말한 다섯 가지 일 중에서 장수의 지혜와 어짊과 용기를 두고 말한 것이다. 장수의 신용과 위엄은 뒤에 나오는, 병사들은 어느 편이 강한가, 상주고 벌주는 것은 어느 편이 분명한가, 라는 말과 서로 관계되는 것이다.

하늘과 땅은 어느 편이 얻었는가. 이 말은 곧 하늘과 땅이 어느 편에 유리한가 라는 말로도 풀이된다. 하늘의 날씨와 계절의 변화, 그리고 지형(地形)의 득실(得失)은 사람의 힘으로 좌우할 수 없기 때문에 사전에 신중한 검토를 거쳐야 한다.

법령(法令)은 어느 편이 잘 실행하고 있는가. 이것은 다섯 가지 일 중에 맨 나중에 든 법(法)에 대한 이야기다. 이 법은 군률(軍律)뿐이 아니라 군대의 편제(編制)나 직제까지도 포함되기 때문에 어느 편 군대의 조직이 더 우수하고 여러 가지 제도가 합리적이냐 하는 것은 바로 어느 편 군대가 더 강한가 하는 문제와도 관계가 되는 것이다.

군사들은 어느 편이 더 강한가. 이것은 병력이 많고 적은 것뿐만 아니라 군(軍)의 조직, 무기, 또는 장수들의 능력 여하를 종합해서 평가해야 할 것이다.

사병은 누가 더 훈련되어 있는가. 죽고 죽이는 전쟁터에서 훈련이 덜 된 병사에게는 죽음만이 있을 뿐이다. 훈련을 쌓은 군대는 사람이 전쟁을 결행하지만 훈련을 쌓지 않은 군대는 전쟁에 사람이 끌려다니는 것이다. 병사에 대한 훈련의 우열이 전쟁의 승패를 좌우하는 결정적인 것이라고 할 수 있다.

맨 끝의 상주고 벌주는 것은 어느 편이 분명한가 하는 문제는 장수가 믿음과 위엄을 유지하는 것과 직접 관계가 된다. 친분이나 사정에 의해서 상과 벌이 공정하지 못하다면 백성들은 전쟁을 위하여 분기(奮起)하지 않을 것이다.

여기에서 말한 것을 칠계(七計)라고 하는데 이것은 이보다 앞에서 말한 다섯 가지 일과 근본적으로는 같은 뜻이라고 할 수 있다. 앞에서 말한 오사(五事)를 기준으로 한 것이 곧 이 칠계인 것이다.

12

장수가 나의 계책을 듣고 이를 쓴다면 반드시 승리할 것이니 그러면 나는 머무를 것이다. 그러나 장수가 나의 계책을 들어 쓰지 않으면 반드시 패할 것이니 그러면 나는 그를 버릴 것이다.

原文 將장이 聽吾計청오계하고 用之용지면 必勝필승이니 留之유지라. 將장이 不聽吾計청오계하고 用之용지면 必敗필패니 去之거지니라.

註 유(留) : 내가 머물러 있는다고 해도 좋고, 나를 유임(留任)시킨다고 해도 좋다. 거(去) : 내가 버리고 간다고 해도 좋고, 나를 쫓아 버린다고 해도 좋다.

解說 여기에서는 손자(孫子) 자신의 자신(自信)을 강조하고 있다. 여기에서는 '지(之)' 자가 넷이나 나왔는데 이것은 모두 맨 앞의 장수의 대명사(代名詞)라고 해석할 수가 있다. 손자는 그가 말하는 계략을 들어 실천하는 장수는 반드시 승리할 수가 있고,

따라서 그도 그대로 머무를 수가 있으나, 이와 반대로 그의 계략을 실천하지 않는 사람은 반드시 실패할 것이니 그런 사람에게는 머물러 있지 않을 것이라고 말하고 있다.

13.

 이익을 따져서 이를 듣는다면 이것이 곧 형세를 유리하게 만들어 이로써 그 밖의 것을 도울 것이다.

_{계 리 이 청}　　　_{내 위 지 세}　　_{이 좌 기 외}
原文　計利以聽이면　乃爲之勢하여　以佐其外니라.

註 세(勢): 전쟁을 수행해야 할 나라의 형세.

解說 '형세가 이롭다.'는 것은 매우 중요한 일이다. 병력이 적보다 훨씬 강하다 하더라도 전쟁을 하는 입장이 불리하다든가 외부의 형세가 불리하면 전쟁에 승리할 수가 없다.
 따라서 전쟁을 수행할 전략이 섰으면 다음에는 유리한 입장에 설 수 있도록 형세를 유도(誘導)해야 한다는 것이다. 주위의 형세가 유리해야만 국제적인 동정이나 외국의 원조를 받을 수 있고 국민들을 분발하게 할 수가 있다. 그리고 자기 나라가 유리한 입장에 놓여 있어야만 전쟁의 기선(機先)을 잡을 수가 있다. 전쟁에 있어 이 기선을 잡는다는 것은 적에게 불의의 큰 타격을 가할 수 있는 것이므로 매우 중요한 일인 것이다.
 만일 주위의 형세가 불리한데도 먼저 적을 공격한다면 그 밖의 다른 나라들은 모두 적국을 동정하여 우리 나라를 완전히 고립시키고 말 것이다. 그러므로 이해(利害)를 따져서 전쟁을 시작한다는 것은 매우 중요한 것이다.

14

　세(勢)는 이(利)로 인해서 권(權)을 제어(制御)하는 것이다.

原文 勢^세者^자는 因^인利^리而^이制^제權^권也^야니라.

註 권(權) : 권변(權變), 변화를 먼저 일으킬 수 있는 권한, 먼저 적을 공격하거나 적보다 유리한 위치에서 적의 불의(不義)를 선전할 수 있는 권한.

解說 여기에서 시계편(始計篇) 제1의 총론적(總論的)인 것은 끝나고 다음부터는 각론적(各論的)인 것으로 들어간다. 서론에서는 오사(五事)·칠계(七計), 그것도 조항별로서의 자구(字句)가 아니라 그 진면목, 작전의 기본을 자기 생활의 골육으로서 체득하는 것이라고 역설하고 있는 것이다.
　유리한 형세를 만드는 데에는 물론 전술과는 다른 교묘한 선전이나 뛰어난 외교 수단 같은 것을 필요로 할 것이다.

15

　전쟁이란 속이는 수단을 써야 한다.

原文 兵者는 詭道也니라.

註 궤도(詭道) : 속이는 수단. 전쟁이란 올바른 정도(正道)에 의해서만 행해지는 것이 아니다. 적을 착각하게 하여 낭패하게 하는 온갖 수단을 다 써야 한다.

解說 이 대목은 글자 그대로 볼 때, 전쟁이란 적을 속이는 것이 본질(本質)이라는 말이 된다. 용병(用兵)하는 것이 비록 인의(仁義)에 근본한다고 하지만 승리를 거두기 위해서는 반드시 궤사(詭詐)를 써야 한다. 만노(萬弩)가 한꺼번에 쏟아지는 것은 손빈(孫臏)의 기법(奇法)이요, 천 마리의 소가 함께 달려 나간 것은 전단(田單)의 권모(權謀)이니, 이는 모두 궤도(詭道)를 써서 승리를 얻은 것이다. 실지로는 강하면서 약한 것처럼 보이고 실지로는 용맹스러우면서도 겁내는 것처럼 보인 것은 이목(李牧)이 흉노(匈奴)를 이기고 손빈이 방연(龐涓)을 벤 따위이다.

따라서 전쟁에 승리하기 위해서는 온갖 수단을 다하여 적을 현혹시켜야 한다. 적이 우리의 의도나 실태를 정확히 파악한다는 것은 그만큼 우리의 작전을 실패하게 할 것이기 때문이다. 반대로 적이 우리의 계책이나 실태를 그릇 판단한다는 것은 그들의 작전을 실패하게 할 것이기 때문이다.

16

그런 까닭에 능력이 있으면서도 능하지 못한 척해 보인다.

原文 故로 能而示之不能이니라.

[解說] 본래는 유능(有能)한데 적에게는 무능(無能)한 것처럼 보이고 본래는 그 사람을 쓸 것인데 적에게는 쓰지 않을 것처럼 보인다. 가까운 곳을 거쳐서 적을 습격할 것이면서 먼 곳으로 돌아가는 것처럼 보이면 이는 곧 적을 속이는 길이다.

적의 형세가 충실하면 마땅히 이기지 못할 것이라 해서 방비하고, 적이 강성하면 잠시 적을 피해서 기회를 기다린다. 적의 장수가 성질이 강하면 그를 욕해서 노하게 하고 적이 지기(志氣)가 꺾여 있으면 엄습해서 친다. 공손한 말과 많은 뇌물로 적이 교만해져서 게으르고 방비를 하지 않거든 때를 놓치지 않고 습격해서 깨친다.

적이 안일(安逸)하거든 마땅히 계교를 베풀어 이들을 수고롭게 만들고 적이 상하(上下)가 서로 친하거든 마땅히 계교를 써서 이들을 이간(離間)시킬 것이니, 이것이 곧 적을 이기는 길이다.

17

쓰고 있으면서도 쓰지 않는 것처럼 보인다.

[原文] 用而示之不用이니라.
_{용 이 시 지 불 용}

[解說] 어떤 방법을 쓰려는 생각을 가지고 있어도 그 기미를 결코 밖으로 드러내 보이지 않는다.

앞의 조항이 능력의 비익(秘匿)을 나타낸 것이라면 이것은 전술의 비익을 나타낸 것이다. 이것도 궤도(詭道)의 한 부분으로서 다음의 여러 가지도 이와 마찬가지이다.

18

가까운 데도 멀리 보이게 하고, 멀어도 가깝게 보이게 한다.

[原文] 近而示遠하고 遠而示之近이니라.
　　　근이시원　　　　원이시지근

[解說] 가깝다는 것과 멀다는 것은 거리(距離)에 대한 말이다. 가까이 있으면서도 멀리 있는 것처럼 가장(假裝)하고 실지로는 멀리 있으면서도 상대방에게는 가까이 있는 것처럼 느끼게 한다.

　교통 기관에 속도가 없었던 옛날에는 거리는 그대로 거리로서 먼 곳은 멀고 가까운 곳은 가까웠음에 틀림이 없다. 그러므로 이 거리의 원근은 전쟁에 관계되는 바가 매우 큰 것이었다.

19

이롭게 해서 유인한다.

[原文] 利而誘之니라.
　　　이이유지

[解說] 작은 이익을 주어 적을 유혹한다. 이는 전체적인 이익을 내가 차지하기 위한 수단으로서 어느 정도의 이익을 미끼로 쓰는 것이다.

적의 상황을 판단하여 이에 대처하는 방법을 설명하고 있다. 이 문구는 예로부터 많은 사람들의 입에 오르내리던 말이다. 더구나 이것이 악용되면 증회(贈賄)니 오직(汚職)이니 하는 불명예스러운 말이 된다. 그러나 이 뇌물(賂物)이란 것이 하도 많이 횡행해서 현대 사회에서는 손자의 병법이 지나치게 악용(惡用)되는 것 같은 감이 없지 않다.

그러나 이것도 좀더 대국적(大局的)인 견지에서 보면 '대욕(大慾)은 무욕(無慾)과 같다.'는 말이 암시(暗示)하듯이 커다란 이익을 얻으려면 혼자서 독점할 생각을 버리고 가급적 이익을 분산시키는 것도 사업이나 처세의 요점이라고 풀이할 수 있다.

20

혼란시켜 가지고 취한다.

原文 亂而取之니라.
난이취지

解説 적이 혼란한 상태면 공격하여 점령해도 되지만, 적이 유리한 상태면 그들이 불리해지도록 사태를 유도하거나 그들의 위치를 유인하여야 한다.

즉 상대방의 약점을 노려 배후에서 교란의 손을 써서 상대방의 상태를 교란시켜 놓고 기회를 틈타 공략한다는 것이다. 그러므로 이것은 교란 전술이다. 상대를 혼란시키는 것에는 약점을 알아내어 집중적으로 공격을 퍼붓는다든가 어느 한 부분에 대해 평형(平衡)의 세력을 극단적으로 무너뜨리는 기상천외의 공격을 준비해서 그곳으로 상대가 몰려들 때에 제2의 부분에 공격을 가한다. 이에 대한 응전 태세가 정비되기 전에 또다시 제3의 지점으로 돌격을 개시한다.

　이러한 공격은 전부 그 지점에 대한 돌파 작전이 아니라, 적이 응전 태세를 갖추는 데에 분주하도록 만들어 혼란을 일으키게 하는 것이 그 목적인 것이다. 그러므로 이 경우의 공격은 가급적 예상 외의 지점에 대해서 숨쉴 틈도 주지 않고 계속 퍼부어야 한다는 것이다.

21

적의 힘이 실(實)하면 대비한다.

[原文] 實而備之니라.
　　　　실이비지

[解説] 착실한 병력(兵力)과 군비(軍費)를 갖춘 적은 함부로 맞아 싸울 것이 아니라 유리한 지형이나 성벽을 이용하여 이들을 방비해야 한다.

　이 구절은 '적이 실하면 방비한다'라고 풀기도 하고 또 '실하게 해서 대비한다'라고 풀기도 한다. 그러나 손자가 말하려고 한 것은 상대방이 확고하게 기세를 올리고 있을 때는 이와 대적하는 것을 일단 중지하고 도리어 한 걸음 물러나 서서히 형세를 관망하면서 이쪽 실력을 정비하는 데 전념하라는 뜻으로 보인다.

　이것은 언제나 정면 충돌만이 능사가 아니라고 말한 것인지도 모른다. 혹은 현대의 사업 경영에 있어서 대단한 호경기시에는 기세를 타고 움직이지 말고 조용히 대비하는 데에 힘쓰는 편이 좋다는 뜻으로 풀이해도 좋을 것이다.

22

적이 강하면 이를 피한다.

[原文] 強而避之니라.
　　　　강이피지

[解說] 적을 공격하다가 강한 적과 맞부딪치게 되면 무모하게 싸울 것이 아니라 이들을 일단 피해야만 한다.
　강하니 약하니 하는 것은 서로의 힘을 비교하는 문제로서 상대가 자기측보다 우세하다고 판단되었을 때는 덮어놓고 진격하는 것을 피해야 한다는 것이다.
　그러나 우리의 처세(處世)에 있어 이러한 방법을 취하라는 것은 아니다. 상대방이 강한 부서에 있을 경우 되도록이면 그와 부딪치지 말라는 말이다. 결국 교묘하게 받아넘겨 허탕을 치게 하는 솜씨를 터득하라는 뜻이다.

23

성나게 하여 어지럽게 만든다.

[原文] 怒而撓之라.
　　　　노이뇨지

[解說] 상대방을 자극해서 화나게 하여 판단이나 행동에 과오를 유

발시킨다. 분격해 버리면 덮어놓고 덤벼들어 전후의 판단을 잃기 쉬운 법이다. 상대가 평정을 잃고 있는 상태에서 이쪽이 냉정하게 판단한다면 승부는 뻔한 것이다. 그래서 모략을 써서 상대를 분격시키는 것은 궤도로서 당연하고도 중요한 수단이다.

이것이 속이는 수단의 구체적인 행동이다. 적의 행동이 냉정하면 짐짓 적을 건드려 성내게 함으로써 냉정을 잃게 한다. 적이 냉정을 잃는다는 것은 올바른 판단을 내릴 능력을 잃음을 뜻한다.

24

비굴(卑屈)하게 행동하여 적을 교만하게 만든다.

[原文] 卑而驕之니라.
(비 이 교 지)

[解説] 적 앞에서 약간 비굴하게 행동함으로써 적을 교만하게 만든다. 비굴하게 행동한다는 것은 저자세(低姿勢)로 나간다는 말이다. 이쪽에서 저자세로 나가면 적은 반드시 실제보다 허세(虛勢)를 보여 교만해지기 쉽다.

일반 외교(外交)의 면에도 잘 쓰이는 방법이다. 이쪽에서 고개를 숙이면 상대방은 아무래도 거만스러워지게 마련이다. 따라서 이쪽을 얕보게 되어 경계심, 적대의식(敵對意識)이 허술해진다. 결국 발돋움을 하면 몸의 균형이 흔들리게 되는 것과 같다. 겸양(謙讓)이 미덕인 경우도 있으나 필요 이상의 겸양은 때로는 작위(作爲)가 되기 쉬운 것이다.

결국 비굴한 언사(言辭)와 많은 뇌물로서 적의 뜻을 교만하게 만들어 게을러서 방비가 없으면 이를 습격해서 깨칠 수 있다는 것이다.

25

편안히 있으면서 적을 수고롭게 만든다.

原文 佚而勞之니라.
(일이로지)

解說 자기편은 되도록이면 편안히 지내면서 적군만 수고를 하도록 만들면 적군이 지쳐서 쉽게 쳐부술 수가 있다.
 평범한 말 같으나 깊이 음미해 보면 깊은 뜻이 있는 말이다. 상대방의 사업이 일정한 궤도에 올라 극히 순조롭게 운영되고 있을 때 싸움을 하면 승산(勝算)이 없다. 그런 경우에는 불가불 싸워야 하겠으면 어떻게든지 술책을 써서 아주 분주한 상태로 몰아넣어 적당히 지쳤을 때 기회를 잡아 공격해야 한다. 구체적인 방법으로 말하자면 이쪽을 공격하고 또 저쪽을 공격해서 적으로 하여금 눈코 뜰 새가 없이 만든다. 물론 간단 없이 계속해서 행동하지 않으면 효과를 거두지 못하는 것은 뻔한 일이다.

26

친밀한 사이거든 이간(離間)시킨다.

原文 親而離之라.
(친이리지)

[解説] 적을 이간시킨다는 것은 적의 전투력을 반감시키거나 적을 고립(孤立)시키는 결과가 된다. 이것은 국제간(國際間)의 모략에 곧잘 쓰이는 이간전법(離間戰法)이다. 상대방의 조직이 평화롭고 서로 보조가 잘 맞을 때는 그 사이에 불화가 될 원인을 만들고, 협동 보조를 취하는 적과 적이 있을 때는 그 사이를 이간시킨다는 것이다.

이것은 물론 상대편의 고립, 분열을 일으키는 작전이다. 하지만 우리편이 결합이 단단하지 않은 상태에서 섣불리 적을 건드리다가는 도리어 이쪽에서 당하기 쉽다. 전국시대(戰國時代)의 진(秦)나라 장의(張儀)는 주로 이 방법을 써서 다른 여섯 나라의 연합(聯合)을 깨고 원교근공(遠交近攻)의 방법으로 천하 통일의 기틀을 마련했었다.

27

적이 방비가 없을 때 공격하고 그 불의(不意)에 쳐야 한다.

[原文] 攻其無備하고 出其不意니라.
　　　 공기무비　　　출기불의

[解説] 무방비한 적을 공격한다는 것은 승리의 비결 중의 하나이다. 그러므로 적에 대한 공격은 불의의 방법을 써야 한다. 뜻하지 않은 곳이나 뜻하지 않은 방법을 이용하여 적을 공격하면 적은 제대로 방위할 겨를이 없기 때문이다. 적이 예상하고 있는 곳으로 예상하고 있는 방법을 써서 공격하여 승리를 거둘 수는 절대로 없다고 생각해야 할 것이다.

또한 이것은 언제나 상대의 동정, 상대를 자기 손바닥을 보듯이 잘 알고 있어야만 비로소 시작할 수 있는 기습 전술이다. 인원 관계, 전비(戰備), 군량 관계 등에서 깊이 적을 관찰하면 어딘가에는 상대방의 약점이 있는 법이다. 평상시에는 보이지 않더라도 무엇인가 상대에게 동요가 있다고 느껴질 때는 뜻하지 않은 약점이 드러나는 법이다. 아무리 완벽하다 해도 자신도 모르는 약점이 하나둘은 반드시 있는 법이므로 그곳을 공격하는 것이 중요하다.

28

이는 병가(兵家)가 승리를 얻는 방법이니 이것이 먼저 적에게 전해져서는 안 된다.

原文 此는 兵家之勝이니 不可先傳也니라.

解說 이상에서 말한 14가지 항목이 전쟁을 함에 있어 사용해야 할 '속이는 수단(詭道)'인 것이다. 이러한 방법을 사용하지 않고서는 전쟁을 유리하게 이끌 수가 없는 것이다.

전쟁이란 수많은 사람들과 엄청난 재물의 희생이 전제(前提)가 되는 것이기 때문에 어떤 수단을 써서라도 간단히 적을 섬멸하여 끝을 맺는 것이 올바른 방법이다. 따라서 전쟁에 임하는 사람들은 앞에 말한 열네 가지 궤도(詭道)를 잘 이용하지 않으면 안 된다. 그러나 아무리 교묘하고 유리한 전략이라 하더라도 그것이 먼저 적에게 알려진다면 아무런 효과도 발휘하지 못한다. 전략은 절대 비밀이 보장되어야 한다.

29

　대체로 싸우기도 전에 묘산(廟算)하여 승리를 거두는 것은 전략이 훌륭했기 때문이다. 아직 싸우기도 전에 묘산하여 승리하지 못하는 것은 전략이 졸렬했기 때문이다. 전략이 훌륭하면 승리하고 전략이 졸렬하면 승리하지 못하는데 하물며 전략이 없음에랴. 나는 이것으로 보아 승부(勝負)를 예견(豫見)한다.

[原文] 夫未戰而廟算勝者는 得算多也요 未戰而廟算不勝者는 得算少也라. 多算勝이고 少算不勝而況於無算乎아. 吾以此觀之면 勝負見矣니라.

[註] 묘산(廟算) : 옛 날 작전회의(作戰會議)는 임금을 모시고 대신(大臣)들이 종묘(宗廟)에 모여 앉아서 했다. 작전회의를 종묘에서 개최하여 승리를 산정(算定)했다고 해서 이 회의를 묘산(廟算)이라고 했다.

[解説] 옛날의 임금들은 자기 생각에 의하여 전쟁을 시작하지 않고 반드시 종묘에 제사지내면서 조상들에게 전쟁에 관하여 고하고 그 조상들의 영전에서 큰 거북 껍질을 불로 지져 점을 쳤다. 그 점이 길하면 날씨와 계절을 참작하여 적당한 시기에 군사를 일으켰다. 이에 앞서 임금은 반드시 대신, 또는 장수들을 종묘에 모아 놓고 작전 계획을 짰다. 이러한 의식은 임금이 백성들의 생명이나 재산을 가벼이 여기고 함부로 전쟁을 시작하는 것이 아니라는 것

을 보여 주기 위한 것일 것이다.

이러한 전쟁을 시작하기 전의 탁상론(卓上論)에서도 그 계산에 오인(誤認)이나 실수만 없다면 충분한 산출 방법에 뛰어나 있는 쪽이 승리를 얻을 공산이 큰 법이다. 만일 싸우기 전의 검토 방법에서 상대보다 뒤지는 점이 있다면 확실한 공산을 얻기 힘들다.

더구나 아무런 공산도 없고 확실한 숫자도 얻지 못한 채 요행만 바란다면 참패는 명약관화한 일이다.

실전(實戰)에 임한 다음에 실수를 후회해도 소용이 없다. 작은 승패는 혹 운에 좌우될지 모르나 전쟁의 전체적인 국면(局面)에 있어서 소장(消長)이란 반드시 있는 법이다. 그러나 대국(大局)의 승패는 공산(公算)이 많은 쪽이 갖게 되는 것이다.

이것으로 시계편(始計篇)을 끝내면서 다시 한번 생각해 보면, 여기에서 강조한 것은, 전쟁은 정확한 정세 판단과 치밀한 계산 밑에서 개시되어야 한다는 것이다. 앞에서 말한 다섯 가지의 기본 요건과 일곱 가지의 전력(戰力) 비교를 분석 검토해 보아서 적보다 승산(勝算)이 더 많으면 승리할 수 있을 것이요, 적보다 승산이 적으면 승리할 수 없을 것이다. 승산이 적기만 해도 승리할 수 없는 것인데 더구나 승산이 전혀 없는 경우야 더 말할 것도 없다는 것이다.

2. 작전편(作戰篇)

　작전(作戰)이란 전쟁의 발동(發動)이다. 이 편(篇)에서는 전쟁을 하는 데는 막대한 소비가 따른다고 강조하고 있다. 이것을 감당할 수 있는 경제적 능력이 있어야 전쟁을 할 수 있다는 것이다.
　전쟁은 단기전이어야 한다. 전쟁을 오래 끌면 희생이 크고 경제적 손실이 막대하다. 제3국이 틈을 노려 침략해 올 우려마저 있다. 그러니 전쟁은 빈틈없는 전략으로 오래 끌기보다는 다소 졸렬한 데가 있더라도 빠른 것이 좋다. 즉 졸속(拙速)이 좋다는 것, 군량이나 군수품은 적의 것을 빼앗아 해야 한다는 것 등을 강조하고 있다.

1

손자(孫子)는 말했다.

대체로 군사를 쓰는 방법은 치거(馳車) 천 사(千駟)와 혁거(革車) 천 승(千乘)과 갑옷 입은 군사 10만에 천리에 식량을 수송할 수 있어야 한다. 그러러면 나라 안팎에 쓰이는 비용과 빈객(賓客)에 쓰이는 것, 교칠(膠漆)의 재료, 수레와 갑옷에 드는 비용이 하루에 천금(千金)을 써야 한다. 그런 뒤에야 10만의 군사를 일으킬 수가 있다.

原文 孫子曰 凡用兵之法은 馳車千駟와 革車千乘과 帶甲十萬으로 千里饋糧이면 則內外之費와 賓客之用과 膠漆之材와 車甲之奉이 日費千金하리니 然後에라야 十萬之師를 擧矣니라.

註 치거(馳車) : 네 마리의 말이 끄는 빠른 전차(戰車). 천사(千駟) : 사(駟)는 네 마리의 말. 한 대의 수레를 네 마리의 말이 끌기 때문에 수레의 대수를 세는 데 쓰는 양사(量詞)로 쓴 것임. 혁거(革車) : 수레에 소가죽을 댄 장갑차(裝甲車). 이것은 치거(馳車)보다 빠르지 못해서 주로 방위용으로 쓰였다. 천승(千乘) : 승(乘)은 수레의 대수(臺數). 빈객(賓客) : 나라를 찾아오는 유세가(遊說家)나 외국의 사절(使節). 교칠(膠漆) : 아교와 옻칠. 이것은 활이나 화살, 또는 갑옷과 투구를 만드는 데 쓰이

는 재료의 일부이다.

[解説] 전쟁을 하기 위해서는 우선 전쟁의 준비가 충분히 되어 있어야 한다. 전쟁을 하려면 한 나라에 적어도 공격용 전차(戰車) 천 대와 수비용 전차 천 대에 10만 정도의 무장한 병력이 있어야 한다. 그리고 먼 거리에 있는 이들에게 무기나 식량을 보급할 수 있는 능력이 있어야 하며, 전시(戰時)의 비용으로 하루 천금 정도를 쓸 수 있는 재력(財力)이 있어야 한다. 그러한 재력이 없으면 전쟁을 지탱해 나가지 못할 것이다.

또 전쟁이 일어나면 이에 관련하여 국내에서, 전지(戰地)에서, 그리고 제3국에 대하여 막대한 비용이 강요된다. 외교비, 접대비, 기계 수리에 필요한 자재의 비용, 군수품의 조달비 등 매일 같이 천금의 거액을 소모해야만 한다. 이만한 일을 감당해 낼 능력이 있은 뒤에라야 10만의 군사를 동원할 수 있다는 것이다. 이에 대한 자신이 없으면 아예 전쟁을 시작하지 말라는 것이다.

2

그 싸움을 함에 있어서는 승리가 귀중하다. 싸움이 오래 걸리면 병기(兵器)는 무디어지고 군대는 예기(銳氣)가 꺾인다.

[原文] 其用戰也는 貴勝이니 久則鈍兵挫銳니라.
　　　기용전야　　　귀승　　　구즉둔병좌예

[註] 귀승(貴勝) : 승리를 귀중히 여긴다. 그러나 앞뒤의 문맥(文脈)으로 보아 전쟁은 조속한 시일 내에 승리하는 것이 귀중하다는 뜻이다.

[解説] 전쟁은 하루빨리 끝내야 한다. 아무리 의로운 목적으로 일으킨 전쟁이라 하더라도 전쟁에는 수많은 인명 피해와 재산의 손실이 따르는 것이므로 하루라도 속히 끝맺는 것이 좋은 것이다.

　마침내 전쟁이 벌어졌을 때 장기간 계속 공격을 한 후에 겨우 승리를 얻는다면 그때는 이미 군사의 피로와 병비(兵備)의 소모로 정예의 기운과 힘찬 공격력이 둔해진다는 것이다.

　장기의 전쟁은 무엇보다도 군사들의 예기(銳氣)를 꺾어 놓는다. 군사들은 지루한 싸움에 지쳐 버린다. 그들이 출동의 초기에 가졌던 왕성한 사기(士氣), 마치 가로막혔던 큰 강물이 터져 나가는 듯하던 최초의 순간의 사납고 날쌔던 가공할 위세는 시일이 지나가면 갈수록 느슨해지고 침체할 것이다. 이와 같이 사람의 마음과 용기와 분노도 시일이 가면 해이해진다. 이렇게 사기(士氣)가 저하된 군대를 지휘하여 전쟁을 한다는 것이 얼마나 위험한 일인가.

3

　성을 공격하면 힘이 약해지고 오랫동안 군대를 전쟁터에 나가 있게 하면 나라의 재정이 부족해진다.

[原文] 攻城이면 則力屈이요 久暴이면 則國用이 不足이니라.

[註] 구폭(久暴) : 군대들을 전쟁터에서 야영(野營)하게 하는 것.

[解説] 이러한 군사들을 가지고 적의 성곽을 공격하면, 사기가 왕

성하고 돌격 정신에 불타는 기세를 몰아가는 것과는 반대로 장기간을 두고 질질 끌면서 공격하기 때문에 적에게 준비의 시간을 주어 이편의 공격력은 약화될 것이다.

 성을 공격할 때는 특히 소모가 심하다는 것을 각오해야 한다. 특히 방어가 튼튼한 곳을 공격하다가는 이쪽의 총력을 다 소모시킨다고 생각해야 한다. 더구나 그것이 원정(遠征)일 때는 본국의 경제력까지도 위험에 빠지게 된다. 그런 까닭에 현명한 장수일수록 전쟁을 하루빨리 끝내는 방법을 채택하려 드는 것이다.

4

 대체로 군사들이 둔해지고 예기(銳氣)가 꺾이어 힘이 모자라고 재정이 바닥이 나면 곧 제후(諸侯)들이 그 피폐(疲弊)한 틈을 타서 일어날 것이다. 그러면 비록 지혜 있는 사람이 있다 하더라도 그 뒷일을 능히 잘 처리하지 못하는 것이다.

[原文] 夫鈍兵挫銳하고 屈力殫貨하면 則諸侯乘其弊而起니 雖有智者라도 不能善其後矣니라.

[註] 탄화(殫貨) : 나라의 재정이 다 없어짐. 제후(諸侯) : 봉건시대에 봉토(封土)를 받아 그 역내(域內)의 백성을 지배하던 작은 나라의 임금.

[解說] 군사들이 싸움에 지쳐 힘이 빠지고 나라의 재정이 말라 버리면, 이웃의 여러 나라들이 그 틈을 타서 침략하여 오기가 쉽

다. 이런 때는 아무리 지혜 있는 사람이 나라를 다스린다 해도 사태를 제대로 수습할 수가 없다.

결국 전쟁이란 부득이할 때, 참고 참다가 견딜 수 없을 때나 할 것이지 자주 할 것은 못 된다. 부득이해서 한두 번 전쟁을 하면 적국을 쳐부수고 혹 천자(天子)가 되는 수도 있지만, 전쟁을 좋아하는 사람은 아무리 싸울 때마다 승리한다 하더라도 여러 번 싸울수록 전쟁이 가져다 준 폐해 때문에 스스로 멸망하고 만다는 것이다.

5

그런 까닭에 전쟁이란 싸우는 방법이 졸렬하더라도 속히 끝내는 것이 좋다는 말은 들었어도, 싸움은 교묘히 하면서도 오래 끄는 것이 좋다는 것은 보지 못했다.

[原文] 故로 兵聞拙速하고 未睹巧之久也로다.
(고) (병문졸속) (미도교지구야)

[註] 졸속(拙速) : 싸우는 방법은 졸렬(拙劣)하면서도 속히 종결시키는 것.

[解說] 부득이해서 전쟁을 시작했더라도 차라리 속히 끝낼지언정 오래 끌지는 말고 차라리 졸(拙)할지언정 교(巧)하게 하지는 말라는 것이니, 이것은 다만 능히 빠르게 이길 수만 있다면 비록 졸해도 좋다는 것이다. 이것은 졸한 것을 좋아하는 것이 아니라, 속히 이기는 것이 교의 지극함이라는 것을 말하는 것이다. 까닭에 교하고서 오래 가는 자를 보지 못했다는 것이니 그렇다면 대체로 오래도록 전쟁을 하는 자는 이야말로 참으로 졸

한 자인 것이니 전쟁에 대해서 신중하게 하지 않으면 안 될 것이다.

　전쟁이 시작된 뒤의 지휘자의 결단은 약간 전략적으로 졸렬한 결단이라 하더라도 1초라도 빨리 내려서 전쟁을 종결짓는 방향으로 끌고 가지 않으면 안 된다. 아무리 교묘한 전략이라 하더라도 전쟁에 응용하는 것이 더디면 졸렬한 것보다도 나쁘다는 것이다. 전쟁을 오래 끌면 끌수록 국민의 생명과 재산의 희생이 커진다는 이유뿐만 아니라 전쟁 수행 방법 자체만을 놓고 보더라도 졸속이 교구(巧久)를 이기는 방법이다. 날이 갈수록 전쟁은 속전즉결(速戰卽決)의 방향으로 기울어지고 있다.

6

　대체로 전쟁을 오래 끌면서도 나라에 이롭게 한 일은 아직 있어 본 적이 없다. 그런 까닭에 군사를 쓰는 해로움을 다 알지 못하는 자는 곧 군사를 쓰는 이로움을 다 알 수가 없는 것이다.

原文 　　부병구이국리자　　미지유야　　　　　고　　부진지용병지해
　　　夫兵久而國利者 未之有也라. 故로 不盡知用兵之害
자　　즉불능진지용병지리야
者는 則不能盡知用兵之利也니라.

解説 옛날로부터 오랜 시일에 걸쳐 전쟁을 계속하면서 나라를 유익하게 하고 백성들을 복되게 한 자는 절대로 없다.
　복은 전쟁이 우리 편에 유리하게 전개만 되면 그것으로 나라의 위신을 선양(宣揚)시킬 수도 있고 민심을 고무시키는 등의 이익

2. 작전편　49

이 없지는 않겠지만 그것은 한낱 위정자(爲政者)의 일시적 만족에 그치는 것이 예사인 것이다. 이와 반대로 자칫 잘못되면 나라를 망치는 큰 위험이 뒤따르게 된다.

우선 이 위험에 눈을 보내는 자가 아니면 결코 용병(用兵)의 이로움을 안다고 할 수는 없다.

7

군사를 잘 부리는 자는 전쟁을 두 번 다시 계속하지 않고 양식을 세 번 싣지 않는다. 쓰는 것은 나라에서 취하고 양식은 적에게 의지한다. 그러므로 군식은 족해진다.

原文 善用兵者는 役不再籍하고 糧不三載라. 取用於國하고 因糧於敵이니 故로 軍食은 可足也니라.

解說 군사를 잘 부리는 자는 한 번의 전쟁으로 승리를 거두고 두 번 다시 계속하지 않는다. 또 군대에게 보급할 양식을 한두 번에 끝내고 세 번씩이나 계속하지 않는다. 또 군용품(軍用品)은 나라에서 취하고, 양곡은 적에게서 취해서 보급한다.

이렇게 하면 군대의 양식을 넉넉히 쓸 수가 있다.

8

전쟁 때문에 나라가 가난한 것은 물건을 멀리 보내기

때문이니, 멀리 보내려면 백성이 가난한 것이다.

[原文] 國之貧於師者는 遠輸也라. 遠輸면 卽百姓이 貧이니라.

[解說] 전쟁으로 인해서 나라가 빈곤에 빠진다는 것은 군기(軍器)나 양곡을 멀리 보내기 때문이다. 군기나 양곡을 멀리 운반하려면 장정(壯丁)이 모자라서 온갖 물건이 귀해지고 조세(租稅)가 격증한다.
　이로 인하여 나라 안에 남아 있는 자는 자연 노약자(老弱者)나 부녀자뿐이어서 생산이 없어져서 자연 국민이 빈궁에 빠지게 된다.

9

　군사에 가까운 자는 귀하게 판다. 귀하게 팔면 백성의 재정이 없어진다.

[原文] 近於師者는 貴賣니 貴賣면 則百姓이 財竭이라.

[解說] 전쟁과 밀접한 관계가 있는 물건은 비싸게 팔린다. 그러면 백성들의 물가가 뛰어오르고 따라서 모든 국민의 재정이 마르게 된다. 그리하여 온 국민은 살길이 막연하게 된다.

10

　재물이 다하면 구역(丘役)에 급하고, 힘이 다하고 재정이 다해서 중원(中原)의 속이 비게 된다.

原文 財竭則急於丘役하고 力屈財殫으로 中原內虛라.

註 구역(丘役): 마을의 역사(役事). 중원(中原): 여기에서는 나라 안.

解說 전쟁이 오래 가서 국민의 재산이 말라 없어지게 되면 국가에서는 하는 수 없이 구전(丘甸)의 역사라는 것을 생각해서 인마(人馬)나 물자의 징발(徵發)을 하게 된다.
　이렇게 되면 싸움터에서는 군기(軍器)나 군수품의 보급이 충분치 못해서 힘이 다하고 재정이 말라서 나라 안이 텅 비게 된다.

11

　집에 있어서는 백성의 비용은 열에서 그 일곱을 제하고, 공가(公家)의 비용은 파거피마(破車罷馬)·갑주시궁(甲胄矢弓)·극순모로(戟楯矛櫓)·구우대거(丘牛大車)가 열에서 여섯을 제한다.

原文 於家에 百姓之費는 十去其七이요 公家之費는 破車

피마　　갑주시궁　　극순모로　　구우대거　　　십거기륙
　　罷馬, 甲冑矢弓, 戟楯矛櫓, 丘牛大車가 十去其六이니라.

註 공가(公家) : 재상이나 사대부(士大夫)의 집을 가리킴. 파거피마(破車罷馬) : 파손된 수레와 피로한 말. 극순모로(戟楯矛櫓) : 극(戟)은 끝이 갈라진 창, 순(楯)은 방패, 모(矛)는 자루가 긴 창, 노(櫓)는 진영 밖에 세운 큰 방패. 구우대거(丘牛大車) : 구우(丘牛)는 큰 소. 대거(大車)는 큰 수레.

解說 이것을 국민의 여러 계층(階層)과 각 개인의 집들로 분류해서 따져 본다면, 전쟁 때의 조세(租稅)나 각종 군수품 등의 징발로 해서 보통 평민(平民)의 집에서는 전 재산의 10분의 7을 뺏기고, 공경대부(公卿大夫)나 사대부(士大夫)의 집에서는 그가 소유하고 있는 전거(戰車)나 마필(馬匹), 갑주(甲冑), 궁시(弓矢), 창과 방패, 큰 소와 큰 수레들을 10분의 6은 잃어버리게 된다.
　　전쟁이 이와 같이 백성들을 피폐하게 만드는 것을 어찌 소홀히 여길 수 있으랴?

12

　　그런 까닭에 지혜로운 장수는 힘써 적에게서 먹는다. 적의 1종(種)을 먹는 것은 내 것의 20종에 해당한다. 기간(萁秆) 1석(石)은 내 것의 20석(石)에 해당한다.

　　　　　고　　지장　　　무식어적　　　　식적일종　　　　당오이십종
原文 故로 智將은 務食於敵이니 食敵一鍾은 當吾二十鍾
　　　　기간일석　　당오이십석
이요 萁秆一石은 當吾二十石이니라.

註 일종(一鍾): 종(鍾)은 중국 고대의 양(量)의 단위. 1종은 6곡(斛) 4두(斗)에 해당함. 기간(萁秆): 모두 소와 말의 사료(飼料). 기(萁)는 콩깍지, 간(秆)은 짚과 같다.

解説 그런 까닭에 지혜가 있는 장수는 일부러 적에게서 양식을 빼앗아 온다. 그것이 얼마나 이로운지를 따져 보면 적에게서 1종(鍾)을 얻는다면 그것은 본국에서 가져오는 20종의 곡식과 맞먹는다.
  곧 군대의 양식이나 마소의 사료(飼料)는 본국에서 전장(戰場)에까지 수송하게 되면 아무래도 도중에서 감량이 되어 처음 보낼 때에 비하면 물건을 받을 때는 그 20분의 1밖에 되지 않는다.

13

그러므로 적을 죽이는 것은 노여움이요, 적의 이익을 취하는 것은 재물이다.

고 살 적 자 노 야   취 적 지 리 자 화 야
原文 故殺敵者怒也요 取敵之利者貨也라.

解説 까닭에 군대가 적과 싸워 죽이는 것은 노기(怒氣)에서 나온 것이요, 적에게서 물건을 빼앗는 것은 그 재물을 취하는 것이다.
  이 조목의 뜻을 두목(杜牧)은 다음과 같이 설명하고 있다.
  "모든 사람이 다 같은 마음이 되어 똑같이 화를 낼 수는 없지만, 이쪽에서 책략을 써서 사람들을 분격시켜 그 기세로 이끌어 가는 것이다. 전에 전초(田草)라는 사람이 즉묵(卽墨)의 성을 지키고 있을 때, 적국인 연(燕)나라 사람을 충동하여 적에게 항복

한 아군의 병사를 성 앞으로 끌어내서 성 안의 병사들에게 보라는 듯이 코를 베고 매질을 해서 시체를 묻을 묘혈(墓穴)을 많이 파게 했다는 것은 그 좋은 실례이다."

14

 수레로 싸우는 데에 수레 10대 이상을 얻으면 그 먼저 얻은 자를 상주고, 그 깃발을 바꾸어 달고, 수레를 섞어 타며, 졸개들을 잘 대우하는 것이니 이것을 적에게 이겨 강함을 더한다고 하는 것이다.

原文 車戰에 得車十乘以上이면 賞其先得者하고 而更其旌旗하고 車雜而乘之하며 卒善而養之니 是謂勝敵而益強이니라.

解說 적의 재물을 빼앗아다가 이편에 유리하게 하는 것에 대해서 말하고 있다. 말하자면 적으로서 이편을 유리하게 하는 한 예를 보여 준 것이다.

 여기에 가령 전차(戰車)끼리 싸울 경우에 이쪽에서 적의 전차(戰車) 열 대 이상을 빼앗아 얻은 자가 있다고 하자. 그럴 때에는 우선 우두머리로 공을 세운 자에게 상을 주어 이를 격려하는 한편, 그 빼앗은 전차에는 적의 깃발을 내리고 이쪽 깃발을 단다.

 그 다음으로 그 전차는 이쪽 전차와 섞여서 새로 편성하고, 그 포로로 잡은 졸개들은 잘 대우해서 이쪽 편에 세우도록 한다. 이렇게 하면 적을 이길 때마다 이쪽의 병력은 배가(倍加)되고 점점 커져서 무적(無敵)의 강자가 된다고 말하고 있다.

15

그런 까닭에 싸움은 이기는 것을 귀하게 여기고 오래 가는 것을 귀하게 여기지 않는다.

[原文] 故로 兵貴勝이요, 不貴久니라.

[解説] 전쟁은 빨리 끝내야 한다. 무슨 까닭에서든지 오래 계속하는 것은 안 된다고 말하고 있다.
전쟁이 아무리 이편에 유리하더라도 빠른 시일 안에 끝내야 하고 절대로 지구전(持久戰)으로 오래 끌면 결국에는 손해가 온다는 것이다.

16

그러므로 전쟁을 아는 장수는 백성의 사명(司命)이요, 국가(國家) 안위(安危)의 주인이다.

[原文] 故로 知兵之將은 民之司命이요 國家安危之主也니라.

註 사명(司命) : 사람의 생명을 관장(管掌)한다는 별의 이름.

解説 그러므로 진정 전쟁의 중대함을 알고, 결코 오래 끌어서는 안 된다는 것을 아는 유능한 장수는 참으로 국민의 은인, 국가 안위의 주인으로서 높이 추앙해야 할 것이다.

 반대로 이러한 도리를 모르는 장수는 있어서는 안 된다. 국민을 전쟁의 위기 속에 빠뜨려 시달리게 하고 여기에서 좀처럼 헤어나지 못하게 할 뿐인 것이다.

 이것은 국민도 국가도, 또는 나아가서 자기 자신까지도 망쳐 버릴 뿐인 것이다.

3. 모공편(謀攻篇)

　모공(謀攻)이란 군사를 쓰지 않고 적을 굴복시키는 것을 말한다. 즉 싸우지 않고 이기는 길을 연구하는 것이다.
　대체로 용병(用兵)은 지금까지 몇 번이고 말한 것처럼 참으로 국가의 운명을 건 중대한 일이다. 따라서 될 수 있으면 칼을 빼지 않고서도 능히 미연에 적을 정복하고, 그렇게 해서 소기의 목적을 달성하는 길을 찾는 것보다 더 좋은 방법은 없을 것이다.
　그러기에 이 모공은 예로부터 병법의 비결(秘訣)로 널리 전해 내려오고 있다. 싸우지 않고 이기는 것, 그것이 최고인 것이다. 간사한 술책으로가 아니고 그것은 어디까지나 법칙성(法則性)에 맞는 무리없는 전쟁이어야만 한다.
　무력전(武力戰)의 승산(勝算)은 적을 알고 자기를 아는 일이다. 이렇게 되면 백 번 싸워 백 번 이길 수가 있다는 것이다.

1

 손자(孫子)는 말하기를, 대체로 군사를 쓰는 방법은 나라를 온전히 하는 것을 상(上)으로 하고, 나라를 깨뜨리는 것을 그 다음으로 한다. 군사를 온전히 하는 것을 상으로 하고 군사를 깨치는 것은 그 다음으로 한다. 여(旅)를 온전히 하는 것을 상으로 하고 여를 깨치는 것을 그 다음으로 한다. 졸(卒)을 온전히 하는 것을 상으로 하고 졸을 깨치는 것을 그 다음으로 한다. 오(伍)를 온전히 하는 것을 상으로 하고 오를 깨치는 것을 그 다음으로 한다.

原文
손자왈 법용병지법 전국위상 파국차지
孫子曰 凡用兵之法은 全國爲上하고 破國次之라.
전군위상 파군차지 전려위상 파려차지 전
全軍爲上하고 破軍次之라. 全旅爲上하고 破旅次之라. 全
졸위상 파졸차지 전오위상 파오차지
卒爲上하고 破卒次之라. 全伍爲上하고 破伍次之니라.

註 군·려·졸·오(軍·旅·卒·伍): 손자 시대의 병제(兵制)로 보아 병사(兵士) 1만 2천 5백 명을 군(軍), 병사 2천 5백 명을 여(旅), 1백 명을 졸(卒), 5명을 오(伍)라고 한다.

解説 대체로 군사를 움직여 남의 나라를 공격한다든가 또는 적의 군려(軍旅)나 졸오(卒伍)의 병단(兵團)을 상대로 할 경우에도 이것을 하나하나 파괴해 버린다든가, 죽여 없앤다든가 해서 싸움의

목적을 달성시킨다고 하는 것은 결코 최상의 방법이라고 할 수가 없다.

　최상의 방법은 적국을 공격하지 않고, 또 적병을 죽이지도 않고, 즉 칼에 피를 묻히지 않고 적을 내 수중에 넣는 데에 있다. 싸우지 않고 이기는 승리, 바로 그것이 필요한 것이다.

2

　그런 까닭에 백번 싸워 백번 이기는 것은 최상의 선(善)이 아니다. 싸우지 않고 남의 군사를 굴복시키는 것이 최상의 선(善)인 것이다.

原文 是故_{시고}로 百戰百勝_{백전백승}이 非善之善者也_{비선지선자야}라. 不戰而屈人之兵_{부전이굴인지병}이 善之善者也_{선지선자야}니라.

解説 싸울 때마다 이겼다고 기뻐하는 것은 실로 진정한 최상의 승리라고는 볼 수가 없다. 싸우지 않고서 남의 군사를 굴복시킬 수 있으면 비로소 최상의 승리를 얻었다고 할 수 있다.

　그러면 어떻게 해야 이러한 이상적(理想的)인 승리를 얻을 수가 있는가. 그것은 다음 글에 나오는 벌모(伐謀)를 자세히 음미(吟味)할 필요가 있다.

3

그런 까닭에 최상의 전쟁 방법은 적의 계획을 깨치는 것이다. 그 다음의 방법은 적의 외교(外交)를 깨치는 것이다. 맨 끝의 방법은 무기(武器)로써 성을 공격하는 것이다.

原文 故_고로 上兵_{상병}은 伐謀_{벌모}요 其次_{기차}는 伐交_{벌교}요 其次_{기차}는 伐兵_{벌병}이요 其下_{기하}는 攻城_{공성}이니라.

解説 첫째 상병벌모(上兵伐謀)란 병법(兵法) 중의 최상책이다. 이것은 곧 모공(謀攻)의 전략(戰略)을 설명한 말이다. 여기에 모(謀)라는 것은 적이 아직도 표면에 드러내지 않은 기도(企圖), 또는 그 품고 있는 의사를 가리킨 것이다. 이것을 친다고 하는 것은 사전(事前)에 기선(機先)을 눌러서 적의 의사를 압도하고, 이로 하여금 감히 그 투지(鬪志)를 발휘할 수 없게, 아예 그 여지조차 없게 만들어 버리는 것을 말한다. 그리고 상병(上兵)은 전략 중에 최상의 것이란 뜻이다.

다시 말해서 모공이라는 것은 미연에 적의 의사, 또는 그 기도를 쳐서 군사를 쓰지 않고도 굴복시켜 버리는 것을 말한다. 즉 적의 의도를 미연에 꺾어 버리는 것이다. 이런 것은 결국 강대국이 실력 행사보다도 먼저 외교의 수단을 써서 교묘하게 기선(機先)을 꺾고, 그렇게 해서 보기 좋게 상대방의 나라를 제압해 버리는 경우와 같은 것이다. 그리고 사실상 이것은 예로부터 대정치가, 대군략가(大軍略家)의 비법(秘法)으로서 언제나 허다하게 이용되어 온 수법(手法)이다.

그 다음은 벌교(伐交)이다.

교(交)란 곧 친교국(親交國)을 말한다. 즉 상대방의 나라가 자기의 후원자로 믿는 동맹국(同盟國)이나 또는 우방국(友邦國) 같은 진영을 말한다.

사람을 쪼기 전에 먼저 말을 쪼라는 말이 있다. 그런 배경이 있는 나라는 아예 먼저 그 배경을 쳐서 나머지는 싸우지 않고도 굴복시킬 수 있는 방법을 취한다. 이 역시 모공(謀攻)의 취지에 맞는 고도의 세련된 수법인 것이다.

셋째로는 벌병(伐兵)이다.

병(兵)을 친다는 것은 직접 당면(當面)한 적을 친다는 말이다. 곧 적에 대하여 마침내 군사를 쓰는 경우다. 첫째 방법이나 둘째 방법을 쓸 수 없는 경우에 이르면 어쩔 수 없이 전쟁을 선포하고 군대를 동원할 수밖에 없는 것이다. 이것은 필연적인 귀추(歸趣)이기는 하지만 또한 바람직한 일은 아니다.

넷째는 공성(攻城)이다.

이것은 최하책(最下策)으로서 적의 성(城)을 공격하는 것이다. 적의 거점(據點)을 공격하는 공성전(攻城戰)을 용병상(用兵上) 가장 피해야 할 일이라고 본다.

그 이유는 다음 글에서 상세히 설명된다.

4

성을 공격하는 법은 부득이하기 때문이다. 노(櫓)나 분온(轒輼)을 다스리고 기계를 갖추는 것은 3개월 후에 이루어지고, 거인(距闉)은 또 3개월 후에 끝난다. 장수가 그 분함을 이기지 못하고 의부(蟻附)하여 사졸

(士卒) 3분의 1을 죽이고 그러고서도 성을 함락시키지 못하는 것은 공격의 재앙인 것이다.

原文 攻城之法은 爲不得已也라. 修櫓轒輼하고 具器械가 三月而後成이라. 距闉又三月而後已라. 將不勝其忿而蟻附之하여 殺士卒三分之一하고도 而城不拔者면 此攻之災也라.

註 노(櫓): 큰 방패. 분온(轒輼): 성을 공격하는 병거(兵車)로서 오늘날의 사다리차. 곧 크레인과 같은 것. 거인(距闉): 흙을 쌓아 올려 성벽에 올라갈 수 있도록 고속도로와 같은 길을 만드는 것. 의부(蟻附): 개미가 단 것에 모여들듯이 모여 붙는 것.

解說 공성전(攻城戰)이야말로 참으로 부득이한 경우 이외에는 결코 해서는 안 되는 전쟁이다.
 그 이유를 말하자면 성을 치기 전에 우선 먼저 적지 않은 시일 동안 공성용(攻城用)의 기구부터 준비해야 하고, 그 기구를 갖춘 뒤에 비로소 행동을 개시하는 것이지만, 그렇게 해서 정작 움직인다고 해도 성의 함락이란 그렇게 용이한 것이 아닌 것이다.
 이와 같이 일이 쉬운 것이 아니니 공격하는 측의 장수는 반드시 분노(忿怒)를 느끼게 되고 마음이 초조해져서 개미처럼 달라붙는 밀집부대(密集部隊)를 만들어서 총공격을 하게 된다. 이렇게 해서 사졸의 태반을 잃어버리고, 그리하여 또 피투성이의 참전(慘戰)을 되풀이한다. 그래도 성을 함락시키는 것은 결코 용이한 일이 아니다. 이러한 큰 희생과 큰 경비야말로 공성(攻城)에 따르는 큰 재앙이 아니겠는가?

5

 그러므로 용병(用兵)을 잘하는 자는 남의 군사를 굴복시키고 싸우지는 않는다. 또 남의 성(城)을 함락시켜도 공격하지는 않고, 남의 나라를 무너뜨려도 오래가지는 않는다. 반드시 온전한 것으로써 천하에 다툰다. 그런 까닭에 군사가 지치지 않고 이익을 온전히 할 수가 있으니, 이것이 곧 모공의 법인 것이다.

原文 故로 善用兵者는 屈人之兵이나 而非戰也라. 拔人之城이나 而非攻也요, 毀人之國이나 而非久也라. 必以全爭於天下라. 故로 兵不頓而利可全이니 此謀攻之法也니라.

解說 그러기에 전쟁에 능한 자는 싸우지 않고서도 남의 군사를 굴복시키고, 포위나 공격을 하지 않아도 남의 성을 함락시키며 또 오래 싸우지 않아도 남의 나라를 격파할 수 있으니 이것이 용병(用兵)의 이상(理想)인 것이다.

 다시 말해서 용병의 비결(秘訣)은 사전(事前)에 적의 기선(機先)을 꺾고, 그렇게 해서 절대 안전 제일의 방법으로 천하의 웅(雄)을 다투는 데에 있다. 그렇게 하고 보면 군사를 피로하게 하지 않고 조금도 꺾임이 없이 언제나 훌륭한 전과(戰果)를 거둘 수 있는 것이다.

 모공의 법이란 바로 이와 같이 땅 짚고 헤엄치는 것에 있다는 것이다.

6

그런 까닭에 용병(用兵)의 법은, 열 명일 때에는 곧 이를 포위하고, 다섯 명일 때는 곧 이를 공격하고, 갑절일 때는 곧 적을 나누고, 서로 같으면 능히 싸우고, 수가 적으면 능히 여기에서 도망치고, 그만 못하면 능히 이를 피한다. 그러므로 소적(小敵)이 견고하면 대적(大敵)이 사로잡힌다.

原文 故로 用兵之法은 十則圍之요 五則攻之며 倍則分之요 敵則能戰之며 少則能逃之요 不若則能避之니 故로 小必敵之堅이면 大敵之擒也니라.

解說 모공의 실제를 설명한 말이다. 따라서 이제 어쩔 수 없이 적과 상대(相對)했을 경우에는 앞과 같은 원리와 정신에 의해서 공수(攻守)의 준비를 해야 하는데 그 방법의 원칙은 이러하다.
　첫째, 열이면 포위한다(十則圍之).
　적의 10배의 군사를 가졌을 때는 포위해서 적을 굴복시키거나 또는 자멸(自滅)하기를 기다린다. 이런 경우 승패의 수는 싸우지 않아도 명백한 때문이요, 또는 무리한 싸움을 공연히 해서 이쪽의 군사를 손해볼 필요가 없기 때문이다.

둘째, 다섯이면 공격한다(五則攻之).

5배의 군사를 가지고 적에 대항할 경우에는 포위의 작전을 취하기는 부족하지만 그러나 그 절대적 세력을 이용해서 단숨에 적을 때려부숴야 한다.

셋째, 적보다 갑절이면 이를 나눈다(倍則分之).

두 배의 군사를 가지고 적을 대할 때에는 이쪽의 군사를 둘로 나누어 협격(挾擊)의 작전을 편다.

넷째, 적과의 수가 비슷하면 능히 그와 싸운다.

서로의 병력(兵力)이 대등(對等)할 때에는 적과 잘 싸울 것이다.

다섯째, 수가 적으면 잘 도망한다(少則能逃之).

이쪽의 수가 부족해서 중과부적(衆寡不敵)의 경우에는 잠시 그 예봉(銳鋒)을 피하여 일부러 무리한 싸움을 하지 않고 일시 후퇴한다.

여섯째, 적만 못하면 잘 피한다(不若則能避之).

적에 비하여 군사의 수만이 아니라 병기(兵器)의 우열, 지세의 이불리(利不利) 등 여러 조건이 현저하게 적에게 떨어질 때는 처음부터 이를 피하고 싸우지 않아야 한다. 힘도 없으면서, 또는 모든 형편이 적만 못한 것을 잘 알면서 공연히 무익한 싸움을 하는 자를 경계한 대목이다.

일곱째, 그러므로 소적의 견고함은 대적의 사로잡음이다(小敵之堅大敵之擒也).

이것은 앞의 다섯째와 여섯째의 두 가지를 결론지은 말이다.

요컨대 작은 적이 공연히 견고한 척하면 큰 적에게 사로잡히는 것밖에 되지 않는다. 그러므로 가당치 않은 용맹을 믿는 어리석음은 절대 금물이라는 것이다.

3. 모공편

7

 대체로 장수는 나라의 보(輔)이다. 보라는 것은 주밀하면 나라가 반드시 강하고, 보에 틈이 있으면 나라는 반드시 약하다.

原文 夫將者는 國之輔也라. 輔周則國必强이요 輔隙則國弱이니라.
(부장자) (국지보야) (보주즉국필강) (보극즉국약)

註 보(輔) : 짐이 수레에서 떨어지는 것을 막기 위하여 짐수레의 양편에 매단 지주(支柱)를 말한다. 여기에서는 군주(君主)를 보좌하고 국정에 참여하는 국가의 중신(重臣)이 됨을 말한다. 보극(輔隙) : 보(輔)에 틈이 있다. 즉 군신 사이에 틈이 생겨 손발이 잘 맞지 않는다는 말이다.

解説 장수는 국가의 지주(支柱)이다. 그러기에 훌륭한 임금과 훌륭한 장수가 잘 맺어지면 나라는 반드시 강성해지고, 이와 반대로 이 두 사람 사이에 틈이 생기게 되면 나라는 반드시 망한다. 명군(名君)은 있어도 명장(名將)이 없거나, 명장은 있어도 명군이 없던가 할 때는 나라는 잘 다스려질 수가 없다.

8

 그러므로 군(軍)에 대해서 군주(君主)가 근심을 끼치

는 것이 세 가지가 있다. 군이 나아가서는 안 되는 것을 알지 못하고 진격을 명하거나, 군이 물러서서는 안 되는 것을 알지 못하고 퇴각하라고 명령하는 것이다. 이것을 미군(縻軍)이라고 한다.

原文 故로 軍之以患於君者 三이니 不知軍之不可以進하고 而謂之進하고 不知軍之不可以退하고 而謂之退라. 是謂縻軍이니라.

註 미군(縻軍) : 미(縻)는 얽어맨다는 뜻. 그러므로 미군은 끈으로 매서 소나 말처럼 진퇴의 자유를 잃어버린 군대라는 말이다.

解說 군주(君主)가 군(軍)을 위험으로 몰아넣는 세 가지 큰 걱정거리라는 것이 있다.

그 하나는 군주나 또는 그의 정부가 멀리 전장(戰場)을 떠나 있어서 싸움터의 사정에 눈이 어두운데도 불구하고 가령 군이 나갈 수 없는데도 진격하라고 명령한다든지 또는 그 반대로 물러설 수 없는데도 퇴각하라고 명령한다든가 해서 쓸데없이 군의 진퇴에 간섭을 하는 것이다.

이렇게 되면 군은 적을 앞에 놓고 도저히 그 기능(機能)을 발휘할 수가 없다. 이와 같이 군주의 간섭이나 얽매임 속에 있는 군대는 이것을 이른바 고삐를 맨 미군(縻軍)이라는 것으로서, 그런 군대는 도저히 승리할 수가 없다는 것이다.

9

　삼군(三軍)의 일을 알지 못하고 삼군의 책임을 같이 하면 곧 군사는 의혹하게 된다.

　[原文] 不知三軍之事하고 而同三軍之政者면 則軍士惑矣니라.
　　　　　부지삼군지사　　　　이동삼군지정자　　　즉군사혹의

　[註] 삼군(三軍) : 상군(上軍)·중군(中軍)·하군(下軍)의 세 군사를 말한다. 한 군의 수는 1만 2천5백 명으로 했다.

　[解說] 이것은 이른바 세 가지 걱정 중에 두 번째에 드는 것이다. 군중(軍中)에서의 군무(軍務)는 일을 맡은 장수에 대해서 될 수 있는 대로 광범위한 자유의 재량(裁量)을 허용하지 않으면 안 된다. 그렇게 해서 긴밀한 군의 통제를 확보해야만 한다. 그러나 군주(君主)가 여기에 간섭을 하고 그의 전단(專斷)을 허용하지 않는다면 군중의 법령이 어떻게 되겠는가?
　문제가 되는 것은 명령 계통의 혼란과 실정에 맞는 정확한 인식의 철저라는 것이다. 요컨대 기구의 문제점이다. 그리고 한번 수립된 기구가 어디까지나 존중되지 않으면 중요한 지도적 지위에 있는 자는 어리둥절해지고 말게 된다.

10

　삼군(三軍)의 권(權)을 알지 못하고 삼군의 책임을

함께 하면 즉 군사(軍士)가 의심하게 된다.

原文 不知三軍之權하고 而同三軍之任이면 則軍士疑矣니라.
(부지삼군지권) (이동삼군지임) (즉군사의의)

註 권(權): 권변(權變)이라는 뜻으로 임기응변의 대책을 세우는 것.

解說 이것은 세 가지 근심거리 중의 세 번째 조건이다.
　삼군(三軍)의 권(權)이란 전장에 있어서의 전략상(戰略上)의 기의(機宜)의 조치를 취하는 것을 가리킨다. 가령 군이 전진하느냐 후퇴하느냐, 공세를 취하느냐 수세를 취하느냐 하는 따위, 요컨대 적과 마주 대했을 때의 온갖 임기응변의 처치를 말한다.
. 이 역시 눈앞의 적정(敵情)에 따른 장수의 판단과 결심에 일임해 버리지 않으면 안 되는 것이다. 그렇지 않고 군주가 여기에 간섭을 하게 되면 일이 어찌 되겠는가. 군사들은 자연 군(軍)의 계획에 의심을 품게 되고 따라서 그 투지(鬪志)가 여지없이 꺾이게 된다.

11

　삼군(三軍)이 이미 미혹(迷惑)하고 또 의심하면 곧 제후(諸侯)의 난리가 오게 되는 것이니, 이것을 군사를 어지럽혀 승리를 이끌어 온다고 한다.

原文 三軍이 旣惑且疑면 則諸侯之難이 至矣니 是謂亂軍
(삼군) (기혹차의) (즉제후지난) (지의) (시위란군)

인 승
引勝이니라.

註 제후지난(諸侯之難) : 국외(局外)의 나라나 이질(異質)의 세력의 궐기에 의해서 일어나는 난리. 인승(引勝) : 적에게 승리가 돌아가게 한다.

解説 이렇게 해서 삼군(三軍)이 의혹을 품게 되면 군은 단번에 흔들리고 무너지게 된다. 이와 같이 자세가 허물어지기 시작하면 이것을 지켜보고 있던 제후의 나라들이 적군에 가담해서 국난(國難)을 더욱더 가중(加重)시키게 된다.

따라서 이와 같은 군주의 분별없는 간섭은 그 스스로가 군을 교란시키고 그래서 일부러 국외(局外)의 사람까지 끌어들여 자기들에게 승리를 가져다 주는 결과를 가져오는 것이다. 이야말로 참으로 자멸행위(自滅行爲)가 아니고 무엇이랴?

12

그런 까닭에 승리를 아는 것이 다섯 가지가 있으니, 그와 함께 싸울 수가 있고, 그와 함께 싸울 수가 없는 것을 아는 자는 이긴다. 많고 적은 것의 쓰임을 아는 자는 이긴다. 윗사람과 아랫사람이 하고자 하는 것을 같이 하는 자는 이긴다. 근심하는 것으로써 근심이 없기를 기다리는 자는 이긴다. 장수가 능해서 임금을 제어하지 않는 자는 이긴다. 이 다섯 가지는 승리를 미리 아는 길이다.

原文 故로 知勝者有五하니 知可以與戰하고 不可以與戰者는 勝이요, 識衆寡之用者는 勝이요, 上下同欲者는 勝이요 以虞待不虞者는 勝이요, 將能而君不御者는 勝이니라. 此五者知勝之道也라.

解説 싸우기 전에 우선 군(軍)의 승리를 아는 방법이 다섯 가지가 있다.

첫째, 그와 싸울 수 있고, 그와 함께 싸울 수 없다는 것을 아는 자는 이긴다(知可以與戰 不可以與戰者勝).

어떠한 경우에 싸우느냐, 어떠한 경우에 싸워서는 안 되느냐, 그 취사(取捨)의 결정과 판단을 할 수 있는 자는 이긴다.

둘째, 많고 적은 것의 용(用)을 아는 자는 이긴다(識衆寡之用者勝).

군사를 쓰는 데는 많은 군사를 쓰는 법칙이 있고 적은 군사를 쓰는 법칙이 있다. 그 운용 방법의 여하를 구별할 수 있는 자는 이긴다.

셋째, 상하(上下)가 하고자 하는 것을 같이하는 자는 이긴다(上下同欲者勝).

하고 싶은 것이 같고 욕망이 같다고 하는 것은 상하가 마음이 하나라는 말이다. 곧 장병(將兵)이 인화(人和)를 잘 유지하여 사생(死生)을 같이할 수 있느냐 없느냐, 그 뜻이 강성한지 아닌지에 승패(勝敗)의 구별이 있다.

넷째, 걱정으로써 걱정하지 않는 것을 기다리는 자는 이긴다(以虞待不虞者勝).

여기의 우(虞)는 염려, 삼간다는 뜻으로서 사물에 조심성이 있다는 말이다. 즉 미리미리 준비가 되어 있는 자가 준비가 되어 있지 않은 자를 공격하면 이긴다는 말이다.

다섯째, 장수가 능하고 임금이 제어하지 않는 자는 이긴다(將能而君不御者勝).

유능한 장수일 때 군주(君主)가 안에서 이것을 구속하거나 간섭하지 않으면 이긴다.

13

그런 까닭에 말하기를, 상대편을 알고 나를 알면 백 번 싸워도 위태롭지 않다. 상대편은 알지 못하고 나를 알면 한 번 이기고 한번 진다. 상대편도 모르고 나도 모르면 매양 싸워도 반드시 위태롭다.

原文 故_고로 曰_왈 知彼知己_{지피지기}면 百戰不殆_{백전불태}요, 不知彼而知己_{부지피이지기}면 一勝一負_{일승일부}요, 不知彼不知己_{부지피부지기}면 每戰必殆_{매전필태}니라.

解説 승패(勝敗)의 갈림은 적을 알고 나를 아는 데에 있다. 이 구절은 예로부터 널리 알려져 누구나 흔히 쓰는 말이다.

1. 남을 알고 나를 알면 백 번 싸워도 위태롭지 않다(知彼知己百戰不殆).

2. 나만 알고 남을 모르면 싸움을 이겼다 졌다 일승 일패로 전혀 예측을 할 수 없다(不知彼而知己一勝一負).

3. 남을 모르고 나도 모르고서 그저 닥치는 대로 싸우면 싸울 때마다 반드시 위태롭다(不知彼不知己每戰必殆).

4. 군형편(軍形篇)

앞의 세 편(篇)은 곧 이「손자병법」의 총론이다. 그러나 여기에서부터는 전투의 각 분야(分野)에 들어가 편을 거듭하면서 각기 공격과 수비(守備)의 원리에 대하여 연구해 나간다.

전투의 요결(要訣)은 우선 무엇보다도 먼저 불패(不敗)의 위치를 확보하고, 그런 뒤에 적의 패형(敗形)을 파고들어가야 한다. 이것으로 통칙(通則)을 삼는다는 것이 이 군형편의 주요 내용이다. 그 자세한 의미와 요목(要目)에 대해서는 부디 통독 음미(吟味)하시기 바란다. 그리하여 독자 스스로가 창의하고 연구해야 한다.

'무형(無形)의 형(形)' 그것이 곧 군형(軍形)의 이상(理想)인 것이다.

1

　손자(孫子)는 말하기를, 옛날의 잘 싸우는 자는 먼저 이기지 못하도록 형태를 만들고 그런 다음에 적에게 이기기를 기다린다.

原文 孫子曰 昔之善戰者는 先爲不可勝하고 以待敵之可勝이니라.

註 위불가승(爲不可勝): 자기를 이길 수 없도록 만든다는 말. 대적지가승(待敵之可勝): 나아가서 적에게 이길 만한 허(虛)가 생기기를 기다리는 것.

解説 상대편에게 침범을 당하지 않도록 태세를 종횡으로 검토해서 어디에서 밀고 들어와도 한 치의 허점도 나타남이 없도록 완전무결한 태세가 갖추어진 후에 비로소 싸우는 것으로서, 이런 준비가 없는 싸움이란 있을 수 없다.
　물론 이러한 태세는 무기나 방비, 병사의 배치뿐만이 아니라, 식량과 무기, 탄약의 보급로, 기구의 정비, 목적의 철저와 일치, 의사(意思)의 소통 등 이제까지 열거해 온 여러 조건을 포함한 태세가 아니면 안 된다. 그런 모든 것에 대해서 무엇보다도 먼저 이쪽 태세를 정비해야 하며, 다음으로 상대의 태세를 충분히 조사해서 손에 들고 보듯이 샅샅이 알아야 한다. 또 이 두 조건이 완료되었다고 해서 바로 싸움으로 들어가는 것은 아니다. 그러한 피아간(彼我間)의 태세에 불균형이 생길 때까지 서서히 기다려야 한다는 것이다. 소위 대기 태세란 이런 경우의 사정을 나타내는 말일 것이다.

이런 점은 근대전(近代戰)에 있어서도 그대로 통용되는 것이다.

2

이길 수 없는 것은 나에게 있고, 이길 수 있는 것은 적에게 있다. 그런 까닭에 잘 싸우는 자는 능히 이기지 못하게 할 수는 있으나 적으로 하여금 반드시 이길 수 있게 하지는 않는다.

原文 不可勝在己요 可勝在敵이라. 故로 善戰者는 能爲不可勝이나 不能使敵之必可勝이니라.

註 가승재적(可勝在敵): 이길 수 있는 허(虛)는 적의 쪽에서 생긴다는 것. 불능사적지필가승(不能使敵之必可勝): 일부러 이길 수 있는 적의 허(虛)를 무리하게 끌어내는 것은 불가능하다는 뜻.

解説 대체로 자기를 이길 수 있게 하느냐 못 하느냐 하는 것은 오직 자기의 노력 여하에 달려 있다고 하겠다. 그러나 나아가서 파고들어야 할 적의 허(虛)는 적의 쪽에서 생기는 것이니 이쪽의 힘으로 자유롭게 끌어낸다는 것은 도저히 불가능한 것이다.

따라서 선전(善戰)의 요결은 우선 노력해서 이쪽의 군형(軍形)과 군용(軍容)을 이길 수 없는 것으로 만든다. 그리고 이쪽의 힘

4. 군형편 77

이 미치지 못하는 적의 허(虛)를 무리하게 구하려는 따위의 무모한 짓은 아예 하지 않는다.

　이 조항에서는 승부란 전적으로 상대에게 달려 있는데, 그것을 받아들이는 태세의 선악(善惡)이 제일의(第一義)라고 말하고 있다.

3

　그런 까닭에 말하기를, 이긴다는 것은 알 수는 있어도, 그렇게 만들 수는 없는 것이다.

原文 故로 曰 勝可知나 而不可爲니라.
　　　　고　왈　승가지　　　이불가위

解說 이와 같이 승산(勝算)의 유무(有無)는 자기의 힘을 돌아보고 스스로 승패를 예측할 수 있어도 적에게 파고들어갈 허점이 없을 때에는 억지로 승리를 끌어낼 수는 없다. 이와 동시에 또 이쪽이 유리한 태세(態勢)라 해서 그것이 곧 승리를 가져오는 것도 아니다.

4

　이길 수 없는 것은 지키는 것이요, 이길 수 있는 것은 공격이다. 지키는 것은 부족한 때문이요, 공격하는 것은 여유가 있기 때문이다.

[原文] 不可勝者는 守也요 可勝者는 攻也라. 守則不足이요 攻則有餘니라.

[解説] 이쪽의 힘이 아직도 적에게 이길 수 없을 때에는 물러나서 수세(守勢)를 취하고, 반대로 나아가서 적에게 이길 자신이 있을 때에는 기회를 잃지 않고 공격을 취한다. 이것이 승리(勝利)를 목표로 하는 정석(定石)의 하나이다.

원래 수세라는 것은 공세(攻勢)로 나가기는 힘이 부족할 경우, 반대로 공세는 적에 대해서 스스로 여력(餘力)이 남아 돈다고 인정될 때, 바로 그런 때에 각기 타당한 태세를 결정해야 하는 것이다.

5

잘 지키는 자는 구지(九地) 아래에 감추고, 잘 공격하는 자는 구천(九天) 위에 움직인다. 그런 까닭에 능히 스스로 보전하여야 온전히 이길 수가 있다.

[原文] 善守者는 藏於九地之下하고 善攻者는 動於九天之上이니 故로 能自保而全勝也니라.

[註] 구지(九地): 땅의 가장 낮은 곳. 구천(九天)의 반대. 구천(九天): 하늘 중에 가장 높은 곳. 구지(九地)의 반대.

[解說] 이와 같은 공수(攻守)의 두 길은 두 가지가 모두 매우 어려운 일이다. 그러나 이것을 요약해서 말하면 잘 지키는 방법은 땅 속에 깊이 숨어서 공격하는 자로 하여금 어디에 그 공격의 초점을 두어야 하는지를 모르게 하는 데에 그 요체(要諦)가 있고, 또 잘 공격하는 자로 하여금 하늘 높이 날아올라가서 지키는 자로 하여금 어디에 그 방어점을 두어야 하는가를 모르게 하는 데에 그 특색이 있다고 하겠다.

즉 이와 같은 비기(秘機)와 묘체(妙諦)에 달할 수 있는 데에서 비로소 공수 두 가지 방법에 처할 수가 있고, 그리하여 비로소 자신을 보호하고 전승(全勝)을 거둘 수가 있는 것이다.

6

승리를 보는 것이 중인(衆人)이 아는 바에 지나지 않는 것은 선(善) 중의 선이 아니다. 싸움에 이기고 천하가 선하다고 하는 것은 선 중의 선한 것이 아니다. 그런 까닭에 추호(秋毫)를 드는 것을 힘이 많다고 하지 않고, 해와 달을 보는 것을 밝은 눈이라고 하지 않고 천둥 소리를 듣는 것을 귀가 밝다고 하지 않는다. 옛날의 이른바 잘 싸운다는 자의 승리는 지혜롭다는 이름도 없고 용맹스럽다는 공도 없는 것이다.

[原文] 見勝에 不過衆人之所知는 非善之善者也요, 戰勝에 而天下曰善은 非善之善者也라. 故曰 擧秋毫에 不爲多力이요, 見日月에 不爲明目이요, 聞雷霆에 不爲聰耳라. 古

^{지소위선전자} ^{승어이승자야} ^고 ^{선전자지승야}
之所謂善戰者는 勝於易勝者也라. 故로 善戰者之勝也는
^{무지명} ^{무용공}
無智名이요 無勇功이니라.

註 추호(秋毫) : 가을에 바뀌 나는 짐승의 털은 매우 미소(微小)하고도 가볍다.

解說 원래 기틀(幾)이나 기미(幾微)를 본다고 하는 것은 도저히 말로는 표현하기 어려운 것이 있다. 그것은 하나의 예감(豫感)이고, 그 예감이 보통 지극히 평범한 것이라면 선지선(善之善)이라고 할 수는 없는 것이 아니겠는가?

또 가령 이와 같이 빛나는 전승(戰勝)을 얻어 천하 만민의 눈에 그것이 혁혁한 승리로 보이고, 누구라도 그 뛰어난 공을 찬미하지 않을 수 없는 것과 같은 승리는 역시 선지선이라 할 수는 없는 것이다.

왜냐하면 그러한 분명한 승리는 명인(名人)의 눈으로 본다면 그 어딘가에 반드시 우연한 것, 요행한 것이 없지 않기 때문이다· 가령 사람들이 가장 가볍게 여기는 추호(秋毫) 같은 것을 집어 든다고 해서 그것이 힘자랑이 될 수는 없지 않은가. 또 해나 달이 보인다는 것만으로 눈 밝은 자랑이 될 수는 없지 않은가. 또 천둥 소리가 들린다고 해서 그것이 귀 밝은 자랑은 될 수 없지 않은가.

이와 마찬가지로 예로부터 명장(名將)이란 이름을 가진 자는 남이 보지 못하는 데에서 전기(戰機)가 미동(微動)하는 것을 직감하고 그 이기기 쉬운 곳, 바꿔 말하면 적의 패형(敗形)의 싹이 엿보이는 곳을 찾아내서 기회를 놓치지 않고 그것을 파고들어가 깨끗이 승리를 가져온다. 그러한 승리이니 명인의 승리는 좀처럼 여러 사람들의 눈에는 띄지 않는다.

따라서 잘 싸우는 선전자(善戰者)의 승리는 세속(世俗) 사람의 눈으로 보면 하등의 눈부신 지모(智謀) 같은 것도 없고, 또 표면에 나타나는 별로 이렇다 할 용감스러운 공명(功名)도 전해지지 않는다.

7

그런 까닭에 그 싸움에 이기는 것은 틀림이 없다. 틀림이 없는 자는 그 조치하는 바가 반드시 이긴다. 이미 패한 자에게 이기는 것이다.

原文 故로 其戰勝不忒이니 不忒者는 其所措必勝이니 勝已敗者也라.

註 불특(不忒) : 틀리지 않음. 특(忒)은 틀린다, 변한다는 뜻으로 쓰임.

解說 명인(名人)의 승리는 처음부터 결국 잘못됨이 없다. 계산이 들어맞고 정확한 것이 그 특색이다. 그가 손을 쓸 때는 이미 이기고 있다. 말하자면 이미 진 자에게 이기는 것이니, 일체의 행동에 억지가 없고, 따라서 자연히 그 쓰는 방법에도 요행이나 우연한 것을 바라는 따위의 일은 결코 없다.

8

그런 까닭에 잘 싸우는 자는 불패(不敗)의 땅에 서고

그리하여 적이 패하는 것을 잃지 않는다.

原文 故로 善戰者는 立於不敗之地하여 而不失敵之敗也니라.
(고) (선전자) (입어불패지지) (이불실적지패야)

註 불패지지(不敗之地): 필승(必勝)의 입장(立場). 불실적지패(不失敵之敗): 기미(幾微)를 잃지 않고, 적의 패형(敗形)을 놓치지 않음.

解說 그러므로 선전(善戰)의 요결(要訣)은 먼저 불패(不敗)의 땅, 즉 남이 이길 수 없는 불발(不拔)의 위치를 차지하고 그런 후에 적의 패형(敗形)을 포착하여 기회를 잃지 않고 일시에 파고든다. 이것이 승리의 제일의 비결이다.

여기에서 쓰고 있는 불패의 땅이란 반드시 지형(地形)에 한정된 뜻이 아니라, 입장이라든가 형세를 두고 말한 것이라고 생각된다.

9

그런 까닭에 이기는 군사는 먼저 이긴 뒤에 싸움을 구하며, 패하는 군사는 먼저 싸운 뒤에 승리를 구한다.

原文 是故로 勝兵은 先勝而後求戰이요 敗兵은 先戰而後에 求勝이니라.
(시고) (승병) (선승이후구전) (패병) (선전이후) (구승)

4. 군형편 83

解説 이 구절은 「손자병법」 중에서 명문(名文)으로 알려져 있다. 앞에서 보는 바와 같이 승자(勝者)와 패자(敗者)를 비교해 보면 이것은 명백한 차가 있다. 즉 이기는 군사는 벌써 싸우기 전에 분명한 승산(勝算)을 쥐고 있고, 그런 뒤에 비로소 싸움을 구한다. 그러나 이와는 반대로 패하는 자는 사전(事前)에 아무런 승산도 없이 먼저 싸우고, 그런 뒤에 전투의 귀추를 보아가면서 승리를 구한다.

다시 말해서 이기는 군사는 사전에 인사(人事)를 다하지만, 패하는 군사는 사후에 하늘이 돕기를 기다리며, 그것을 요행으로 삼는다. 즉 이상적인 싸움을 하는 자는 충분히 이길 만한 태세와 요인 위에 서서 싸움을 개시하는 것이고 패하는 싸움이란 덮어놓고 싸움을 하여 그 싸움에서 이길 기회를 구하려고 하는 위험한 싸움인 것이다. 그러므로 승리의 조건이 처음부터 명백한 것이다.

10

용병(用兵)을 잘하는 자는, 도(道)를 닦고 법을 보전한다. 그런 까닭에 능히 승패(勝敗)의 정사를 한다.

原文 善用兵者는 修道而保法이라. 故로 能爲勝敗之政이라.

註 수도(修道) : 여기의 도(道)는 병법의 도(道). 즉 손자 이전부터 고대 중국에 전해진 병법의 원리 원칙을 말한다. 그것은 시계편(始計篇) 오사(五事)에 나오는 말로서 이것을 닦는다는 뜻이다. **보법(保法)** : 그 원칙에 따른다는 뜻. **승패지정(勝敗之政)** : 승패의 지배권, 즉 승패의 열쇠를 쥔다는 것.

解説 이 조항에서 말한 도(道)와 법(法)이란, 시계편(始計篇)에 나온 하늘·땅·도·장수·법의 오사(五事) 중의 도와 법을 말한다. 정(政)은 갖춘다거나 이(理)를 바로잡는다는 것으로 정치를 뜻한다.

여기에서는 말이 다시 한번 오사 칠계(五事七計)의 근본 이념으로 되돌아간다. 이상적인 싸움은 도의적인 점에서 결여되는 부분이 있는지 없는지를 반성하여, 곡제(曲制), 관도(官道), 주용(主用)의 법에 미비점이 있는지 없는지를 재검토한다. 그리하여 승패하는 점에 대해 착오를 일으키지 않는다.

11

병법(兵法)에서 첫째는 도(度), 둘째는 양(量), 셋째는 수(數), 넷째는 칭(稱), 다섯째는 이기는 것이다. 땅은 도(度)를 낳고, 도(度)는 양(量)을 낳고, 양(量)은 수(數)를 낳고, 수(數)는 칭(稱)을 낳고, 칭(稱)은 승(勝)을 낳는다.

原文 兵法에 一曰度요, 二曰量이요, 三曰數요, 四曰稱이요, 五曰勝이라. 地生度요, 度生量이요, 量生數요, 數生稱이요, 稱生勝이니라.

註 도(度) : 원래의 뜻은 길이를 재는 것. 그러나 여기에서는 지형의 장단을 계측(計測)한다는 뜻. **양(量)** : 분량을 셈하는 것. 여기에서는 전쟁

터의 넓이를 계산하는 것. 칭(稱) : 저울질하는 것. 여기에서는 전력(戰力)의 우열을 비교 검토하는 것.

解説 고래(古來)의 병법에는 도(度)·양(量)·수(數)·칭(稱)·승(勝)의 다섯 가지 법칙을 들고 있다.

첫째, 지(地)는 도(度)를 낳는다(地生度). 여기의 도는 척도(尺度)의 뜻. 즉 토지 측량용의 기구 일체를 두고 하는 말이다. 그 용병(用兵)에 있어서는 우선 도(度)를 사용해서 전지(戰地)의 원근, 험난, 지형, 지리 등을 연구해야만 한다. 그리하여 지(地), 즉 땅에서는 도가 아니면 안 된다고 했다.

둘째, 도(度)는 양(量)을 낳는다(度生量). 양(量)은 용량(容量)의 양(量). 전지(戰地)의 측정이 끝나면 다음에는 그 전지에 들어갈 병수(兵數)의 다과를 헤아려야 한다. 가령 평지에는 대병(大兵)을 쓸 수가 있고, 험지(險地)에서는 대병(大兵)으로는 안 된다는 따위의 일이다.

셋째, 양(量)은 수(數)를 낳는다(量生數). 이렇게 해서 전지의 용량이 분명해지면, 다음에는 적의 병력에 따라서 배치해야 할 이쪽의 적당한 병수(兵數)를 헤아려 본다.

넷째, 수(數)는 칭(稱)을 낳는다(數生稱). 칭(稱)은 칭(秤)과 통하여 저울을 말한다. 셋째의 양생수(量生數)에 의하여 피아(彼我)의 수적(數的)인 실세(實勢)를 알았으니, 이제는 병기(兵器)의 우열, 땅의 이불리(利不利) 등 말하자면 승패(勝敗)의 주인(主因)이 되는 모든 것에 대해서 피아의 득실을 비교 계량(計量)해야 한다.

다섯째, 칭(稱)은 승(勝)을 낳는다(稱生勝). 이상에서 피아(彼我)를 비교하고 그 승패의 주된 요소를 비교 검토해 왔는데, 그렇게 하면 승산의 유무, 다소는 자연히 분명해지는 것이 아니겠는가? 즉 이것이 칭(稱)이 승리를 낳는다고 하는 이유이다.

이상 다섯 가지를 또 국토의 면적, 그 자원, 인구, 군사력(軍

事力), 승패(勝敗)로 나누어서 생각할 수도 있을 것이다.

12

그런 까닭에 이기는 군사는 일(鎰)을 가지고 수(銖)와 비교하는 것과 같고, 패하는 군사는 수(銖)를 가지고 일(鎰)을 비교하는 것과 같다.

原文 故로 勝兵은 若以鎰稱銖요, 敗兵은 若以銖稱鎰이니라.

註 일(鎰): 고대(古代) 중국에서 금화(金貨)를 재던 양(量)의 이름. 1일(鎰)은 24냥중. 일설에는 30량(兩), 또는 20량이라고도 함. 수(銖): 저울눈. 1량의 24분의 1에 해당한다고 함. 바꾸어 말해서 사물(事物)이 지극히 경소(輕少)하다는 뜻으로 쓰임. 칭(稱): 저울. 저울질한다, 헤아린다는 뜻.

解説 까닭에 앞에서 말한 원칙을 밟아 확고한 승산(勝算) 아래 움직이는 승병(勝兵)과 다만 요행만을 바라는 패병(敗兵)과는 마치 일(鎰)과 수(銖)를 저울로 재는 것과 같은 것으로서 도저히 형평(衡平)을 이룰 수 없는 것은 처음부터 명백하다.
 승병과 패병의 차이는 이와 같이 현저한 것이다.

13

 이기는 자의 싸움이 마치 적수(積水)를 천길의 시내로 터넣는 것과 같은 것은 형상인 것이다.

原文 勝者之戰이 若決積水於千仞之谿者는 形也니라.
(승자지전 약결적수어천인지계자 형야)

註 적수(積水) : 연못이나 호수(湖水)와 같은 산중의 깊은 물을 말한다. 천인지계(千仞之谿) : 인(仞)은 여덟 자. 따라서 천인(千仞)이라면 8천 자에 해당하는 것으로서, 하나의 과장법(誇張法). 명장의 전세(戰勢)를 이러한 분류(奔流)의 맹위(猛威)에 비유한 것임.

解說 이와 같이 승자(勝者)의 전법이란 산중 높이 있는 호수의 물을 터서 천길 아래 골짜기로 내리쏟는 것과도 같이 맹렬한 위엄이 있다. 그 힘이 닿는데 부서지지 않는 것이 없고 그 향하는 곳에 대적할 자가 없다. 그것은 승자가 불패(不敗)의 군형(軍形)을 가지고 이미 패해 버린 적에게 임하기 때문이다.

 결론(結論)으로 말해서 먼저 군용(軍容)을 정돈하고, 사전(事前)에 불패의 위치를 차지해서 적의 패형(敗形)에 파고드는 것만이 공수양도(攻守兩道)에 처하는 요결(要訣)이다. 이 여하에 따라서 승패가 좌우된다.

5. 병세편(兵勢篇)

　여기에서는 전쟁은 군의 세(勢)를 잘 구사하는 것이 긴요하다고 말하고 있다. 세(勢)란 힘의 움직임이다. 정지한 곳에서는 발휘되지 않는다. 전쟁은 힘의 대결(對決)이므로 이 힘을 최대한으로 발휘해야 한다. 따라서 군대는 세를 부여해야 한다. 까닭에 세의 모체(母體)에 대해서 손자(孫子)는 그 형성(形成)의 과정(課程)을 말하고 있다.

　여기에서 손자는 저 유명한 정(正)과 기(奇)의 두 단어를 창안해 냈고, 이와 동시에 또 '대체로 싸움은 정(正)으로써 모으고 기(奇)로써 이긴다.'라는 이름 높은 단안(斷案)을 내리기도 했다. 이 정과 기, 두 가지의 변화 활용을 논한 것이 바로 이 병세편(兵勢篇)이다. 말하자면 이 편은 기정(奇正)을 논한 것으로서 그 말의 기(奇)와 글의 묘함은 읽어 가면 자연 분명해질 것이다.

1

  손자(孫子)는 말하기를, 대체로 무리를 다스리는 것이 소수의 사람을 다스리는 것과 같은 것은 분수(分數)가 이것이다. 무리를 싸우게 하는 것이 소수의 사람을 싸우게 하는 것과 같은 것은 형명(形名)이 이것이다. 삼군(三軍)의 무리로 반드시 적을 맞아 패함이 없게 하는 것은 기정(奇正)이 이것이다. 병이 더하는 바 숫돌로써 달걀에 던지는 것과 같은 것은 허실(虛實)이 이것이다.

原文 孫子曰 凡治衆을 如治寡는 分數 是也라. 鬪衆을 如鬪寡는 形名이 是也라. 三軍之衆으로 可使必受敵而無敗者는 奇正이 是也라. 兵之所加에 加以碬投卵者는 虛實이 是也니라.

註 분수(分數) : 분(分)은 상하의 신분(身分). 즉 군(軍)의 관제(官制)와 직제(職制)를 가리키고, 수(數)는 부대의 편제(編制)와 정원수(定員數) 따위를 가리킴. 형명(形名) : 형(形)은 사람의 시각(視覺)에 호소해서 명령을 전하는 도구, 가령 깃발 같은 것. 명(名)은 사람의 청각(聽覺)에 호소해서 명령을 전하는 도구, 가령 고대(古代)의 금고(金鼓) 같은 것을 가리킴. 기정(奇正) : 다음 글에 자세히 언급되었다. 하(碬) : 숫돌. 굳다는 것의 비유. 허실(虛實) : 다음 편(篇)에 자세히 나온다.

解説 여기에서는 우선 용병(用兵)의 실제 운용에는 분수(分數)·형명(形名)·기정(奇正)·허실(虛實)의 네 가지 요목(要目)이 있다고 말하고 있다.

첫째, 분수(分數), 무리를 다스리는 것이 소수의 사람을 다스리는 것과 같은 것은 곧 분수가 이것이다. 군대와 같은 사회의 온갖 계급, 직업에 있는 자를 통틀어서 하나로 묶은 대집단(大集團)을 통제하기 위해서는 먼저 군(軍)의 관제(官制), 편성(編成) 따위를 확립하고, 이로 하여금 체제가 서고 조직이 있는 것으로 만들어야 한다. 그것이 무엇보다도 중요하다. 따라서 이러한 일반적인 원리를 맨 처음에 든 것인데, 이것만 확립되면 대군(大軍)을 통솔하는 것도 소수를 통솔하는 것이나 다름이 없다.

둘째, 형명(形名), 무리와 싸우는 것이 소수의 사람과 싸우는 것과 같은 것은 형명이 이것이다. 그러면 다음은 전선(戰線)에 서서 실제의 전투를 지휘하기 위해서 명령 전달의 기구, 기관을 정비하지 않으면 안 된다.

이것이 둘째번 요항(要項)으로, 명령 전달의 기관에는 사람의 시각(視覺)에 호소하는 것과 청각(聽覺)에 호소하는 것, 이 두 가지가 있다. 곧 형(形)은 전자에 속하고 명(名)은 후자에 속한다.

셋째, 삼군(三軍)의 무리가 반드시 적을 받아 패하는 일이 없게 할 수 있는 것은 기(奇)와 정(正) 이것이다. 기정(奇正)은 군이 적을 맞아 반드시 패함이 없도록 하는 방법, 즉 백전백승(百戰百勝)을 얻는 방법을 설명한 것이다. 이 기정(奇正)의 뜻에 대해서는 다음 글에 설명하였다.

넷째, 군사의 더하는 바, 숫돌로써 달걀을 치는 것과 같은 것은 곧 허실(虛實)이 이것이다. 허실은 군사가 가는 곳은 마치 숫돌로 달걀을 치는 것과 같다고 형용을 했다.

한마디로 말해서 변환자재(變幻自在)한 전술이어야만 한다. 실(實), 즉 충실한 전력(戰力)으로 허(虛), 즉 허술한 적을 친다.

바로 그것이 허실이다. 그러나 이 허실에 대해서는 다음에 따로 한 편(篇)을 잡아 특별히 연구해 놓았으므로 여기에서는 그 설명을 줄인다.

2

대체로 싸움은 정(正)으로써 모으고 기(奇)로써 이긴다.

原文　凡戰者는 以正合이요 以奇勝이니라.
　　　　범전자　　이정합　　　이기승

解說 이 글도 예로부터 유명한 글로 일컬어진다. 따라서 정기(正奇)에 대한 해석도 구구한데, 간단히 말해서 군의 자수(自守)를 주로 하는 행동은 정(正)에 해당하고, 공격을 주로 하는 행동은 기(奇)에 해당한다고 보면 틀림없을 것이다.
　다시 말해서 전투의 요령은 적과 상대해서 먼저 스스로 불패(不敗)의 위치를 차지하고, 그런 뒤에 기로써 이긴다. 그러나 정과 기, 이 두 가지 말은 하나의 술어(術語)로 보아야 하고 단순히 이것을 글자의 뜻대로만 해석해서는 안 된다. 특히 기(奇)를 기모(奇謀)·기책(奇策)·기술(奇術) 등의 기(奇)라고 해석하는 설(說)도 있으나 이것은 잘못이다.

3

그런 까닭에 기(奇)를 잘 쓰는 자는 무궁하기가 천지

와 같고, 마르지 않기가 강해(江海)와 같다. 끝나고 다시 시작하는 것은 일월(日月)이 이것이요, 죽었다가 다시 살아나는 것은 사시(四時)가 이것이다.

原文 故로 善出奇者는 無窮이 如天地요 不竭이 如江河라. 終而復始는 日月이 是也요 死而更生은 四時是也니라.

註 종이복시(終而復始) : 해나 달이 서쪽으로 없어졌다가 다시 동쪽으로 나와 운행(運行)을 정지하지 않는다는 것을 가리킨 말. **사이갱생(死而更生)** : 사생(死生)은 거래(去來)와 같다. 사시(四時)가 마치 순환(循環)하고 거래(去來)하는 것과 같다는 말.

解説 기(奇)를 잘 부리는 자는, 즉 이 방면의 천재(天才)가 임기응변(臨機應變)으로 적의 허(虛)를 찌르고, 이로 하여금 정신을 못 차리게 하는 것은, 말하자면 천지가 무궁한 것과 같고, 강해(江海)의 물이 마르지 않는 것과 같고, 일월(日月)의 운행이 정지하지 않는 것과 같고, 또 사시(四時)가 순환해서 그치지 않는 것과 같다.

이와 같이 그것은 무궁 무진한 술법(術法)이다. 아무리 형용(形容)을 해도 형용을 다하지 못할 정도이다. 요컨대 명장(名將)의 일동 일정(一動一靜)은 언제나 남을 놀라게 하고 엄청나서 평범한 인간들로서는 도저히 헤아릴 방법조차 없는 것이다.

4

　소리는 다섯에 지나지 않으나 다섯 소리의 변함은 다 들을 수가 없다. 빛은 다섯에 지나지 않으나 다섯 빛의 변함을 다 볼 수가 없다. 맛은 다섯에 지나지 않으나 다섯 맛의 변함은 다 맛볼 수가 없다. 전세(戰勢)는 기정(奇正)에 지나지 않으나 기(奇)와 정(正)의 변함은 궁진할 수가 없다. 기정의 서로 변하는 것은 순환(循環)의 끝이 없는 것과 같으니 누가 능히 이것을 다하겠는가?

　　　　　　　성불과오　　　오성지변　　　불가승청야　　　　색불과오
原文 聲不過五나 五聲之變은 不可勝聽也요, 色不過五나
오색지변　　불가승관야　　　미불과오　　오미지변　　　불가
五色之變을 不可勝觀也요, 味不過五나 五味之變은 不可
승상야　　　전세불과기정　　　　기정지변　　　불가승궁야
勝嘗也요, 戰勢不過奇正이나 奇正之變은 不可勝窮也라.
기정상생　　　여순환지무단　　　　숙능궁지재
奇正相生은 如循環之無端이라. 孰能窮之哉아.

解説 여러 가지 비유를 들어서 기정(奇正)의 변화와 활용에 대해서 설명하고 있다. 이것은 일종의 호흡(呼吸)이나 기분, 영감(靈感)이라고나 할까. 요컨대 각자의 비밀이어서 그 설명에 있어서도 역시 예로부터 남이 모르게 비전(秘傳)해 내려오는 것이 보통이다.
　첫째, 소리는 다섯 가지에 지나지 않으나 이 다섯 가지 소리의 변함은 다 들을 수가 없다. 다섯 가지 소리(五聲)는 중국 음악에

서 쓰는 음계(音階)의 이름. 즉 궁(宮)·상(商)·각(角)·치(徵)·우(羽)의 다섯 가지를 오음(五音), 또는 오성(五聲)이라고 한다.

그러나 미묘한 음악의 음색(音色)은 도저히 그것을 모두 듣고 모두 감상할 수 없을 정도로 많은 곡조(曲調)가 있겠지만, 그러나 그 근본을 캐면 그것은 이 오성(五聲)의 해조(諧調), 변화에 지나지 않는다.

군사의 운용(運用)도 마찬가지여서 그것이 천변만화(千變萬化)라고는 하지만 그 근본을 따지면 역시 이 기정(奇正)의 변화 활용에 지나지 않는다.

다음으로 빛은 다섯 가지에 지나지 않으나 오색(五色)의 변화는 다 볼 수가 없다. 중국에서는 예로부터 색소(色素)를 청(靑)·홍(紅)·백(白)·황(黃)·흑(黑)의 다섯 종류로 나누어 이것을 오색이라고 해왔다.

그러나 우주 만유(萬有)의 색채는 천차 만별이요 가지가지여서 도저히 그 종별을 전부 볼 수는 없다. 하지만 그 근본을 따지면 앞에 말한 오색의 혼합과 변화에 지나지 않는다. 병(兵)의 운용도 이와 마찬가지여서 역시 정기(正奇) 두 가지에서 나올 뿐이다.

세 번째로 맛도 다섯 가지에 지나지 않으나 이 다섯 가지 맛(五味)의 변화는 다 맛볼 수가 없다. 중국에서는 예로부터 이 맛을 단 것(甘)·신 것(酸)·짠 것(鹹)·매운 것(辛)·쓴 것(苦)의 다섯 종류로 하고 이것을 오미라고 불러 왔다.

그러나 사람의 미각(味覺)에 오르는 조미(調味)의 품종은 이 또한 도저히 그 전부를 맛볼 수는 없다. 그러나 그 근본은 앞에서 말한 오미의 조합(調合)의 변화에 지나지 않는다.

병(兵)의 운용도 역시 이와 같다. 이것은 오직 정기 속에서 나올 뿐이다.

끝으로 전세(戰勢)는 기정(奇正)에 지나지 않으나, 기정의 변은 다 궁진할 수가 없다. 기정이 서로 변하는 것, 이것은 순환의 끝이 없는 것과 같다. 누가 이것을 다할 것인가.

앞에서 말한 여러 가지 비유와 마찬가지로 전세, 즉 병(兵)의 운용도 천변 만화라고는 하지만 그 근본은 오직 기정에서 나올 뿐이다. 참으로 기(奇)에서 정(正)으로 들어가고, 정에서 기로 나오고, 이렇게 해서 이 양자(兩者)가 서로 의지하고 서로 변해서, 그것은 마치 동그랗게 돌고 돌아 끝이 없는 것과 같다.

그 변화와 활용은, 그 수법(手法)이 누구라도 다 써버릴 수는 없는 것이다. 변화는 무한하고 수법은 무궁 무진하다.

5

격한 물살의 빠른 것이 돌을 떠내려가게 하는 것은 세(勢)이다. 힘이 센 새의 빠른 것이 상대방을 부수고 꺾는 것은 시기이다. 그런 까닭에 잘 싸우는 자는 그 기세가 험하고 그 시기가 짧다.

原文 激水之疾이 至於漂石者는 勢也라. 鷙鳥之疾이 至於 毀折者는 節也라. 是故로 善戰者는 其勢險이요 其節短이니라.

註 격수(激水) : 세차게 흐르는 물. 지조(鷙鳥) : 독수리나 새매와 같은 억센 새의 종류.

[解説] 무서운 기세로 흐르는 격류(激流)는 커다란 돌을 떠내려가게 하고 그것을 밀어내는 힘이 있다. 이것은 오로지 수세(水勢)가 끊임없고 망설임이 없이 지속하는 힘의 집중 때문이다. 또 사나운 새가 먹이를 습격해서 상대의 날개를 꺾고 몸을 부러뜨리는 것은 그 엄습하는 호흡, 순간적인 기회를 잘 잡기 때문이다. 이처럼 이상적인 공격 방법은 일단 공세로 나오면 격류가 머무를 줄 모르는 것과 같은 맹렬한 기세와 숨쉴 틈도 주지 않는 성격을 가져야 한다.

세(勢)란 글자는 알통이 불거진 팔의 모양을 나타내는 역(力)이란 글자와 초목을 심는 것을 뜻하는 집(執)이란 글자로 되어 있다. 따라서 본래의 뜻은 초목을 성장시키는 힘을 말하지만 그것이 바뀌어 사물을 지배하는 힘을 뜻하게 되어있다. 동시에 '여세(餘勢)를 몰다.'라는 경우와 같이 기회라는 뜻도 지니고 있다.

"세차게 흐르는 격류가 무거운 돌을 밀어 흐르게 할 수 있는 것은 세(勢)이다."라고 손자가 말했는데 여기에서 세(勢)라는 것은 '기세를 타는 상태'라고 해석해도 좋다.

물은 약한 것이다. 그리고 부드럽기도 하다. 돌은 단단한 것이다. 그리고 무겁기도 하다. 이렇듯 물과 돌의 성질을 규정지은 다음 커다란 돌을 가져왔다고 하자. 이것을 흐르는 물에 던지면 어떻게 될까. 그 흐름이 험악한 골짜기를 흐르는데 분량도 풍부하다면, 그 기세의 격렬함은 아마도 거대한 돌을 굴려 흐르게 할 수도 있지 않겠는가?

앞에서 말한 대로 사나운 새의 일격을 당하면 다른 새들은 숨도 못 쉰다. 그 기세에 항거할 수 없어서 격파(擊破)되고 만다. 맹호(猛虎)가 한번 도약(跳躍)하면 백수(百獸)는 거기에 항거할 길이 없다. 쏜 탄환이 나는 새를 맞추는 것도 순발력과 순간 포착의 호흡 때문이다. 거기에는 기세와 순간이 있기 때문이다.

따라서 잘 싸우는 자는 그 기세(氣勢)를 마치 험준한 수로(水路)의 수세(水勢)와 같이 험하게 하고, 그 기회를 벼르고 벼르다가 일순에 터놓으면 반드시 적을 격파할 수가 있는 것이다.

　다시 말해서, '그 순간이 짧다.'고 말한 것은 병력을 집중시켜서 만반의 준비가 끝나면 부대를 은밀히 적에게 접근시켜 돌격할 간격을 되도록 줄여야 하는 것이다.

　이와 같이 진공(進攻)에 지극히 신속하고 돌발적인 작전을 전개하면 적은 계책을 쓸 새도 없고 효과적인 저항도 할 수 없을 것이다.

6

　형세는 쇠뇌를 당긴 것과 같고, 절(節)은 틀을 쏜 것과 같다.

原文 勢如彍弩하고 節如發機라.
(세 여 확 노)　　(절 여 발 기)

註 확노(彍弩) : 확(彍)은 활을 당긴다는 뜻. 노(弩)는 쇠뇌. 고대 중국에서 사용한 강궁(强弓). 발기(發機) : 기(機)는 쇠뇌의 방아쇠.

解説 병세(兵勢)는 마치 잡아당긴 활과 같아야 하고, 절(節), 즉 사정(射程)을 재서 방아쇠를 당길 때의 그 자신이어야만 한다는 것이다. 그 자신이 있으면 명중(命中)은 틀림이 없는 것이다.

　이것도 대체로 격류(激流)와 맹조(猛鳥)의 비유와 비슷한 내용이다. 여기에서는 커다란 석궁(石弓)에 비유한 것이다. 공격할 때의 기세는 소위 석궁의 시위를 팽팽하게 당겼을 때의 긴장도와 같은 것으로, 최고도의 강력함을 가지고 그것을 발사하는 기회는 석궁의 방아쇠를 당기듯, 목표물의 움직임에 맞추어서 틀림이 없도록 최적(最適)의 일순(一瞬)을 노리는 것이다.

7

뒤숭숭하고 시끄러워 싸우고 어지러워도 어지럽힐 수가 없다. 혼잡하고 막혀서 형상이 둥글어도 패할 수가 없다.

原文 紛紛紜紜하여 鬪亂而不可亂也요 渾渾沌沌하여 形圓而不可敗也니라.

註 분분운운(紛紛紜紜) : 분운(紛紜)과 같음. 사물이 혼란하고 뒤숭숭한 것. 혼혼돈돈(渾渾沌沌) : 혼돈(渾沌)과 같음. 혼(渾)은 혼잡, 돈(沌)은 막혔다는 뜻. 용병(用兵)하는 솜씨가 혼잡하고 군사의 배치가 어지러운 것을 말함. 형원이불가패(形圓而不可敗) : 둥근 고리는 머리도 없고 꼬리도 없다. 이와 마찬가지로 군의 진퇴(進退)에도 머리나 꼬리를 찾을 수 없다는 것.

解説 정기(正奇)가 쉴 새 없이 연발(連發)하는 명장(名將)의 전투 방식에 대해서 여기에서 또 하나 비유를 들자면, 가령 진형(陳形)도 대형(隊形)도 없고, 어지럽고 혼돈(渾沌)하여 도무지 포착하기 어려운 상태로 보인다고 하자.

그런데도 이것을 격파하려고 들면, 그 어딘가 통제(統制)가 있고 침범하기 어렵다고 하자. 이것은 요컨대 정기의 활용이 그 사이에 흘러 통하고, 그 중심이 확고하게 움직이지 않는 데서 오는 결과인 것이다.

어지러운 중에도 대오(隊伍)는 있어야 한다. 이것이 끝내 굳게 흔들리지 않아야 한다.

8

어지러운 것은 다스림에서 나오고, 겁내는 것은 용맹에서 나오고, 약한 것은 강한 데에서 나온다.

_{난 생 어 치}   _{겁 생 어 용}   _{약 생 어 강}
[原文] 亂生於治하고 怯生於勇하고 弱生於强이니라.

[解說] 하지만 여기에서 한번 생각할 필요가 있다. 앞에서와 같이 일부러 정석(定石)을 벗어난 전법(戰法)을 써서 표면상으로 어지러운 군용(軍容)을 보여 주거나, 또 혹은 일부러 겁약(怯弱)을 위장해서 적을 유도하는 것과 같은 방법은 조심해야 한다.

이러한 방법은 통솔자의 머리 속에 참으로 명확한 기도(企圖)가 있어야만 하는 것이고, 또 그뿐 아니라 진짜 강하고 진짜 용감한 군대를 가지고 있지 않으면 안 되는 것이다. 곧 난전(亂戰)·난투(亂鬪)의 전법(戰法)은 참된 치(治)의 기도에서 나와야 하고, 또 겁약(怯弱)한 군형(軍形)이나 군용(軍容)은 참된 용기, 참되고 강한 군사가 있어야만 비로소 가능한 것이다.

9

다스림과 어지러움은 수(數)요, 용맹스러움과 겁내는

것은 형세요, 강하고 약한 것은 형상이다.

原文 治_치亂_란은 數_수也_야요, 勇_용怯_겁은 勢_세也_야요, 强_강弱_약은 形_형也_야니라.

註 수(數) : 분수제(分數制), 즉 군(軍)의 관제(官制), 또는 편제(編制)에 대한 것을 가리킨다.

解説 여기에서는 다시 군(軍)의 치란(治亂)・용겁(勇怯), 또는 강약의 원인에 대해서 손자(孫子) 특유의 관찰을 해놓았다.

우선 치란은 수(數)이다. 여기에서 말한 수는 이 책에서 말하는 이른바 분수제(分數制), 즉 군(軍)의 관제(官制), 또는 편제(編制)에 대한 것을 가리킨다. 아직도 상비군의 제도가 없던 고대(古代)에는, 급하게 전운(戰雲)이 감돌면 우선 군의 편성(編成)이라는 것이 무엇보다도 중요하고 그것을 완전하게 한다는 것이 최선의 급무(急務)였던 것은 더 말할 나위조차 없다. 따라서 군의 치란은 맨 먼저 분수제의 성공 여하에 달렸다고 했다.

다음으로 용맹스러운 것과 겁내는 것은 세(勢)이다. 군의 용겁(勇怯), 이것은 물론 국민성의 여하에도 달렸지만 그러나 환경에 크게 지배된다. 말할 것도 없이 사람은 환경의 동물인데, 따라서 세를 타면 겁자(怯者)가 용자(勇者)도 되고, 세를 잃으면 용자도 겁자가 되어 버린다. 특히 군대 같은 것은 주로 통솔자의 지도 정신(指導 精神)에 지배되고, 그 용겁의 분기점(分岐點)은 미묘하기 짝이 없는 것이어서 이 점 군의 통솔자로서는 가장 경계하지 않으면 안 된다.

끝으로 강약(强弱)은 형상이다. 군의 강약은 그 군형(軍形)에 있다. 군형이란 물론 군의 배치나 대비(對備)를 가리킨다. 그 군형・군용의 정돈 여하에 군의 강약이 달려 있는 것이다.

10

　그런 까닭에 적을 잘 움직이는 자는 이 태세를 나타내면 적은 반드시 이에 따르고, 이것을 주면 적은 반드시 이를 취한다. 이익으로써 움직여 근본으로써 이를 기다린다.

原文 故_고로 善動敵者_{선동적자}는 形之_{형지}면 敵必從之_{적필종지}요 予之_{여지}면 敵必取之_{적필취지}요, 以利動之_{이리동지}하여 以卒待之_{이졸대지}니라.

註 형지(形之) : 여기의 형(形)은 나타낸다는 뜻. 나의 허실(虛實)을 적에게 보이는 것. 여지(予之) : 준다는 뜻. 여(與)와 같음. 취(取)의 반대.
이졸대지(以卒待之) : 쌓아 놓은 세(勢)를 풀어 적을 맞아 공격하는 것.

解說 적을 잘 조종할 줄 아는 명장(名將)은 군의 치란(治亂)과 용겁(勇怯), 강약(强弱) 등의 발생 원리를 분명하게 알아 놓고, 여기에 따라서 적을 도모하는 비계(秘計)를 짜낸다. 가령 적에 대해서 일부러 패형(敗形)을 보여 주거나, 또는 그 약점을 폭로하는 따위의 외형(外形)을 보이면, 적이란 그것이 유혹의 술책이란 것을 모르고 반드시 이에 붙좇아온다. 뿐만 아니라, 또 적에게 어떤 전략상의 이익을 주었다고 하자. 그렇게 하면 적이라는 것은 또 이것이 작전상의 술책이라는 것을 모르고 반드시 여기에 매달려 온다.
　요컨대 이(利)로써 적을 잘 움직이고, 그 움직여 오는 적을 맞아서 이쪽의 예봉(銳鋒)을 나타내고, 그렇게 해서 이것을 일격에

깨쳐 없애 버리는 것은, 이 또한 기(奇)를 쓰는 또 하나의 요체(要諦)인 것이다.

11

그런 까닭에 잘 싸우는 자는 이 승리를 세(勢)에서 구하고 남을 책망하지 않는다. 까닭에 능히 사람을 가려서 세에 맡긴다.

原文 故^고로 善戰者^{선전자}는 求之於勢^{구지어세}하고 不責之於人^{불책지어인}이라. 故^고로 能擇人而任勢^{능택인이임세}니라.

解説 좋은 장수는 각 사람, 각 부대의 장점을 찾아서 이것을 적소(適所)에 배치하고 그렇게 해서 그 힘차게 뻗쳐나가는 각자의 형세에 맡겨 스스로 분전(奮戰)·역투(力鬪)하도록 하는 방책을 쓴다. 말하자면 개별(個別)보다 전체의 조화된 형세를 중시한다.
'세(勢)에 구하고 사람을 책망하지 않는다.'는 구절은 사기(史記)의 화식열전(貨殖列傳)에도 비슷한 말이 나오는데, 즉 월왕(越王) 구천(句踐)에게 종사하여 오(吳) 나라를 격파한 범려(范蠡)라는 자가 나중에 벼슬을 그만두고 도(陶)라는 곳에서 장사를 하여 돈을 많이 벌어 부자가 되었다. 그런데 그가 돈을 벌기 위해서 쓴 수법(手法)과 전략(戰略)은 바로 이 구절과 같이 시류(時流)에 파고들었다는 것이다.
그래서 '생을 잘 다스리는 자는 사람을 잘 택하고 때에 맡긴다.'고 하는 치부원리(致富原理), 경영전략(經營戰略)을 얻었다고 한다. 오늘의 눈부신 경쟁시대를 살아가는 사람들은 더구나 음미해 둘 구절이다. 범려는 세 번이나 천금(千金)을 이루었는데, 그때마다 그 돈을 가난한 사람들에게 모두 나누어 주었다고 한다.

12

　세(勢)에 맡기는 자는 그 사람과 싸우는 것이 마치 목석(木石)을 굴리는 것과 같다. 목석의 성품은 편안하면 고요하고, 위태로우면 움직이고, 모나면 그치고, 둥글면 앞으로 간다.

原文 任勢者는　其戰人也에　如轉木石이라.　木石之性은
安則靜하고　危則動하고　方則止하고　圓則行이니라.
（임세자）（기전인야）（여전목석）（목석지성）
（안즉정）（위즉동）（방즉지）（원즉행）

解說 세에 맡기는 자는 사람과 싸우는 것이 마치 목석(木石)을 굴리는 것과 같다. 목석은 평지에서는 자연 안정하고, 위태로운 땅에서는 자연 굴러 움직인다. 또 이것이 모가 나는 각재(角材)일 때는 지상에 정착해서 옮기는 데에 힘이 들지만 둥근 재목일 때는 쉽게 굴러 움직일 수가 있다.
　이와 같이 무엇이든지 자연의 형세를 이용하면 공을 이루는 첩경(捷徑)이 된다.

13

그런 까닭에 사람을 잘 싸우게 하는 세(勢)는 마치 둥근 돌을 천 길의 산에서 굴리는 것과 같은 형세이다.

原文 故로 善戰人之勢가 如轉圓石於千仞之山者는 勢也니라.

解說 이와 같이 명장(名將)이 군사를 움직이는 것은 마치 둥근 돌을 천 길이나 되는 산꼭대기에서 굴려 떨어뜨리는 것과 같은 것인데, 그렇게 맹위(猛威)가 있는 것은 말하자면 세가 차는 곳, 세가 격(激)하는 곳을 알아서 이를 잘 쓸 줄 알기 때문인 것이다.
　이것이야말로 곧 참된 승리의 전법(戰法)이다.

6. 허실편(虛實篇)

　본편(本篇)은 앞의 병세편(兵勢篇)과 함께 두 편이 서로 자매(姉妹)를 이루는 것으로서, 예로부터 가장 뛰어난 명문(名文)으로 알려져 있다.
　그러면 허실(虛實)이란 무엇을 말하는가. 허(虛)는 공허(空虛)의 허에 해당하고, 실(實)은 충실(充實)의 실(實)에 해당한다. 즉 사물(事物)의 틈, 그 틈이 있는 곳이 곧 허(虛)요, 그 틈이 없는 곳이 곧 실이다. 인간의 정신은 개인적으로나 단체적으로 끊임없이 긴장과 이완(弛緩)이 계속되고, 이리하여 거기에서 성공과 실패와 영고성쇠(榮枯盛衰)의 온갖 사회상이 생겨나게 마련이다.
　말하자면 이러한 현상이 손자(孫子)의 예리한 병법안(兵法眼)에 비쳐져서 이 글 한 편이 이루어졌고, 그리하여 병(兵)의 요결(要訣)은 '실(實)을 피해서 허(虛)를 치는 데 있다.'고 하는 정칙(定則)이 얻어지기에 이르렀다.

1

　손자(孫子)는 말하기를, 대체로 먼저 전지(戰地)에 있으면서 적을 기다리는 자는 편안하고, 뒤에 전지에 있어서 싸움으로 달리는 자는 수고롭다. 까닭에 잘 싸우는 자는 사람을 조종하고 사람에게 조종당하지 않는다.

原文 孫子曰 凡先處戰地하여 而待敵者는 佚하고 後處戰地하여 而趨戰者는 勞라. 故로 善戰者는 致人이요 而不致於人이니라.

解說 대체로 한 걸음 앞서 전쟁터에 도착해서 서서히 상대가 나타나기를 기다리는 것은 몸에 무리가 오지 않아서 편안하다. 이와 반대로 뒤늦게 전지(戰地)에 나와서 그대로 공격을 하다 보면 자연히 무리를 하게 된다. 그런 까닭에 싸움에 능숙한 사람은 이 이치에 따라 이쪽에서 격하지 않고 가급적이면 상대를 끌어들여 영격(迎擊)하는 법을 취한다. 공격 전법보다는 영격의 전법이 훨씬 유리한 것이다.

　대체로 움직임이 있을 때는 여기에 수반하는 힘의 소모라는 것을 생각해야 한다. 크게 움직이면 큰 소모가 있고, 작게 움직이면 소모도 작다. 이것은 설비나 능률과도 통하는 것이라 할 수 있다. 적당한 설비만 갖추면 100이 움직여서 100의 효과를 얻을 수 있으나 이것이 불완전하면 120이 움직여서 80의 효과밖에 얻지 못하게 된다. 이것도 남을 조종하고 남에게 조종당하지 않는 것의 일종인 것이다.

  한편 이렇게 생각할 수도 있다. 같은 물건을 팔려고 할 때, 이쪽에서 적극적으로 팔려고 하는 것과 상대가 사러 오는 것과는 대단한 차이가 있다. 이것은 특별히 설명할 필요도 없는 일이지만, 이 이치도 따지고 보면 결국 남을 조종하느냐 조종당하느냐의 차이이다.

  그러나 실제로 일을 당했을 때 어딘지 모르게 애를 끓이느니 남에게 조종당하는 쪽이 편한 것 같은 착각에 사로잡히기 쉬운 것 같다. 그것은 사람을 조종하려면 조정할 수 있는 무엇이 갖추어져 있어야만 하기 때문이겠으나 그보다는 상대가 움직이는 쪽으로 조종당한다는 것은 이쪽의 노력 여하로 어떻게든 되겠지 하는 안이한 생각 때문이 아닐까.

2

  능히 적으로 하여금 스스로 오게 하는 것은 그를 이롭게 하기 때문이다. 능히 적으로 하여금 오지 못하게 하는 것은 그를 해롭게 하기 때문이다.

[原文] 能使敵人自至者는 利之也요 能使敵人不得至者는 害之也니라.

[解説] 상대방이 자발적으로 이쪽으로 오게 만드는 것은 상대방이 이익이 된다고 생각하기 때문이다. 반대로 저쪽에서 이리로 오려는 생각을 하지 않는 것은 상대방이 손해가 된다고 생각하기 때

문이다.

  가령 예정된 작전지대(作戰地帶)가 있다고 하자. 스스로 이것을 선점(先點)하고 여기에 적을 유치하려 할 경우에는 우선 이(利)로서 적을 유인해야 한다.

  반대로 적으로 하여금 그 목적지에 이르지 못하게 할 경우에는 때와 장소에 따라 적절한 처치를 취하고, 그렇게 해서 그 진군(進軍)을 중간에서 막아 버린다. 그리하여 반드시 주동(主動)의 위치를 확보하지 않으면 안 된다.

3

  그런 까닭에 적이 편안하면 능히 이를 수고롭게 하고, 배부르면 능히 이를 배고프게 하고, 편안하면 능히 이를 움직이게 한다.

原文 故로 敵佚能勞之하고 飽能飢之하고 安能動之니라.
<small>고   적일능로지   포능기지   안능동지</small>

註 안능동지(安能動之): 적이 지구책(持久策)을 써서 견고(堅固)한 보(壘)에 안착되어 있을 경우에는 반드시 이를 유혹해서 움직여 교전(交戰)하지 않을 수 없게 한다는 뜻.

解說 이제 만일 적이 실(實)의 위치를 차지하고 편안하게 이쪽을 기다리고 있을 경우에는 반드시 그가 차지하고 있는 실의 위치를 빼앗은 뒤에 본격적인 공격을 가하는 것이 순서이다. 식량이 풍부해 보일 때에도 방법을 강구해서 부자유하게 만드는 것이다. 요컨대 상대의 안정을 어떻게든지 무너뜨리는 것으로서 이것은 불가능한 일이 아니다.

4

그 나가지 않는 곳으로 나가고, 그 뜻하지 않은 곳으로 나간다. 천리를 가도 피로하지 않은 것은 사람이 없는 곳으로 가기 때문이다.

原文 出其所不趨요 趨其所不意라, 行千里而不勞者는 行於無人之地也니라.

註 무인지지(無人之地) : 꼭 사람이 없는 곳을 말하는 것이 아니라, 적의 저항이 가장 약한 지점을 말한다.

解説 적의 허(虛)를 찌르는 제일의 요건은 적의 불의(不意)를 치는 것이다. 따라서 명장(名將)이 천리행군(千里行軍)해서 가는 곳마다 적이 없는 까닭은 바로 이러한 기미(機微)를 쥐고 있기 때문이다.

5

공격해서 반드시 취하는 것은 그 지키지 않는 곳을 공격하기 때문이다. 지켜서 반드시 견고한 것은 적이 공격하지 않는 곳을 지키기 때문이다.

原文   攻而必取者는 攻其所不守也라. 守而必固者는 守其
所不攻也니라.
_{공이필취자}   _{공기소불수야}   _{수이필고자} _{수기}
_{소불공야}

註 공기소불수(攻其所不守) : 적이 안심하고 수비(守備)를 갖추지 않는 곳. 수기소불공(守其所不攻) : 이쪽의 중점(重點)을 적에게 잘 숨긴다는 것과 같음.

解說 공격하기만 하면 반드시 취하고, 지키면 반드시 견고해진다는 것은 곧 병법(兵法)의 요결(要訣)이다.
　후한(後漢) 때 장보(張步)는 도읍을 극(劇)에 정하고, 동생 남(藍)으로 하여금 서안(西安)을 지키게 했다. 또 다른 장군으로 하여금 임동(臨潼)을 지키도록 명령했다.
　이 임동에서 40리쯤 떨어진 곳에 경감(耿弇)이 군사를 이끌고 진주해 왔다. 진(陣)을 치자 경감은 지세를 상세히 시찰하여, 서안은 비록 성은 작으나 견고하고 남(藍)이 인솔하고 있는 군사도 정예하다는 것과 임동은 유명하기는 해도 실제로는 공격하기 쉬운 성이라는 것을 알아냈다. 이에 경감은 군사들에게 명하여 무기를 준비시키고 5일 후에 서안을 공격하여 성 주위에서 군사들에게 명하여 한참동안 함성만 지르게 한 다음에 그대로 후퇴해 버렸다.
　남(藍)은 그 소식을 듣고 틀림없이 적이 공격해 온 것이라 생각하여 성문을 굳게 닫고 철통 같은 수비 태세를 취했다.
　한편 경감은 좋은 기회가 왔다고 생각하고 밤중에 밥을 먹게 하고 출발하여 새벽에 임동성(臨潼城)에 도착했다.
　이때 부장(副將) 순량(荀梁) 등은 작전에 대해서 이의를 제기했다.
　"속히 서안을 공격해야 합니다."
　그러나 경감은 말했다.
　"서안은 우리 군사들의 함성을 듣고 성이 공격당하는 줄 알고 철통같이 성을 굳게 지키고 있다. 이러한 때 임동을 불시에 공격한다면 그들은 몹시 놀라서 당황할 것이니 그 틈을 타서 힘을 다해서 공격한다면 반드시 하루 만에 함락시킬 수 있다. 임동이 함락되면 서안은 고립되고 말 것이니 이것이야말로 일석이조가 아니겠는가?"

이렇게 해서 경감은 임동을 공격하여 모든 것이 계획대로 이루어졌다. 무슨 일에나 맹점은 있는 법이고 틀림없이 무방비일 때가 있는 것이다.

6

그러므로 잘 공격하는 사람은 적이 그 지킬 곳을 모르고, 잘 지키는 사람은 적이 그 공격할 곳을 모른다.

[原文] 故로 善攻者는 敵不知其이고 所守 善守者는 敵不知其所攻이라.

[解說] 가장 이상적인 공격법은 상대에게 어디를 어떻게 지켜야 완벽한가에 대한 판단을 할 수 없게 하고, 또 이상적인 수비는 상대에게 어디를 어떻게 공격하면 좋을지 몰라 목표를 세울 수 없게 하는 것이다. 마치 목소리가 없는 것을 상대로 하거나 형태가 없는 것을 잡는 것과 같다. 따라서 상대방을 마음대로 다룰 수가 있는 것이다.

7

은밀하고 은밀해서 형태가 없는 것에 이르고, 신기하

고 신기해서 소리가 없는 데에 이른다. 그런 까닭에 능히 사명(司命)이 된다.

原文 微^{미호}乎微乎하여 至於無形^{지어무형}하고 神^{신호신호}乎神乎하여 至於無聲^{지어무성}이라. 故^고로 能爲敵之司命^{능위적지사명}이니라.

註 미호(微乎) : 사물(事物)이 적은 것. 허실을 아는 것은 오로지 기미(機微)에 달렸다는 말. 신호(神乎) : 신(神)은 알기 어려운 것. 허실에 대처하는 묘기(妙機)를 신의 불가사의(不可思議)한 것에 비유한 말. 지어무성(至於無聲) : 즉 소리 없이 듣는다는 뜻과 같음. 사명(司命) : 생명을 맡아 보는 신(神). 즉 적의 활살권(活殺權)을 쥔다는 것과 같음.

解說 허실(虛實)에 처하는 길은 앞에서 말한 것과 같다. 그러나 그 실지의 활용에 있어서는 모름지기 깊은 연구를 쌓아서, 가령 형상이 없는 것도 보고 소리가 없는 것도 듣는 묘경(妙境)에 들어가야만 한다. 그 경지(境地)에 들지 않으면 안 된다.
　이러한 고심과 노력이 있어야만 비로소 적의 활살권(活殺權)을 잘 쥘 수가 있는 것이다.

8

나아가도 막을 수 없는 것은 그 허(虛)를 찌르기 때문이요, 물러가도 따를 수 없는 것은 빨라서 따르지 못하기 때문이다.

原文 進而不可禦者^{진이불가어자}는 衝其虛也^{충기허야}요, 退而不可追者^{퇴이불가추자}는 速而^{속이}

불가급야
不可及也니라.

[解説] 이제 진격해서 적을 친다고 하자. 그런데 여기에 방어의 여지가 없게 하려면 오직 그 허(虛)를 쳐야만 한다. 동시에 이 허를 보는 영지(靈智)·영감이라고 하는 것이 공격의 원동력(原動力)이 되는 셈이다.

뿐만 아니라 일단 퇴군(退軍)을 할 때에는 적에게서 잘 이탈(離脫)하고, 적으로 하여금 감히 추격의 여지를 주지 않도록 그 행동이 신속하여 아무도 뒤를 따르지 못하게 해야 한다. 도망가는 것이 중요하다. 도망가는 것은 수동적(受動的) 입장에서 벗어나 주도적(主導的) 입장을 회복하는 주요한 방법인 것이다.

9

그런 까닭에 내가 싸우고자 하면 적이 아무리 보루(堡壘)를 높게 하고 도랑을 깊게 한다고 해도 나와 싸우지 않을 수 없는 것은 그 반드시 구하는 곳을 치기 때문이다. 내가 싸우고자 하지 않으면 비록 땅을 그어 놓고 그것을 지킨다고 해도 적이 나와 싸울 수 없는 것은 그 가는 곳이 어긋나기 때문인 것이다.

[原文] 故로 我欲戰이면 敵雖高壘深溝로도 不得不與我戰者는 攻其所必救也요 我不欲戰이면 雖劃地而守之라도 敵不得與我戰者는 乖其所之也니라.

註 획지이수지(劃地而守之) : 방비를 가장 하지 않았다는 뜻. 땅을 손으로 긋고, 한 가닥의 새끼줄을 쳐놓은 것과 같은 것을 말함. 괴기소지(乖其所之) : 괴(乖)는 배(背)와 같음. 어긋나는 것. 여기에서는 적의 기도에 혼란을 가져오게 한다는 뜻.

解説 적이 아무리 성벽이나 보루를 높이 쌓고 도랑을 깊이 파서 엄중하게 수비를 한다고 해도 이쪽에서 싸우려고 하면 상대는 싫어도 여기에 응하지 않을 수가 없다. 이때에는 상대방의 가장 급소가 되는 곳, 즉 적의 본거지라든가 무기고·탄약고·양식 창고, 또는 전후를 연락하는 통로 등을 공격하면 된다.

반대로 만일 이쪽에서 싸움을 원하지 않는다고 하면 하등 특별한 방어의 설비를 갖추지 않는다 하더라도, 미연에 적의 기도하는 바를 알아서 재빨리 적당한 처치를 취하면 그것으로써 적의 전의(戰意)를 꺾을 수가 있는 것이다.

다시 말해서 엉뚱한 짓을 해서 적을 혼란에 빠뜨리면 될 것이다.

10

그런 까닭에 남은 형체를 나타내고 나는 나타내지 않으면 곧 나는 전일(專一)할 수가 있고 적은 나뉘게 되는 것이다.

原文 故形人而我無形이면 則我專而敵分이라.
      고형인이아무형   즉아전이적분

解説 앞에서 말한 것과 같이 회전(會戰)의 결정권을 이쪽에서 쥐는 것은 적을 제압하는 첫째 수단이다. 여기에는 적의 허실(虛

實)을 밝히고 이쪽의 허실은 적에게 감춰야 한다. 그것을 잘 해야 하는 것이다.

이렇게 하면 이쪽의 방침은 오직 하나로 쏠려서 가는 방향이 명확할 수가 있으나, 이와 반대로 적은 이쪽의 허실에 어둡기 때문에 공연히 방비를 넓히고 병력을 분산시키지 않을 수가 없을 것이다. 이쪽은 자유자재로 변화하면서 힘을 집중하는데, 적은 한 곳에 묶여서 사방으로 힘을 분산시키는 것이다.

11

나는 전일(專一)하여 하나가 되고, 적은 나뉘어서 열이 되면, 이는 열을 가지고 그 하나를 치는 것이다. 곧 나는 무리이고 적(敵)은 수가 적으니 능히 무리로써 적은 것을 치면 이는 곧 나와 함께 싸우는 자는 약(約)인 것이다.

原文 我專爲一이요 敵分爲十이니 是以로 十攻其一也라. 則我衆而敵寡라. 能以衆擊寡者면 則吾之所與戰者約矣니라.

註 약(約) : 던다, 생략한다는 뜻.

解說 이쪽에서는 힘을 집중(集中)해서 하나가 되고, 적은 그 힘을 열로 나누게 된다면, 적은 10분의 1의 힘을 가지고 이쪽의

전력(全力)에 맞닥뜨릴 수밖에 없다. 이렇게 되면 우리는 수가 많고 적은 수가 적어서, 중(衆)으로써 과(寡)를 치는 결과가 되니 이쪽의 전투력은 그만큼 크게 여력(餘力)이 생기는 것이 되지 않겠는가?

12

나와 함께 싸우는 곳의 땅은 알 수가 없다. 알 수가 없으면 적은 갖추는 바가 많다. 적의 갖추는 바가 많으면 곧 나와 함께 싸우는 바는 적다.

原文 吾所與戰之地는 不可知라. 不可知면 則敵所備者 多요 敵所備者 多면 則吾所與戰者 寡矣니라.

解說 전지(戰地)에 대하여 이것을 말하면, 가령 이쪽이 전지라고 지목하는 지점(地點)이 적에게서는 분명치 않다고 하자. 그럴 경우 적은 자연 그 방비를 다방면으로 하지 않으면 안 된다. 그러므로 그 방비가 충분해지면 충분해질수록 이쪽 군에 대적해 오는 적의 세력은 그만큼 과소한 것이 된다. 말하자면 여러 곳으로 분산시키지 않으면 안 되기 때문이다.

특히 세력이 백중(伯仲)한 상대와 대했을 때는 이러한 법이 상당히 효과적인 전법(戰法)이 될 것으로 생각된다. 결국 결전이 임박했을 때 당황해서 상황을 어름어름해 버리려고 해도 그런 얕은 꾀로는 곧 발견되고 말 것이므로, 사전에 충분한 배려가 되어 있지 않으면 안 된다.

13

그런 까닭에 앞에 갖춤이 있으면 곧 뒤가 적고, 뒤가 갖추어지면 곧 앞이 적다. 좌편이 갖추어지면 곧 우편이 적고, 우편이 갖추어지면 좌편이 적다. 갖추어지지 않은 바가 없으면 적지 않은 곳이 없다. 수가 적은 자는 남에게 갖추어 주는 자요, 수가 많은 자는 적으로 하여금 자신을 갖추게 하는 것이다.

原文 故로 備前이면 則後寡하고 備後면 則前寡라. 備左면 則右寡하고 備右면 則左寡라. 無所不備면 則無所不寡라. 寡者는 備人者也니 衆者는 使人備己者也라.

解說 적의 허실(虛實)에 어둡고 수동적(受動的) 입장에 있는 자의 비참한 입장이란 가령 한 쪽을 갖추면 한 쪽이 허술해진다. 그리하여 전후 좌우 모두 갖추어 놓으면 사방이 모두 갖추지 않는 것만 못하여 또 역시 허술한 것이 되어 버리는 것이 아닌가. 한꺼번에 모든 방면을 완전하게 할 수는 없기 때문이다. 따라서 적에 대해서 그 세력이 언제나 떨어지고 약한 자는 언제나 수동적 입장이 되어 남에게 갖추는 자가 되고, 반면에 적에 대해서 언제나 우세(優勢)한 입장을 차지하는 자는 남으로 하여금 언제나 이쪽에게 갖추게 하는 자가 된다.

이것은 비단 용병(用兵)에서뿐 아니라, 인간 개개인의 생활에서도 크나큰 진리이다. 약한 자는 언제나 남에게 붙좇게 마련이며, 스스로 서는 주도적(主導的) 입장에 설 수가 없다. 즉 주인이 될 수가 없다.
　모름지기 인간 관계의 승리자가 되기 위해서 깊이깊이 연구해 두자.

14

　그런 까닭에 싸울 만한 땅을 알고, 싸움의 날을 알면, 천리 거리에서도 회전(會戰)할 수 있다. 싸울 만한 땅을 모르고 싸울 날을 모르면, 좌편에서 우편도 구원할 수가 없고, 우편에서 좌편도 구원할 수가 없다. 앞에서 뒤도 구원할 수가 없고, 뒤에서 앞도 구원할 수가 없다. 그런데 하물며 멀리는 수십 리(里), 가까이도 수 리가 되는 곳에서랴.

[原文] 故로 知戰之地하고 知戰之日이면 則可千里而會戰이라. 不知戰地하고 不知戰日이면 則左不能救右요 右不能救左며 前不能救後하고 後不能救前이니, 而況遠者는 數十里요 近者라도 數里乎아.

[解說] 싸움터가 확실하게 예측되고, 그 시일의 추정(推定)도 가능하면 그것이 아무리 먼 곳일지라도 충분히 이쪽이 생각한 대로 회전(會戰)할 수 있을 것이다. 그러나 도무지 그런 짐작이 서지 않는다면 참으로 비참하기 짝이 없어진다.
　좌편에 포진(布陣)하고 있는 병력(兵力)이 적의 주력과 만나서

싸우고 있는 우편의 아군을 구원할 수 없으며, 우편에 있는 병력이 좌편의 아군을 돕지 못한다. 전방에 위치하고 있는 병력이 후방을 돕지 못하고, 후방의 병력이 전방을 돕지 못하는 수가 있게 된다. 하물며 수십 리나 떨어져 있는 아군이라면 한층 더할 것이다. 수십 리가 아니라 수리라도 어떻게 구원하러 달려갈 수가 있겠는가?

15

나로써 이를 헤아리건대, 월(越)나라 군사가 아무리 많아도 또한 어찌 승패(勝敗)에 유익할 것이랴.

原文 以吾度之건대 越人之兵이 雖多라도 亦奚益於勝敗哉아.
（이 오 도 지）（월 인 지 병）（수 다）（역 해 익 어 승 패）（재）

註 이오(以吾) : 오(吾)를 오(吳)로 쓴 속본(俗本)도 있다. 오(吳)나라는 지금의 강소성(江蘇省)에 있던 나라. 춘추시대에 오왕(吳王) 합려(闔閭)가 월(越)과 싸워 패사(敗死)하자 그 아들 부차(夫差)는 부왕(父王)의 유명(遺命)을 받아서 마침내 월(越)을 물리치고 원수를 갚았다. 손자(孫子 : 孫武)는 그 오(吳)나라를 섬기고 있었다.

解說 오(吳)나라는 소국(小國), 월(越)나라는 대국(大國)이었다. 월은 먼저 오를 격파하고 교만해져서 정신이 해이(解弛)해서 전혀 오에 대한 대비가 없었다. 오왕(吳王) 부차(夫差)는 와신상담(臥薪嘗膽) 쓴 쓸개를 맛보고 섶 위에 누워 있으면서 월나라의

허(虛)를 노리고 있었다. 월의 대병(大兵)도 이와 같이 결사적인 오나라 군사에 대해서는 한 줌도 안 되는 것이었다. 이것은 모두 허(虛)와 실(實)의 결과로서 애당초 당연한 승리였다.

16

그런 까닭에 말하기를, 승리(勝利)는 만들 수 있는 것이다. 적이 비록 많다고 해도 싸울 수 없게 해야 한다.

原文 故로 曰 勝可爲也니 敵雖衆이라도 可使無鬪니라.
_{고 왈 승가위야   적수중   가사무투}

解說 앞의 일을 가지고 생각해 보더라도 전쟁의 승패는 필경 허실(虛實)의 관계 하나에 달려 있게 마련이다.
　가령 아무리 큰 적이라 하더라도 한번 이것을 허(虛)로 몰아가면 이로 하여금 전투력을 없게 하는 것은 매우 쉬운 일이다. 승패의 원리, 흥망의 현상은 바로 이 허실 하나에 달려 있는 것이다.

17

그런 까닭에 이것을 헤아려 득실(得失)의 계략을 알고, 이것을 일으켜 동정(動靜)의 이치를 알고, 이것을 나타내서 사생(死生)의 자리를 알고, 이것을 충돌시켜 남고 부족한 곳을 안다.

原文 故로 策之而知得失之計하고 作之而知動靜之理하고
形之而知死生之地요 角之而知有餘不足之處니라.

註 책지(策之) : 남의 동정을 살피거나 추측하는 것. 작지(作之) : 무슨 일이나 시작하는 것. 형지(形之) : 형태를 드러나게 함. 각지(角之) : 적과 부딪치는 것.

解說 피아(彼我) 사이에 상대방의 허실(虛實)을 알려고 할 경우의 방법을 들어 말하고 있다.

이것을 네 가지로 나누어 보면 다음과 같다.

첫째, 일을 계획하여 득실(得失)의 계교를 안다. 가령 전지(戰地)의 지형(地形)이나 그 밖의 것을 상고하고 추리적(推理的)으로 적의 배치나 장비를 고찰하고, 또 그 판단한다는 것에 해당한다. 그럴 때에는 어떻게 하느냐? 이에 근거해서 이쪽에서 취해야 할 작전의 득실(得失)까지 자연 생각해 내지 않으면 안 된다.

둘째, 일을 시작하여 동정(動靜)의 이치를 안다. 여기의 작(作)이란 정신작흥(精神作興)의 작(作)과 같다. 즉 추리적 판단만으로는 아직 만족을 얻지 못할 경우, 여기에서 한 걸음 더 나아가서 조그만 충돌을 시도해 본다. 그렇게 해서 실지로 적의 동정을 알아보는 것이다. 이것이 제2단계의 방법이다.

셋째, 나타내서 사생(死生)의 장소를 안다. 여기에서는 두번째의 단계에서 한 걸음 더 나아가서 가령 적의 일각(一角)을 강습(强襲)해 본다. 그런 방법에 의해서 사생(死生)의 땅, 즉 승산(勝算)이 있느냐 없느냐는 것을 실지로 알아보는 것이다. 나타낸다(形之)는 것은 적의 내정(內情)을 밖으로 끌어내서 본다는 뜻이다. 이미 이 제3의 단계의 방법이다.

넷째, 부딪쳐서 남고 모자라는 곳을 안다. 여기의 부딪친다(角之)는 것은 스친다는 뜻이다. 실지로 힘을 비교해 보는 것이다.

곧 세번째의 방법으로도 아직 만족한 결과를 얻지 못했을 때, 다시 더 대규모의 충돌을 시도해 본다. 그래서 하나의 회전을 시험해 본다. 그러면 적의 배치나 장비의 후박(厚薄), 전투력의 강약(强弱) 따위를 대체로 알 수가 있는 것이다.

18

그런 까닭에 병사를 나타내는 극치는 무형(無形)에 이른다. 무형이면 곧 심간(深間)도 엿볼 수가 없고 지혜가 있는 자라도 피할 수가 없다.

原文 故로 形兵之極은 至於無形이라. 無形이면 則深間도 不能窺요 智者도 不能謀니라.

註 형병(形兵) : 이쪽의 병형(兵形)을 적에게 보인다. 즉 군사를 쓴다는 뜻. 무형(無形) : 때와 장소에 따라 임기응변으로 나가며 정석(定石)에 구애되지 않음. 심간(深間) : 사려(思慮) 깊은 적의 간첩, 또는 깊이 들어간 간첩.

解說 이와 같이 병(兵)의 운용은 병가자류(兵家者流)의 수법이나 병법에 구애될 것이 아니라 독자의 창의성을 가지고 임기응변으로 나가는 데에 그 참된 묘체(妙諦)가 었다. 이렇게만 나가면 아무리 날카로운 적의 첩자(諜者)라 하더라도, 또 아무리 뛰어난 적의 지장(智將)이라 하더라도 감히 이쪽의 방략(方略)을 알 길이 없다.

변환자재(變幻自在)의 태세, 그것이 최상의 방법인 것이다.

19

형상에 의해서 승리를 무리에게 두면 무리는 능히 알지 못한다. 사람들은 모두 나의 이기는 까닭의 형상은 알고, 나의 제승(制勝)하는 까닭의 형상은 아는 것이 없다.

原文 因形而措勝於衆이면 不衆能知라. 人皆知我所以勝之形이라도 而莫知吾所以制勝之形이니라.

註 조승어중(措勝於衆) : 승산(勝算)을 세워서 부하 군대를 안배한다. 즉 군대를 운용한다는 뜻. 소이제승지형(所以制勝之形) : 이쪽이 승리하게 된 작전 계획의 내력, 근원 같은 것을 가리킴.

解說 적의 형상을 가지고 다시 말한다면, 적이 나타내는 형상에 따라서 또 그 허실(虛實)에 따라서 이쪽의 군사를 쓰기로 하면, 이쪽의 군대들조차도 그 방략(方略)의 출처, 원인을 알 수가 없고, 다만 사후에 이르러서 이러이러한 전법(戰法)으로 승리를 얻었다는 것을 알게 될 뿐이다. 다만 그 정도로 알 뿐이지 대체로 그 전법(戰法)이 어디에서 나왔는지, 어떻게 되어서 그런 전법이 나왔는지, 그 근본 원인은 무엇인지, 그러한 깊은 원인이나 동기 같은 것에 이르러서는 누구 하나 아는 사람이 없다.

변환자재한 창의적인 전법을 그들 평범한 눈이 알 턱이 없는 것이다.

20

그런 까닭에 그 싸움은 이긴 것을 거듭하지 않는다. 그리하여 형상을 무궁한 데에 응한다.

原文 故^고로 其戰勝不復^{기전승불복}이요 而應形於無窮^{이응형어무궁}이니라.

註 전승불복(戰勝不復) : 한 번 이긴 전법(戰法)은 두 번 세 번 되풀이해서 쓰지 않는다는 뜻. 응형어무궁(應形於無窮) : 이쪽의 병형(兵形), 즉 병의 운용을 무궁한 변화에 따르도록 한다는 뜻.

解說 앞에서 말한 것과 같은 방법, 즉 적정(敵情) 여하에 따라서 거기에 맞도록 임기응변으로 나가기로 한다면, 같은 전법(戰法)을 두 번 세 번 되풀이할 까닭이 없다. 그렇게 해서 공연히 적에게 이쪽의 솜씨만을 알게 할 까닭이 없는 것이다. 오히려 천변만화(千變萬化) 변환자재하게 나가야 한다.
이야말로 진실로 이쪽의 전략·전법을 무궁무진하게 비장(秘藏)해 갈 수 있는 길인 것이다.

21

대체로 병형(兵形)은 물을 형상한다. 물의 형상은 높

은 곳을 피하여 아래로 내려가고, 군사의 형상은 실(實)을 피해서 허(虛)를 친다. 물은 땅으로 인해서 흐름을 제어하고, 군사는 적으로 인해서 이기는 것을 얻는다. 그런 까닭에 군사는 상세(常勢)가 없고, 물은 상형(常形)이 없다. 능히 적으로 인해서 변화하고, 그리하여 승리를 취하는 자, 이것을 신(神)이라 한다.

[原文] 夫兵形象水라. 水之形은 避高而趨下요 兵之形은 避實而擊虛라. 水因地而制流하고 兵因敵而制勝이라. 故로 兵無常勢요 水無常形이니 能因敵變化而取勝者는 謂之神이니라.

[註] 상수(象水) : 물을 본뜬다. 물의 성질에 비유해서 설명할 수 있다는 말. 위지신(謂之神) : 이야말로 용병(用兵)의 도(道)에 올랐다는 뜻으로서 신기신략(神機神略)을 얻었다는 말.

[解說] 군사의 운용은 물의 성질에 비유해서 말할 수가 있다. 물의 성질이 높은 곳을 피해서 낮은 데로 흐르는 것과 같이 군사도 실(實)을 피해서 허(虛)를 공격한다. 이것이 전쟁의 요결(要訣)이라는 것이다.

또 물은 그 흐르는 지형(地形)에 따라서 유형(流形)도 달라진다. 가령 평지에서는 완류(緩流)가 되고, 급지(急地)에서는 급한 여울이 되고, 길이 막힌 곳에서는 비폭(飛瀑)이 되는 것과 같이 군사도 또 역시 사위(四圍)의 상황이나 적정(敵情)의 변화에 따라서 임기응변으로 나가고 그렇게 해서 승리를 거두어야만 한다.

따라서 군사의 운용에는 상세(常勢), 즉 일정불변의 정칙(定則)이나 정석(定石)은 없다. 이것은 마치 물에 일정한 형상이 없는 것과도 같다. 따라서 적의 형세에 따라 변화자재(變化自在)하고, 그렇게 해서 승리를 거두는 자만이 참으로 신기(神機) 신략(神略)을 얻은 자라 할 수가 있다.
한마디로 말해서 전투에는 일정한 방식이 없다.

22

그런 까닭에 오행(五行)에 상승(常勝)이 없고, 사시(四時)에는 상위(常位)가 없으며, 해는 짧고 긴 것이 있고, 달에는 죽고 사는 것이 있다.

原文 故로 五行은 無常勝하고 四時는 無常位하며 日有短長하고, 月有死生이니라.

解說 여기에서는 군사에는 상세(常勢)가 없다는 이치를 설명하기 위하여 오행설(五行說)과 기타의 예를 들고 있다.
첫째, 오행(五行)에 상승(常勝)이 없다. 오행설(五行說)에 의하면, 대체로 천지간의 만물은 수(水)·화(火)·목(木)·금(金)·토(土)의 다섯 가지 원기(元氣)로 이루어진다. 여기에서 목(木)은 토(土)를 이기고, 토(土)는 수(水)에 이기고, 수(水)는 화(火)에 이기고, 화(火)는 금(金)에 이기고, 금(金)은 목(木)에 이긴다. 이렇게 해서 오기(五氣)는 서로 신진대사(新進代謝)를 해가면서 우주간의 생물, 무생물(無生物)은 끊임없이 변화생사(變化

生死)의 현상을 낳는다.
　여기에서 상승이 없다는 것은 바로 이 오기의 대사작용(代謝作用)을 말한 것이다.
　둘째, 사시(四時)에 상위(常位)가 없다. 춘하추동(春夏秋冬) 사시(四時)는 끊임없이 순환하면서 일정한 위치를 갖고 있지 않다. 이것은 누구나가 다 알고 있는 일이다. 상위가 없다는 것은 바로 이 점을 말하는 것이다.
　셋째, 해는 단장(短長)이 있다. 해는 하지(夏至)를 최장(最長)으로 하고, 동지(冬至)를 최단(最短)으로 해서 1년 3백 65일, 일출(日出)에서 일몰(日沒)에 이르는 시간이 하루도 같지가 않다. 이 역시 누구나 다 알고 있는 사실이다.
　넷째, 달은 사생(死生)이 있다. 달이 영허(盈虛), 즉 찬 것과 이지러지는 것이 있는 것은 이 역시 또 누구나 다 알고 있는 사실이 아닌가. 태음력(太陰曆)에 따르면 달의 1일을 삭(朔)이라 하고, 8일을 상현(上弦), 15일을 망(望), 24일을 하현(下弦), 30일을 회(晦)라 한다. 그래서 달은 찼다가는 이지러지고 이지러졌다가는 다시 차는 것, 이 역시 천체(天體)의 숨길 수 없는 법칙이다.
　이렇게 보면 대체로 우주간의 온갖 만물은 그 어느 한 가지도 변화하지 않는 것이 없다. 겉으로 보아 변화가 없는 것처럼 보이는 것도 사실은 단지 지속(遲速)의 차가 있는데 지나지 않을 뿐이다.
　군사도 이와 같다. 결코 용병상(用兵上)의 원칙이나 정석(定石)이라 할 만한 것을 언제나 불변한 것으로 보아서는 안 된다. 그래서 이것을 처음부터 끝까지 하나로 밀고 나가려 생각해서는 안 된다. 그것은 변해야 하는 것이다. 말하자면 오직 적으로 인해서 변화자재하고, 기미(機徵)를 잡아 승리를 취하지 않으면 안 된다. 상대방에 따라서 이쪽도 변하고 그렇게 해서 승리를 거두어야만 한다.

이래야만 비로소 참된 신공(神工)·신략(神略)을 얻었다고 할 수 있는 것이다.
　병(兵)의 형상은 물의 모양과 같다. 물은 땅의 높은 곳을 피해서 아래로 내려가는데, 이것은 성품이 순한 것이다. 군사는 적의 실(實)한 것을 피하여 그 허(虛)를 공격하니 이는 형세의 이로움이다. 그 아래로 내려가는 것은, 물은 본래 하는 일이 없는데 다만 땅의 높고 낮은 것에 의해서 그 흐르는 것을 제어하는 것이다. 그 허한 곳을 치는 것은 군사는 본래 아무 마음도 없으나 다만 적의 허실(虛實)로 인해서 그 승리를 얻는 것이다. 적으로 인해서 승리를 거두는 것이라면 승리를 만드는 것은 적의 허실에 있는 것이요 병(兵)의 일정한 것에 있는 것이 아니니 그런 까닭에 상세(常勢)가 없다는 것이다. 또 땅으로 인하여 흐르는 것을 제어하는 것이라면 흐르는 것의 제어는 땅의 높고 낮은 데에 있는 것이요 물에 있는 것이 아니어서 원래 일정한 것이 아니기 때문에 상형(常形)이 없다고 하는 것이다.
　그렇다면 승리를 이루는 것은 또 사람에게 책임이 있는 것이 아니요 장수된 자가 능히 적의 허실로 인해서 나의 기(奇)와 정(正)을 변화시켜서 저편에게 승리를 취하는 것이니, 이것을 신묘(神妙)함을 헤아릴 수 없다고 말하는 것이다. 또한 큰일에서 그 기미(機徵)는 곧 마음속에서 움직이는 것이니 신(神)이 아니고 무엇이랴? 대체로 적을 이기는 것은 적으로 인해서 승리를 거두는 것이니 만일 적의 군사가 수가 적어서 오래가지 못할 터라면 기다리고, 군사가 많아서 능히 속히 칠 수가 없으면 싸움을 돋운다. 군사가 노해서 능히 견고하지 못하면 군사를 욕하고, 군사가 강해서 능히 살필 수가 없으면 적을 의혹시킨다. 장수가 교만해서 스스로 자신을 가지면 이를 낮추어 주고, 장수가 재물을 탐해서 스스로 재물을 사사로이 하거든 이익을 주고, 장수가 의심하여 결단을 하지 못하면 반간(反間)의 계교를 쓰는 따위이다.

경감(耿弇)이 장보(張步)를 칠 때, 장감(張藍)의 서안(西安)의 견고한 성을 버려두고 임치(臨淄)의 여러 군(郡)의 약한 것을 공격했으며, 위원충(魏元忠)이 서경업(徐敬業)을 칠 때, 경업(敬業)의 하아(下阿)의 굳센 것을 버려두고 경유(敬猷)의 회음(淮陰)의 적은 것을 취했으니 이는 실(實)을 피하고 허(虛)를 친 것이다. 양소(楊素)는 녹각(鹿角)의 옛 법을 버리고 변해서 기진(騎陳)을 씀으로써 돌궐(突厥)을 당해 냈고, 장순(張巡)은 옛 법에 의하지 않고 오직 각자가 싸워서 수양(睢陽)을 지켰으니, 이는 군사에 상세(常勢)가 없는 것이다.

  공명(孔明)이 여섯 번 기산(祁山)에 나갔을 때 적은 진퇴(進退)와 지속(遲速)을 도저히 엿볼 수가 없었다. 뛰어난 장수를 베고 활로 쏘아도 적은 능히 이를 헤아리지 못했기 때문에 그는 군사 쓰기를 신(神)과 같이 한다는 칭호가 있었다. 또 무목(武穆)이 군사를 남송(南宋)에 냈을 때, 적은 군사로 많은 무리를 쳐서 운용(運用)의 묘함을 한마음에 두었고, 중간에 양모(楊么)를 깨치는 데 8일 동안의 기한을 정했기 때문에 악후 신산(岳侯神算)의 찬사(贊辭)가 있었으니 이는 적의 변화로 인한 신(神)스러움이었다.

7. 군쟁편(軍爭篇)

　군쟁(軍爭)이란 군대를 써서 승리를 얻는다는 뜻이다. 군사는 오직 신속(神速)을 귀하게 여긴다. 따라서 군이 기선(機先)을 다투는 것은 당연한 이치이다. 그런데 이 기민(機敏), 신속(迅速)을 주요 내용으로 하는 군쟁에 있어서 처음에는 우회로(迂廻路)의 설(說)을 들었고, 뒤에 가서는 특별히 치중(治衆)·치력(治力)·치심(治心)·치기(治氣)·치변(治變)의 다섯 가지 항목을 덧붙여 놓았다.

1

　손자(孫子)는 말하기를, 대체로 군사를 쓰는 법은 장수가 임금에게 명령을 받아 군사를 합치고 무리를 모아서 화합으로 사귀어 놓아 두는 것으로서 군쟁(軍爭)보다 어려운 것이 없다.

原文　孫子曰 凡用兵之法은 將受命於君하여 合軍聚衆하고 交和而舍니 莫難於軍爭이니라.

註　합군취중(合軍聚衆) : 고대에는 상비군(常備軍)의 제도가 없었기 때문에 전쟁이 있을 때마다 동원령(動員令)을 내려 장정을 징발하고 군을 조직했다. 교화이사(交和而舍) : 여기의 화(和)는 군문(軍門)을 말한다. 군은 인화(人和)를 제일로 삼기 때문에 화문(和門), 진영(陣營)의 문이라는 뜻으로 썼다. 교화(交和)라면 양군(兩軍)이 서로 대치(對峙)하는 것.

解說　전쟁이 시작되면 주장(主將)이 임명되고 각종 군대와 병과(兵科)를 모아 편성하며, 되도록 필요한 사람을 징용한다. 그리고 한 곳에 군문(軍門)을 벌여 놓고 숙영(宿營)한다. 그러나 그 군사를 움직여 직접 교전을 시작할 경우 모든 것을 규합해서 경합하는 것만큼 어려운 일은 없다.
　대체로 군사의 운용에 있어, 장수는 임금의 명령을 받아 전국에서 징집한 군사를 모으고 편성해서 군대를 조직한다. 그런 뒤에 숙영지(宿營地)에 나가서 군문을 펴고 적과 대치한다. 이렇게 될 경우 누가 먼저 기선(機先)을 다투는가 하는 것보다 더 어려운 것은 없다. 즉 군쟁이 첫째인 것이다.

군쟁이란 말의 해석 방법에는 여러 가지 설(說)이 있는 듯하나, 동일 진영 내에서 말하면 공명 다툼, 선진(先陣) 다툼, 노획품의 쟁탈전과 같은 모든 경쟁을 들 수 있을 것이다. 적에 대해서는 장수와 장수의 작전 경쟁, 그 간파 경쟁, 용병 만단의 경쟁, 기타 각종 경쟁을 말하는 것이다.

2

군쟁(軍爭)의 어려움은 우(迂)로써 직(直)을 삼고, 환(患)으로써 이(利)를 삼는 것이다.

[原文] 軍爭之難者는 以迂爲直하고 以患爲利니라.
　　　　군쟁지난자　　이우위직　　　이환위리

[註] 우(迂): 멀리 돌아가는 것. 직(直): 똑바로 곧게 가는 것. 환(患): 환난(患難). 이(利): 이로운 것. 즉 복됨.

[解說] 이와 같은 가장 어려운 군쟁의 난국에 직면했을 때 취할 방법이 두 가지가 있다.
　첫째, 우(迂)로써 직(直)을 삼는다.
　둘째, 환(患)을 이(利)로 삼는다.
　이것을 바꿔서 말하면, 급하면 돌아가라, 화(禍)를 돌려 복(福)으로 삼으라는 두 가지의 속담을 실천할 것이다.

3

 그런 까닭에 그 길을 멀리 돌아서 유인하는데 이(利)로써 하고, 남보다 늦게 떠나서 앞서 도착한다. 이는 우직(迂直)의 방법을 아는 것이다.

解説 故로 迂其途하여 而誘之以利하고 後人發하여 先人至는 此知迂直之計者也니라.

解説 이와 같은 우회작전(迂廻作戰)을 취할 때, 우선 중요한 것은 적으로 하여금 이쪽의 이러한 행동을 알게 해서는 안 된다는 것이다. 그러므로 적의 주의력(注意力)을 다른 곳으로 돌려놓아야 한다. 예를 들면 견제작전(牽制作戰)을 펴는 것인데, 이것은 전략상(戰略上)의 이익을 미끼로 해서 교묘하게 유혹해야 한다.
 이와 같이 우회작전(迂廻作戰)으로 나가서 실제로 운동을 개시했을 때는 일부러 적에게 뒤떨어져서 출발하고, 그러고서도 목적지인 전장(戰場)에는 적보다 앞서서 도착하는 것이다.
 이렇듯 모든 기미(機微)에 통달하는 자야말로 비로소 우직(迂直)의 계(計)를 아는 자라고 할 수 있는 것이다.
 먼 옛날에 월왕(越王) 구천(句踐)은 먼 길을 빠른 길로 가서 가까운 길로 전환시킴으로써 주도권을 장악했고, 석륵(石勒)은 재해(災害)를 이익으로 바꿈으로써 승리를 차지한 좋은 본보기인 것이다.

4

　그런 까닭에 군쟁(軍爭)은 이(利)로 삼고, 군쟁은 위태로움이 없다. 군(軍)을 들어서 이(利)를 다투면 미치지 못하고, 군에 맡겨서 다투면 곧 치중(輜重)에 손해를 본다.

原文 故로 軍爭爲利요 軍爭無危라. 故로 擧軍而爭利면 則不及이요 委軍而爭이면 則輜重이 損이니라.

註 거군이쟁리(擧軍而爭利) : 군(軍)의 일부(一部). 즉 치중부대(輜重部隊)와 같은 것을 뒤에 내버려두고 경병(輕兵)으로 급하게 군쟁에 뛰어드는 것. 치중(輜重) : 군수품(軍需品) 따위의 무거운 것.

解説 모든 경우에 군쟁이란 눈앞에 보이는 이해가 그대로 안위(安危)와 표리의 관계에 있는 경우가 많은 것이다.
　싸움에서 모든 이해를 무시한다는 일은 있을 수 없다. 그렇다고 해서 그것이 최대 목적이 되어 목전의 이익만을 쫓고 있으면 가장 중요한 전승이란 대목적에는 도달할 수가 없다. 문제는 소국부가 아니고 전체인 것이다. 전군의 연계 병참선이란 것을 무시하면서까지 적을 쫓다 보면 암만해도 탄약이나 식량을 허비하는 손해를 입기 쉬운 것이다.
　이와 같이 군(軍)의 기선(機先)을 다투는 데에는 이익과 위험의 양면이 있다. 가령 병기나 식량을 끌고 가면서 전군(全軍)이 한꺼번에 군쟁을 하려고 들면 오히려 행동은 지연되고 위험에 빠겨들며, 기회를 놓쳐 버릴 해로움이 없지 않다. 그렇다고 해서 치중(輜重)을 뒤에 내버려두고, 불과 얼마 안 되는 휴대 식량만으로 경병(輕兵)을 빨리 돌진시켜 나간다고 하자. 그러다가 자칫 잘못되어 적의 기습(奇襲)이라도 받는 날이면 뒤에 남겨 놓은 치중을 모두 잃어버릴 위험이 없지 않다. 이것이 바로 군쟁의 곤란한 점인 것이다.

5

그런 까닭에 갑옷을 걷어 올리고 달려, 밤낮을 쉬지 않고, 길을 갑절로 하여 행군(行軍)하여 백리에서 이익을 다투면 곧 세 장군(將軍)은 사로잡히게 된다. 굳센 자는 앞서고 지친 자는 뒤지게 되니, 그 법은 10의 1에 이른다.

原文 是故로 卷甲而趨하여 日夜不處하고 倍道兼行하여 百里而爭利면 則擒三將軍이라. 勁者先하고 罷者後면 其法이 十一而至니라.

註 권갑이추(卷甲而趨) : 무거운 무장(武裝)을 풀어 몸을 가볍게 달린다. 추(趨)는 빨리 달린다는 뜻. 백리(百里) : 고대 중국 군사의 하루의 행군력(行軍力)을 약 30리, 우리 이수(里數)로 약 50리라고 한다. 따라서 백리라고 하면 보통 사흘길이 좀더 되는 거리에 해당한다. **삼장군**(三將軍) : 상군(上軍)·중군(中軍)·후군(後軍)의 세 장군을 말한다.

[解説] 여기에서는 치중(輜重)을 뒤에 남겨 놓고 군쟁에 들어갈 경우의 위험에 대해서 말하고 있다. 가령 한 군대가 그 무거운 무장(武裝)을 풀어놓고 가벼운 행장으로 밤낮으로 빨리 행군하여 강행군(强行軍)으로 백리를 달렸다고 하자. 그렇게 되면 군은 우선 서열(序列)을 잃을 것이다. 또 강한 군사는 앞서고 약한 **군사**는 낙오(落伍)할 것이다. 그리하여 예정대로 무사하게 목적지에 도착한 자는 전군(全軍)의 10분의 1에 불과할 것이다.

이럴 경우에 또 만일 중도에서 적의 기습을 받는다면 군은 대번에 허(虛)를 찔려 혼란에 빠지고, 이리하여 더 나빠지면 군의 삼장군(三將軍)까지 적의 수중에 들어가 버린다. 이렇게 되면 그 군대는 여지없이 궤멸(潰滅)에 빠지게 된다.

6

50리에서 이(利)를 다투면 곧 상장군(上將軍)을 쓰러뜨리고, 그 법은 반이 된다.

[原文] 五十里而爭利면 則蹶上將軍이요 其法은 半至니라.
(오십리이쟁리) (즉궐상장군) (기법) (반지)

[註] 궐(蹶): 쓰러짐, 넘어짐.

[解説] 만일 이때 50리를 행군(行軍)했다고 하자. 그럴 경우에는 전군(全軍)의 약 반수는 낙오되는 것으로 본다. 이런 경우에는 백리를 갔을 때와 같은 위험은 없다고 해도 그러나 적의 기습은 있을 수가 있고, 그런 기습에 의해서 적어도 상장군(上將軍), 즉 선봉장(先鋒將)쯤은 적에게 격파되고, 그 밑의 장수까지도 포로

가 되고 만다. 말하자면 백리의 경우의 절반을 잡는 것이다.

7

30리(里)를 가서 이(利)를 다투면 곧 3분의 2에 이른다.

原文 三十里而爭利면 則三分之二至니라.
_{삼 십 리 이 쟁 리   즉 삼 분 지 이 지}

解説 30리(里)라고 하면 보통 행군(行軍)의 하룻길이다. 그러나 이것마저 군장(軍行)을 위한 강행군(强行軍)이라고 하면 그 3분의 1정도의 낙오자는 있는 것으로 보지 않으면 안 된다.

8

그런 까닭에 군대에 치중(輜重)이 없으면 곧 망하고, 양식이 없으면 망하고 위적(委積)이 없으면 곧 망한다.

原文 是故로 軍無輜重이면 則亡하고 無糧食則亡無委積이면 則亡이니라.

註 위적(委積) : 위(委)는 조금 쌓는 것이요, 적(積)은 많이 쌓는 것, 즉

병기와 양식의 축적을 말한다.

[解說] 군이 병기나 양식을 버리고 군쟁에 들어가면 지극히 위험하다. 짧으면 하루의 행군(行軍), 길면 3일의 행군에 지나지 않은 경우라 하더라도 각기 많은 수의 낙오자를 낳게 되고, 뿐만 아니라 도중에 어떠한 이변(異變)이 생길지 모른다. 그렇게 되면 패배하고 만다는 것을 미리 각오하지 않으면 안 된다.

9

그런 까닭에 제후(諸侯)의 계략을 모르는 자는 미리 사귈 수가 없고, 산림(山林)의 험조(險阻)나 저택(沮澤)의 형체를 모르는 자는 행군(行軍)시킬 수가 없고, 향도(鄕導)를 쓰지 않는 자에게서는 지리(地利)를 얻을 수가 없다.

[原文] 故로 不知諸侯之謀者는 不能豫交요, 不知山林險阻와 沮澤之形者는 不能行軍이요, 不用鄕導者는 不能得地利니라.

[註] 제후지모(諸侯之謀): 이웃 제후(諸侯)의 의중(意中). 평시에 그 진의(眞意)를 확인해 두지 않으면 일조(一朝) 유사(有事)할 때 알 수가 없어서 곤란해진다. 저택(沮澤): 소택(沼澤)과 같음. 향도(鄕導): 길을 인도함.

解説 이러한 미묘한 관계가 있기 때문에 인접국 등의 왕후(王侯)가 응원을 청해 와도 행군하는 법을 모르는 자라면 쉽게 도움을 청해서는 안 된다.

이런 경우에 군쟁(軍爭)에 대해서는 첫째 이웃 제후(諸侯)들의 의중(意中)을 알아놓고 미리 이들과 국교(國交)를 친밀히 하면서 일조유사시에는 될 수 있는 대로 이들을 내편으로 끌어들이도록 그 바탕을 닦아 놓아야 한다.

그 다음으로는 미리 전지(戰地)의 지리와 지형을 상세히 알아서 한번 개전(開戰)을 하게 되면 신속 과감하게 군을 보낼 수 있는 바탕을 만들어 놓아야 한다.

또 셋째로는 마침내 개전했을 경우, 적에 앞서서 지리(地利)를 차지하기 위해서 미리 적당한 길 안내를 찾아 두어야 한다.

이런 것들은 군쟁을 위해서 지극히 중요한 일들이다.

10

그런 까닭에 군사는 거짓으로 서고, 이익으로 움직이고, 나누어 합하는 것으로 변하는 것이다.

原文 故로 兵은 以詐立하고 以利動하고 以分合爲變者也니라.

解説 군대는 사(詐)로써 선다. 이쪽의 입장을 굳게 지키고, 적으로 하여금 이쪽의 동정(動靜), 소식 등을 절대로 알지 못하게 해야 한다. 이와 같이 전술의 근본은 적을 속이는 것이라는 것이다.

이익으로써 움직인다. 일진일퇴(一進一退), 반드시 헛일이 안 되도록 행동해야 한다.

 분합(分合)으로 변한다. 적의 형세에 따라 전군이, 혹은 집합해서 한 곳에 집중하고, 혹은 분산해서 여러 부대가 되어, 일합일리(一合一離), 변환자재(變幻自在)하지 않으면 안 된다.

 이러한 식으로 행동의 결정은 적을 속이면서 그 속임수에 의해서 만들어진 유리한 상황 속에서 행한다.

11

 그런 까닭에 그 빠르기는 바람과 같고, 그 조용하기는 숲과 같고, 침략하기는 불과 같고, 움직이지 않기는 산과 같고, 알기 어렵기는 그늘과 같고, 움직이기는 번개나 천둥과 같은 것이다.

原文 故로 其疾如風하고 其徐如林하고 侵掠如火하고 不動如山하고 難知如陰 動如雷震이니라.
<small>고 기질여풍 기서여림 침략여화 부동여산 난지여음 동여뢰진</small>

註 기서여림(其徐如林): 전기(戰機)가 아직 이르지 않아서 서행(徐行)할 때에는 군기(軍紀)가 엄숙해서 마치 산속의 숲의 한적(閑寂)함을 연상케 한다는 비유. 부동여산(不動如山): 전기(戰機)가 아직 익지 않았다고 보았을 때에는 아무리 큰 적을 만났어도 의연(毅然)히 움직이지 않는다. 그것이 마치 산과 같다는 비유. 난지여음(難知如陰): 음(陰)은 그늘. 잘 분별할 수 없는 것을 말한다. 즉 군의 진퇴(進退)는 그 일거 일래(一去一來)가 마치 검은 구름이 하늘의 해를 가리고 가듯이 해야 한다는 뜻.

解説 손자병법 중에서도 아주 유명한 구절이다. 여기에 나오는

'풍・림・화・산(風・林・火・山)'이란 말은 병법의 대명사(代名詞)처럼 여겨지고 있다. 삼국지(三國誌)에 나오는 제갈공명(諸葛孔明)의 전법이 이와 비슷하다는 것은 그 소설을 읽은 사람이면 누구나 짐작이 갈 것이다.

여기에는 언제나 동(動)과 정(靜)의 두 가지 면이 있다는 것이 지적되었는데,

첫째, 그 조용하기는 숲과 같다(其徐如林).

둘째, 움직이지 않는 것은 산과 같다(不動如山).

셋째, 알기 어려운 것은 그늘과 같다(難知如陰).

이 세 구절은 말하자면 군의 대기상태(待機狀態), 즉 그 정적(靜的)인 방면을 지적하고 있다. 그리하여 군이 그때마다 취해야 할 엄숙, 의연한 태도에 대해서 말하고 있다. 그러나 다음에서는,

첫째, 급하기는 바람과 같고(其疾如風),

둘째, 침략하기는 불과 같고(侵掠如火),

셋째, 움직이는 것은 번개나 천둥과 같다(動如雷震).

이상은 군이 전기(戰機)를 놓치지 않고 쇄도(殺到)할 경우의 동적 상태(動的 狀態)를 형용한 것이다.

결론적으로 이 동과 정의 두 가지 면은 군쟁상(軍爭上) 중요한 요목(要目)이 되는 것이다.

12

시골을 약탈해서 무리에게 나누어 주고 땅을 넓혀 이익을 나누고, 저울에 달아 움직인다.

原文 掠鄕分衆하고 廓地分利하고 懸權而動이니라.
　　　　약향분중　　　　곽지분리　　　　현권이동

註 약향분중(掠鄕分衆) : 고대에는 일정한 날에 한해서 군대에게 공공연한 약탈을 허용하고, 또 그것을 목적으로 군대를 격려하기도 했다. **현권(懸權)** : 권(權)은 저울. 저울에 경중(輕重)을 달아 본다는 뜻.

解說 적지(敵地)에 들어가서 그 도시나 촌락을 약탈할 때에는 일반 장병에게도 될 수 있는 대로 그 몫이 골고루 돌아가게 하고, 또 공격할 때마다 얻어지는 이득을 공이 있는 장사(將士)들에게 똑같이 분배하고, 이렇게 하여 격려하면서 나아가는 것은 본대(本隊)를 떠나 깊숙이 적지로 싸워 들어가는 요결(要訣)인 것이다.

 결론으로 말하면, 군은 처음부터 전략상(戰略上) 경제상의 이익이 있는 지점에 착안(着眼)을 해서 이른바 이해를 저울질해서 되도록 무용(無用)한 일이 없도록 행동해야 한다. 그것이 원정군(遠征軍)이 특히 주의해야 할 점이다.

13

 먼저 우직(迂直)의 계교를 아는 자는 이기는 것이니, 이것이 군쟁(軍爭)의 법인 것이다.

原文 先知迂直之計者는 勝이니 此軍爭之法也니라.

解說 먼저 우직의 계교를 알아 그것을 쓰는 자는 반드시 전쟁에서 이긴다. 성급하게 승리를 서두르지 말고 신중하게 이 원리 속에서 움직인다. 그것만이 군쟁의 요결이요, 전투의 원칙인 것이다.

14

「군정(軍政)」에 말하기를, 말해도 서로 들리지 않아 이 까닭에 금고(金鼓)를 만든다. 보아도 보이지 않기 때문에 정기(旌旗)를 만든다고 한다. 대체로 금고와 정기는 사람의 이목(耳目)을 하나로 하는 것이다. 사람이 이미 전일(專一)하면 곧 용맹스러운 자도 홀로 나가지 못하고 겁내는 자도 홀로 물러나지 못한다. 이것이 무리를 쓰는 법이다. 그런 까닭에 야전(夜戰)에는 화고(火鼓)가 많고 낮 싸움에는 정기가 많은 것이니, 이는 사람이 이목을 변하게 하기 때문이다.

原文 軍政曰 言不相聞이라. 故로 爲金鼓라. 視不相見이라. 故로 爲旌旗라. 夫金鼓旌旗者는 所以一人之耳目也라. 人旣專一이면 則勇者도 不得獨進이요 怯者도 不得獨退니 此用衆之法也니라. 故로 夜戰에 多火鼓하고 晝戰에 多旌旗는 所以變人之耳目也니라.

註 군정(軍政): 고대 병서(兵書)의 이름. 금고(金鼓): 금(金)은 퇴군(退軍)할 때, 고(鼓)는 진군(進軍)할 때 친다. 정기(旌旗): 깃발. 정(旌)은 깃대 끝에 깃털을 단 기(旗). 화고(火鼓): 화(火)는 봉화(烽火)나 화전(火箭)을 말한다.

[解説]「군정(軍政)」이라는 손자(孫子) 시절에 있었던 옛 병서(兵書)의 한 구절을 인용해서 말했다.

언어(言語)나 시력(視力)의 도달 거리는 한도가 있기 때문에 군대의 대집단(大集團)을 지휘하려면 자연히 금고나 정기를 쓰지 않을 수 없다는 구절이 있는데 그것은 참으로 당연한 말이다. 금고나 정기와 같은 명령 전달의 기구와 기계를 갖추어 군(軍)의 이목을 여기에 집중시켜 통계를 내고, 그렇게 해서 용겁(勇怯)을 모두 한덩어리로 만드는 따위, 즉 대전투력을 조직적으로 형성하는 것은 이것이 이른바 치중(治衆)의 법인 것이다.

이와 동시에 밤에 싸우는 데에는 불, 즉 봉화나 화전 같은 것이나 북을 쓰고, 낮에 싸우는 데에는 주로 정기와 같은 것을 쓰는데, 이것은 주야의 구별에 따라 군의 이목에 편리한 것을 썼던 것이다.

15

그러므로 삼군(三軍)은 그 기운을 빼앗아야 하고 장군은 그 마음을 빼앗아야 한다. 그런 까닭에 아침의 기운은 날카롭고, 낮 기운은 게으르고, 저녁 기운은 돌아간다. 용병(用兵)을 잘하는 자는 그 예기(銳氣)를 피해서 그 게으름과 돌아가는 것을 친다. 이것이 기운을 다스리는 것이다.

[原文] 故로 三軍은 可奪氣요 將軍은 可奪心이라. 是故로 朝氣는 銳하고 晝氣는 惰하며 暮氣는 歸니 故善用兵者

는 避其銳氣하여 擊其惰歸니 此治氣者也니라.
　　　　　　　　피기예기　　　격기타귀　차치기자야

解說 아침에는 병사들의 기분이 항상 충실해서 기운차 있고, 낮이 되면 아무래도 늘어지기 쉽다가 저녁이 되면 하루일이 끝났으므로 안심하게 된다. 여기에서 병사를 잘 쓰는 사람은 이러한 병사들의 기분의 움직임을 잘 파악해서 아침의 날카로움은 되도록 피하고, 대낮이나 저녁때 기분이 늘어져 게을러졌을 때를 노려서 습격하는 것이다. 이렇게 해야 비로소 기분이란 것의 움직임을 잘 이해하고 터득했다고 볼 수 있는 것이다.

　이것이 말하자면 이쪽의 기운을 잘 다스려서 적의 허(虛)를 치는 것, 즉 기운을 다스리는 것이 된다.

16

　다스림으로써 어지러운 것을 기다리고, 고요한 것으로써 시끄러운 것을 기다린다. 이것이 마음을 다스리는 것이다.

原文 以治待亂하고 以靜待譁라. 此治心者也니라.
　　　　이치대란　　　이정대화　　　차치심자야

註 화(譁) : 시끄러움. 떠드는 것.

解說 치(治)는 군의 인화(人和)를 얻은 것을 말하고, 난(亂)은 군의 인화를 잃고 군기(軍紀)가 문란해진 것을 말한다. 정(靜)은 군의 질서를 지키고 잘 통일된 상태를 말하고, 화(譁)는 이와 반

대로 군중(軍中)이 시끄럽고 질서를 잃어버린 상태를 말한다. 따라서 이쪽의 치(治)와 정(靜)을 가지고 적의 난(亂)과 화(譁)에 파고들면, 이것이 곧 이쪽의 마음을 다스려서 적의 허를 치는 것이 된다.

17

가까운 것으로써 먼 것을 기다리고, 편함으로써 수고로운 것을 기다리고, 배부름으로써 굶주림을 기다린다. 이것이 힘을 다스리는 것이다.

原文 以近待遠하고 以佚待勞하고 以飽待饑라. 此治力者也라.

解說 이것은 심리적인 것과 전력적(戰力的)인 것을 비교한 것으로서 여기에 인용된 것은 앞에서 여러 번 나왔던 것이므로 달리 해설이 필요치 않다. 다만 이쪽의 편리한 곳을 점령해서 거기에 포진(布陣)하고 멀리 오는 적을 기다린다. 또 편안한 자리에 있으면서 적이 수고롭고 지치기를 노린다. 또 이쪽은 양식이 충분해서 잘 먹은 배부른 군사를 가지고 양식이 결핍된 배고픈 적을 기다린다는 것이다.

이러한 것은 이쪽의 힘을 다스려서 적의 허를 치는 것으로서, 이 또한 기선(機先)을 제어하는 요긴한 방법이다.

18

바르고 바른 깃발을 맞아서 치지 말라. 당당(堂堂)한 진(陣)을 치지 말라. 이것이 변(變)을 다스리는 것이다.

原文 無邀正正之旗하며 勿擊堂堂之陣이니 此治變者也니라.
_{무요정정지기　　물격당당지진　　차치변자야}

註 정정지기(正正之旗): 정제(整齊)되고 엄숙하게 군기(軍紀)가 잘 지켜져 있는 깃발. 당당지진(堂堂之陣): 위용(威容)이 성대한 진용(陣容).

解說 정정(正正)한 기(旗)나 당당(堂堂)한 진(陣)은 적의 사기(士氣)와 세력이 충실해서 전투력이 지극히 왕성한 것을 말한다. 이러한 군용(軍容)에 대해서 정면으로 충돌한다는 것은 변통의 법을 알지 못하는 자의 어리석은 짓이다.
　되도록 이것은 피해야 한다. 그러한 적의 군용에 대해서는 잠시 그 예봉(銳鋒)을 피해서 전기(戰機)가 호전(好轉)될 때까지 기다려야 한다. 정면의 충돌은 피하고 기계(奇計)를 써서 적의 허를 찌른다. 이것이 곧 변(變)을 다스리는 길인 것이다.
　적이 만일 먼저 높은 지점을 점령했으면 절대로 올려다보고 공격하지 말 것이요, 언덕을 등진 자는 가서 맞아 싸우지 말 것이다. 또 적이 거짓 패한 체하고 달아나는 것은 절대로 쫓아가지 말아야 한다. 그리고 기세가 왕성한 적은 절대로 공격하지 말아야 하고, 속임수로 유인한 군사는 절대로 취하지 말 것이요, 아직 패하기도 전에 돌아가기를 도모하는 군사는 절대로 막아서는 안 된다. 포위된 적에게 달아날 틈을 남기지 않으면 장차 곤한

짐승의 싸움을 할 것이니, 마땅히 유인해서 나오도록 한 다음에 다시 법을 만들어 격파해야 한다. 돌아갈 곳이 없는 궁한 군사를 쫓으면 장차 그 돌아서서 무는 것을 당할 것이니, 이는 모두 작전(作戰)의 목표를 선정(選定)할 때에 응당 피해서 면해야 할 것이다.

8. 구변편(九變篇)

구변(九變)이란 아홉 가지 변칙(變則)을 말한다. 대체로 변칙이 있으면 원칙(原則)이 있고, 상칙(常則)이 있으면 변칙(變則)이 있다. 더구나 사활(死活)을 단숨에 결정해 버리는 용병(用兵)의 길에 있어서야 더 말할 나위가 있으랴. 이것이 여기에서 말하는 구변, 즉 용병상의 변칙이라 할 수 있는 이른바 아홉 가지 항목이다.

하지만 이 구변(九變)은 원래 고대의 궁시군(弓矢軍)을 상대로 해서 말한 것이기 때문에 현대의 입체전(立體戰)을 상대로 했을 때에는 자연 달라질 수밖에 없다.

그러나 이치는 앞이 있으면 뒤가 있고 양(陽)이 있으면 음(陰)이 있다. 그 변화와 발전의 법칙을 탐구하는 것이 승리로 향하는 첫걸음이라는 것만은 변할 수 없는 진리인 것이다.

1

　손자(孫子)는 말하기를, 대체로 군사를 쓰는 법은 높은 언덕으로 향하지 말라. 언덕을 등지고 있는 것을 치지 말라. 거짓 패한 체하는 것을 쫓지 말라. 날카로운 군사를 공격하지 말라. 이병(餌兵)을 치지 말라. 돌아가는 군사를 막지 말라. 포위된 군사에게는 반드시 틈을 내주어라. 궁한 도적은 가까이 쫓지 말라. 끊어진 땅엔 머물지 말라.

　　　　　　손자왈　범용병지법　　　　고릉물향　　　　　배구물역
原文 孫子曰 凡用兵之法은 高陵勿向이라. 背丘勿逆이라.
양배물종　　　　　예졸물공　　　　　이병물식　　　　　귀사물갈
佯北勿從이라. 銳卒勿攻이라. 餌兵勿食이라. 歸師勿遏이
　　　위사필궐　　　　　궁구물박　　　　　절지물류
라. 圍師必闕이라. 窮寇勿迫이라. 絶地勿留하라.

註 배구물역(背丘勿逆) : 여기에서의 역(逆)은 영(迎)과 같음. 곧 정면으로 맞서서 응전하는 것. **양배(佯北)** : 배(北)는 패한다는 뜻. 곧 거짓 패한 것처럼 달아남. **이병(餌兵)** : 낚시의 미끼처럼 유인하기 위한 군사. **물식(勿食)** : 공격하지 않는다.

解說 공격할 때 꼭 피해야 할 아홉 가지 원칙을 말하고 있다.
　첫째, 높은 언덕을 향하지 말라(高陵勿向). 여기의 능(陵)은 높은 언덕, 곧 적이 만일 높은 고지(高地)를 차지하고 있을 때는 이쪽에서는 그쪽을 향해 올라가면서 치지 말라는 것이다. 고대의

궁시군(弓矢軍)의 경우 이것은 더구나 절대 지켜야만 했던 일이다.

둘째, 언덕을 등진 적은 맞아 싸우지 말라(背丘勿逆). 배구(背丘)란 언덕을 등에 지고 방어(防禦)의 진지(陣地)를 구축한 적을 두고 하는 말이다. 적은 등뒤에 자연의 방벽(防壁)을 짊어졌고, 이쪽은 적의 앞에 노출(露出)된 채 올라가는 것이다. 이 역시 될 수 있는 대로 그 정면 공격을 피해야 한다. 여기에서 역(逆)은 영(迎)과 같다.

셋째, 거짓 패한 체하는 자는 쫓지 말라(佯北勿從). 양배(佯北)는 속임수로 거짓 패한 척하면서 달아나는 것을 말한다. 이것을 쫓다가는 필경 복병(伏兵)을 만날 것이니 추격하지 말라는 것이다.

넷째, 정예한 군사는 공격하지 말라(銳卒勿攻). 고대에는 군에서 특히 정예(精銳)의 군사를 모아 따로 선발대(選拔隊)를 조직했는데, 이것은 오늘날의 결사대(決死隊)와도 같은 것으로서 이것을 예졸(銳卒)이라고 한다. 이러한 예졸과는 부득이한 경우를 제외하고는 되도록 싸워서는 안 된다. 군(軍)은 실(實)을 피하고 허(虛)를 쳐야 한다는 원칙이 여기에서도 적용되는 셈이다.

다섯째, 미끼를 주듯이 유인하는 군사는 공격하지 말라(餌兵勿食). 이병(餌兵)이란 고기를 낚는 미끼에 비유해서 적의 유병(誘兵)을 가리킨다. 여기에 대들어서는 물론 안 된다.

여섯째, 돌아가는 군사는 막지 말라(歸師勿遏). 귀사(歸師)란 전지(戰地)에서 떠나서 본국으로 돌아가려는 전군을 말한다. 이러한 군대는 오직 돌아가고 싶은 마음만 간절한 것이니 이러한 군사와 억지로 싸워서는 불리하다는 것이다. 조금이라도 무리한 희생을 낼 필요가 없다는 말이다.

일곱째, 포위된 군사는 반드시 틈을 내주라(圍師必闕). 위사(圍師)란 포위당한 군사. 궐(闕)은 그 포위한 곳의 한 모퉁이를 터놓아 적에게 퇴로(退路)를 만들어 주는 것을 말한다. 적을 완전히 포위해서 전혀 활로(活路)를 없애 버린다면 적은 필사(必死)의 땅에 서게 되고, 그렇게 되면 결사적인 그 반항을 결코 무시할 수가 없는 것이니 이렇게 해서 공연한 희생을 내지 말라는 말이다.

여덟째, 궁한 도둑은 핍박하지 말라(窮寇勿迫). 궁구(窮寇)란 먹을 양식이 없고, 무기조차 없어져서 그 때문에 스스로 일전(一戰)을 해서 사지(死地)를 벗어나려고 하는 적병을 말한다. 이것을 추격해서 급히 몰아붙이는 것은 현명치 못한 일이다.

아홉째, 절망의 땅에는 머물지 말라(絶地勿留). 절지(絶地)란 끊어진 땅, 절망(絶望)의 땅이다. 적이 만일 이러한 땅에 우리를 몰아넣었을 경우에는 절대로 오래 머물지 말아야 한다.

2

길에는 지나지 못할 곳이 있고, 군사는 치지 않을 곳이 있고, 성에는 공격하지 않을 곳이 있고, 땅에는 다투지 않을 곳이 있고, 임금의 명령은 받지 않을 것이 있다.

原文 塗有所不由하고 軍有所不擊하고 城有所不攻하고 地有所不爭하고 君命도 有所不受니라.

註 도(塗) : 도(途)와 같음. 유소불유(有所不由) : 경유(經由)해서는 안 될 곳이 있다는 뜻.

解說 싸움이란 우선 정석(定石)이란 것이 있다. 하지만 때와 장

소에 따라서는 정석을 깨는 방법까지도 알고 있지 않으면 진정한 전쟁은 할 수가 없다고 말하고 있다.

이 글에서 말한 승리를 위해서 생각해야 한다는 다섯 가지 변칙(變則)은 때와 장소에 따라 임기응변으로 결정하지 않으면 안 된다.

같은 길이라 해도 전쟁에서는 반드시 그렇지만은 않은 것이어서 때와 곳에 따라서는 통과해서는 안 되는 길도 있는 것이다.

적과 만나면 반드시 공격해야만 하는 것일까. 역시 무차별하게 손을 댈 수 없는 경우가 있는 것이다.

또 적이 점령하고 있는 성 근처를 통과한다 해서 반드시 공격해야만 한다는 법은 없다. 그중에는 그대로 내버려두어도 무관한 경우도 있고, 또는 섣불리 손을 대지 않는 것이 좋은 경우도 있는 법이다.

전쟁터로 적당하다고 생각되는 곳, 혹은 점령할 수 있는 영토라도 덮어놓고 손을 대서 좋은 것은 아니다.

극단적으로 말해서 아무리 임금의 명령이라도 때와 장소에 따라서 정반대의 행동을 취하지 않으면 안 될 긴급하고 변칙적인 사태도 있는 법이다.

이와 같이 언제나 필요한 융통과 변화와 대응책이 즉석에서 취해져야 하는 것이다.

3

그런 까닭에 장수로서 구변(九變)에 통하는 자는 용병(用兵)을 아는 자이다. 장수가 구변의 이로움에 통하지 못한 자는 비록 지형(地形)을 안다고 해도 능히 땅의 이로움은 얻을 수가 없다. 또 군사를 다스리는데 구변의 방법을 모르면 비록 오리(五利)를 안다고 해도 능히 사람의 씀을 얻지 못한다.

原文 故로 將通於九變之利者는 知用兵矣라. 將不通於九變之利者는 雖知地形이라도 不能得地之利矣라. 治兵에 不知九變之術者는 雖知五利라도 不能得人之用矣니라.

註 구변(九變) : 앞에 나온 아홉 가지 항목을 말함. 지형(地形) : 지리(地理)와 같음. 전지(戰地)의 광협(廣狹)과 험이(險夷). 오리(五利) : 다섯 가지 방법의 이로움. 즉 도유소불유(塗有所不由)·군유소불격(軍有所不擊)·성유소불공(城有所不攻)·지유소부쟁(地有所不爭)·군명유소불수(君命有所不受). 인지용(人之用) : 군사를 운용하여 승리를 얻는 것.

原文 이상 구변(九變)의 이로움, 즉 용병(用兵)과 작전상에도 이와 같은 싸워서는 안 될 경계권(警戒圈)이 있다는 것을 알아야만 비로소 용병에 대하여 안다고 할 수 있다. 그런 까닭에 장수가 된 자는 여기에서 말한 공격의 아홉 개의 원칙에 정통해야만 한다. 이러한 싸우지 말아야 할 경계권이 있다는 것을 모르면, 아무리 지형에 밝다고 하더라도 지(地)의 이익을 얻기가 어렵고, 또 앞에 말한 다섯 가지 이익을 안다고 해도 인화(人和)를 얻어서 승리를 완성한다는 것은 지극히 어려운 일이다.

4

그런 까닭에 지혜로운 자의 생각은 반드시 이해(利害)

를 함께한다. 이익을 함께하도록 힘쓰는 것을 믿을 수 있고, 해로운 것을 함께하여 근심을 풀 수가 있는 것이다.

原文 是故_{시고}로 智者之慮_{지자지려}는 必雜於利害_{필잡어리해}라. 雜於利_{잡어리}면 而務_{이무}可信也_{가신야}요 雜於害_{잡어해}면 而患可解也_{이환가해야}니라.

註 잡어리해(雜於利害) : 잡(雜)은 순(純)의 반대. 사물이 뒤섞이는 것, 즉 이해의 양편을 아울러 생각하는 것.

解説 진정 지모(智謀)가 있는 사람의 계획은 자기에게 유리한 조건만을 내세우지 않고 다소 불리한 줄을 알면서도 일을 계획하기 때문에 비로소 일에 폭이 나오는 것이다. 이것을 다시 말하면 불리한 조건만이 있는 국면에 직면하더라도 적당히 유리한 조건을 가미하면, 뜻밖에 재난이 되지 않는다고 말할 수 있는 것이다. 즉 불리(不利)한 것도 처지 여하에 따라서는 유리하게 된다는 말이다.

　이와 같이 지장(智將)의 사려(思慮)하는 것은 일에 당해서 언제나 반드시 이해(利害)의 양면을 생각한다. 그리하여 그 한면만 보고, 한면은 잊어버리는 따위는 결코 없다. 즉 이로움 속에서도 손해를 보고, 이리하여 미리 조심했을 때 일은 확실히 정확하게 진척되는 것이다.

　반대로 해로움 속에서도 이익의 일면이 있다는 것을 잊지 않는다. 말하자면 사선(死線)에도 활로(活路)가 있다는 것을 알고, 이리하여 절망 없이 용감하게 일을 해나가는 데에서 능히 환난(患難)을 풀 수 있는 용기와 과단(果斷)이 나오게 되는 것이다.

5

　그런 까닭에 제후(諸侯)를 굴복시키려면 해로운 것으로써 하고, 제후를 부리려면 생업(生業)으로써 하고, 제후를 달리게 하려면 이익으로써 하는 것이다.

原文 是故로 屈諸侯者는 以害요 役諸侯者는 以業이요 趨諸侯者는 以利니라.

解説 지장(智將)이 손을 쓰는 데는 상대방에 따라서 그 방법도 여러 가지로 달라진다.
　첫째, 상대방이 공갈·협박으로 나와도 좋으리라고 생각되면 이를 경고하는데 중대한 위해(危害)로써 하고, 그 공포심에 파고 들어 이것을 굴복시켜 버리려고 꾀한다.
　둘째, 그 공갈이 통하지 않을 자이면, 이것을 종용(慫慂)해서 급하지도 않은 토목(土木)의 공사를 일으키게 한다든가, 또는 이것을 사주(使嗾)해서 다른 나라와 일을 벌여 맞다투게 하는 등, 사업(事業)을 하게 해서 재정적으로 먼저 그 국력을 소모하게 수법을 쓴다.
　셋째, 만일 상대방의 나라가 이권(利權)으로 움직일 수 있다고 보면 그러한 이익으로써 이를 유혹하고 그렇게 해서 이쪽을 위해서 부지런히 뛰도록 하는 등, 때와 장소에 따라 각기 그 분수에 맞도록 이해를 고려하고, 임기응변의 조치를 취하도록 한다.

6

 그런 까닭에 군사를 쓰는 법은, 그 오지 않는 것을 믿지 말고, 내가 기다림이 있는 것을 믿는다. 그 공격하지 않는 것을 믿지 말고, 내게 공격하지 못하는 점이 있는 것을 믿는다.

原文 故로 用兵之法은 無恃其不來하고 恃吾有以待也라. 無恃其不攻하고 恃吾有所不可攻也니라.

解説 이 글의 전반(前半)은 「손자병법」 중에서도 많은 사람들의 입에 회자(膾炙)되는 것이다. 적은 아무래도 오지 않을 것이라는 희망적인 생각을 믿지 말고, 언제 공격해 와도 좋다는 준비가 되어 있다는 것을 믿어야 한다.

 이와 같이 지자(智者)의 하는 방식은 어떠한 형식으로 나타날지 전혀 예측할 수 없기 때문에, 한 나라의 병비(兵備)는 적이 오지 않는 것을 믿을 것이 아니라, 이쪽에 언제 어떠한 경우에도 적을 기다려 싸울 수 있는 준비가 되어 있는 것을 의지로 삼아야 할 것이다. 또 적이 공격해 오지 않는 것을 믿고만 있을 것이 아니라, 이쪽에 반드시 적이 공격할 수 없는 것이 있다고 믿고 그것에 의지해야만 하는 것이다.

 말하자면 나의 준비가 단단히 되어 있어야 한다는 것이다.

7

그런 까닭에 장수에게는 다섯 가지 위험이 있다. 반드시 죽어야 한다는 자는 죽여야 하고, 반드시 살아야 한다는 자는 사로잡아야 한다. 분속(忿速)은 업신여겨야 하고, 염결(廉潔)은 욕되게 해야 하고, 백성을 사랑함은 번거로워진다.

原文 ^고故로 ^{장유오위}將有五危라. ^{필사가살야}必死可殺也요 ^{필생가로야}必生可虜也라. ^분忿^{속가모야}速可侮也요 ^{염결가욕야}廉潔可辱也며 ^{애민가번야}愛民可煩也니라.

註 분속(忿速) : 화를 내는 것.

解說 장군은 대개 성질이 편벽되고 이해(利害)의 양면에 걸쳐 사물(事物)을 두루 종합해서 생각하지 못하는 다섯 가지 위험한 것이 있다.
　첫째, 반드시 죽으려 하는 자는 죽는다(必死可殺). 반드시 죽겠다는 용기는 장수로서 가장 귀중한 것이다. 그러나 이것도 너무 지나쳐서는 안 된다. 자기의 용기에만 끌려서 공연히 결전(決戰)을 서두르는데, 이것은 신중한 사려가 없어서 잘못을 저지르기 쉽다. 이러한 자는 기계(奇計)를 써서 유인해다가 죽이는 것도 어렵지 않다.
　둘째, 반드시 살려고 하면 사로잡힌다(必生可虜). 이것은 첫번째의 반대로 신중하고 사려는 있지만, 겁을 내고 오직 살려고만 하는 비굴함을 지녔기 때문에, 크게 쳐서 포로(捕虜)로 잡기에 어렵지 않은 것이다.

셋째, 속히 화를 내면 업신여긴다(忿速可侮). 분속(忿速)이란 사람됨이 가볍고 조그만 일에도 곧잘 화를 내는 자를 가리킨다. 이러한 자는 업신여기고 모욕(侮辱)을 주면 불쑥 튀어 일어나는 습성이 있다. 이리하여 화를 내어 성패(成敗)도 가리지 않고 경진(輕進)한다. 이러한 자에게는 술법(術法)을 쓰기에 쉽다.

넷째, 청렴하고 깨끗한 자는 욕되게 한다(廉潔可辱). 청렴하고 깨끗한 것은 미덕(美德)이기는 하지만, 그 결점은 편협하고 자기의 체면만을 지키기에 바빠서 때로 남의 오욕(汚辱)을 참지 못하는 경향이 있다. 이러한 자는 불명예스러운 치욕을 주면 스스로 분격하여 평정(平靜)을 잃게 된다.

다섯째, 백성 사랑하기를 번거롭게 한다(愛民可煩). 백성을 사랑하는 마음, 즉 국민의 전화(戰禍)에 대한 동정심이나 불쌍히 여기는 마음이 매우 강한 사람은, 국민들의 편에서 보면 참으로 고마운 일에는 틀림없으나 국가의 대사(大事)라는 면에서 보면 이것은 인정에 치우쳐서 굳은 뜻이나 과단성이 없어 손쉽게 적의 술법 속에 빠져 버릴 결점이 있는 것이다.

8

대체로 이 다섯 가지는 장수의 잘못이요 용병(用兵)의 재앙이다. 군을 엎어 버리고 장수를 죽이는 것은 반드시 이 다섯 가지 위태로움 때문이니 살피지 않으면 안 된다.

原文 凡此五者는 將之過也요 用兵之災也라. 覆軍殺將은
必以五危니 不可不察也니라.

해설 이상에서 말한 다섯 가지 편파성(偏頗性)은 군을 움직이는 장수로서는 가져서는 안 될 최대의 결점으로서 이것은 전쟁 수행의 방해가 되는 것이다. 예로부터 군이 부서지고 장수가 스스로 목을 적에게 내주는 따위의 재앙이 발생하는 것은 바로 이 다섯 가지 편파성에서 오는 것이다. 깊이 생각하지 않으면 안 될 일들이다.

대체로 용병(用兵)의 법은 장수된 자가 임금의 명령을 받고 나라 안 사람을 모아서 군대를 만들고 군사의 무리를 모아서 진(陣)을 이룬다. 이렇게 해가지고 도읍을 지나고 국경을 넘는데 이로운 것과 해로운 것은 알지 못하니, 여기에는 그 상법(常法)을 변하는 것이 소중한 것이다. 기울어지고 무너지는 땅에는 집을 지어 머물지 말아야 할 것이니 이는 의지할 곳이 없기 때문이다. 사방으로 통한 땅에 이르러서는 마땅히 먼저 이웃과 사귀어서 응원(應援)을 삼아야 한다.

험하고 끊어진 땅을 지나게 되어 앞으로 통한 길이 없으면 아예 여기에 오래 살지 말아야 하고, 포위를 당할 지세(地勢)여서 나갈 수가 없을 때는 마땅히 계교를 써서 구제해야 하고, 꼭 죽을 땅에 빠져서 달아날 곳이 없을 때는 모름지기 힘을 내어 도모해야 한다. 또 길이 가까우면 거쳐서 가지만 혹 험한 것을 근심하거나 혹 기병(奇兵)·복병(伏兵)을 막기 위해서는 가까운 길을 버리고 먼 길로 가서 그곳을 거치지 말아야 한다.

군대가 약하면 쳐야 하지만 만일 이것을 놓아두어도 손해될 것이 없고, 이를 이겨도 유익할 것이 없을 터이면 장차 형세가 칠 수 있어도 치지 않는 것이다. 성이 적으면 치지만 성에 양식이 많고 지키는 것이 견고해서 아무리 공격해도 함락시키지 못할 바에는 공격하지 말아야 한다. 땅이 이로우면 다투어야 하지만 만일 얻는다 해도 지키기가 어렵고 잃는다 해도 해로울 것이 없다면 비록 쉽게 얻을 수 있는 것이라도 다투지 말 것이다.

대체로 이 아홉 가지는 상법에 구애되지 않는 것이다. 진실로 우리 군대에 유리한 것이 있다면 비록 임금의 명령이라 하더라도 역시 반드시 때에 따라서 마땅하도록 제어하여 물리치고 받지 말아야 한다. 그런 까닭에 장수는 능히 구변(九變) 속의 다섯 가지 이로움에 통달해야만 진실로 용병(用兵)의 길을 아는 자이다. 장수가 능히 구변 속의 다섯 가지 이로움에 통달하지 못하면 비록 지형(地形)의 험하고 평탄한 것을 안다 해도 역시 해로운 것을 변하여 이롭게 하여 땅의 이로움을 얻지는 못하는 것이다.

또한 군사의 무리를 통치(統治)하는 대장(大將)은 책임이 몹시 무거운 것인데, 그가 구변의 묘함에 통달하지 못하고 고집불통(固執不通)이면 비록 그 속의 다섯 가지 이로운 것을 안다 해도 능히 지모(智謀)가 있는 사람을 얻어서 쓰지 못할 것이다. 그런데 대장이 된 자가 그 어찌 구변의 이로움에 통달하고 이와 동시에 구변의 묘함에 통달하지 않을 수 있으랴?

9. 행군편(行軍篇)

　행군(行軍)이란 용병학(用兵學)으로서 오늘날에도 그대로 쓰이는 말이다. 그러나 여기에서는 먼저 산지(山地)의 행군, 하천(河川)의 행군, 평지(平地)의 행군, 소택지(沼澤地)의 행군 등 네 가지 행군법(行軍法)에 대해서 말하고, 이와 아울러 행군 중의 적정(敵情) 정찰(偵察)의 요령에 대해서도 소상히 연구하였다.
　이 행군편은 전투에 임하는 최후의 주의 사항으로 지금으로부터 적어도 2천5백 년 전의 저작이라고 생각하기에는 참으로 놀라지 않을 수 없는 면이 많다.

1

  손자(孫子)는 말하기를, 대체로 군(軍)을 두고 적을 본다.

原文 ^{손자왈 범처군상적}
孫子曰 凡處軍相敵이라.

解説 원래 행군(行軍)은 적을 보면서 움직인다. 바꾸어 말하면 적정(敵情)을 정찰하면서 가야 한다는 말이다. 이렇게 보면 이 행군편(行軍篇)은 오늘날의 이른바 경계행군(警戒行軍)과도 같은 것으로서, 이것은 또한 전편(全篇)을 총괄하고 있기도 하다.

2

  산을 끊으려면 골짜기에 의지해야 한다. 살기를 바라면 높은 곳에 있어야 한다. 높은 곳에서 싸울 때는 오르지 말라. 이것이 산에 있어서의 군대가 지켜야 할 일이다.

原文 ^{절산의곡} ^{시생처고} ^{전륭무등} ^{차처산}
絶山依谷이요, 視生處高요, 戰隆無登이니 此處山
^{지군야}
之軍也니라.

註 시생처고(視生處高) : 생(生)을 본다는 것은 살기를 생각한다는 말로 표현되기도 한다. 즉 살려고 하거든 이쪽 군대를 높은 곳에 주둔시킨다는 뜻. **전륭무등(戰隆無登)** : 높은 곳에서 싸울 때는 더 올라가지 말라는 말이다.

解説 여기에서는 우선 산지(山地)에 있어서의 행군의 경우를 말하고 있다.

이 대목에서는 세 가지 중요한 조목이 이야기 되었는데, 그것은 다음과 같다.

먼저 절산의곡(絶山依谷)은, 산을 넘는 데는 먼저 골짜기를 따라서 가야 한다는 말이다. 골짜기는 산중에서 가장 경사가 급하지 않은 곳이다. 또 골짜기에는 물도 있고 풀도 있어서 인마가 거처하기에 편리한 곳이다.

다음으로 시생처고(視生處高)란 군사를 위하여 살 장소를 찾으려면 산속에서 가장 높은 곳을 차지해서 적에게 대응할 준비를 갖추어야 한다. 그렇게 해야만 살아날 수가 있다.

그러나 적이 만일 이쪽보다 먼저 높은 곳을 차지하고 있을 때는 이러한 적을 향해서 아래로부터 쳐올라가서는 안 된다. 이것이 산지행군(山地行軍)의 첫째 요점이다.

3

물을 건너면 반드시 물에서 멀리하라. 객(客)이 물을 건너서 오면, 이를 물 안에서 맞이하지 말라. 절반쯤 건너게 하고 이를 치면 이로울 것이다. 싸우려고 하는 자는 물에 붙어서 객을 맞이하지 말라. 살 것을 보면 높은 곳에 있고, 물 흐르는 것을 맞이하지 말라. 이것이

물 위에 처하는 군사이다.

原文 絶水必遠水라. 客絶水而來어든 勿迎之於水內라. 令半濟而擊之利라. 欲戰者는 無附於水而迎客이라. 視生處高며 無迎水流니 此處水上之軍也라.

解說 여기에서는 하천(河川)의 행군에 대해서 말하고 있다. 여기에는 아래와 같은 몇 가지 요령이 있다.
　첫째, 절수필원수(絶水必遠水). 물을 건넌 뒤에는 반드시 물을 멀리해야 한다. 물을 건널 때 물을 건너는 군대의 선두(先頭)는 물 건너편 언덕에 오르면 이내 빠르게 앞으로 나가서 물에서 멀어져야 한다. 만일 그렇게 하지 못하면 우선 뒤에 오는 부대(部隊)의 상륙(上陸)을 가로막게 되고, 그 다음으로는 적의 기습을 막을 방법이 없어진다.
　둘째, 객절수이래 물영지어수내 영반제이격지리(客絶水而來 勿迎之於水內 令半濟而擊之利). 적이 물을 건너오면 이를 물 안에서 맞이하지 말라. 절반쯤 건너게 하고 이를 치면 이로울 것이다. 만일 적이 물을 건너올 때는 적이 아직 물 속에 있을 때는 치지 말아야 한다. 절반은 언덕에 오르고 반은 물 속에 있을 때에, 이때를 타서 치면 이로울 것이다. 즉 적을 양단(兩斷)해서 치는 것이다.
　셋째, 욕전자 무부어수이영객(欲戰者 無附於水而迎客). 싸우고자 하는 자는 물에 붙어서 적을 맞이하면 안 된다. 만일 서로가 물을 건너서 대치(對峙)하고 있을 경우, 바로 물가에 진지(陣地)를 쳐서 적을 맞는다. 이렇게 하면, 적은 특별한 사정이 없는 한 일부러 적전도하(敵前渡河)와 같은 위험한 모험을 감행할 리는 없다. 따라서 이런 경우에는 먼저 조목에서와 같이 적을 반쯤 도하(渡河)시킬 목적에서 될 수 있는 대로 강변을 떠나서 진을 친다. 이렇게 해서 적의 도강(渡江)을 유인하는 작전을 취하는 것이다.

넷째, 시생처고 무영수류(視生處高 無迎水流). 삶을 생각하면 높은 데에 자리를 잡는다. 물 흐르는 것을 맞이해서는 안 된다. 이것은 곧 적전의 도하할 곳을 말하는 것이다. 여기에서 시생(視生)이란 살 것을 생각한다는 뜻으로 쓴 것이다. 그러기 위해서는 높은 위치에 자리잡아야 한다. 곧 될 수 있는 대로 적의 진지(陣地)보다 상류(上流) 쪽을 택하고 아래쪽으로 건너지 말라는 것이다. 왜 그러냐 하면, 상류(上流)는 지세(地勢)가 높고 하류(下流)는 지세가 낮다. 상류로 건너게 되면, 강을 건넌 군대는 강을 건넌 후에도 적에 대해서 지세상(地勢上) 유리한 위치를 차지할 수 있기 때문이다. 어쨌든 하류에서 상류의 적과 싸워서는 안 된다는 말이다.

4

척택(斥澤)을 건널 때는 오직 급하게 하고 머물지 말아야 한다. 만일 군사를 척택 가운데에서 싸우게 할 때는 반드시 수초(水草)를 의지하고 많은 나무를 등에 두라. 이것이 척택에서 처신하는 군사이다.

原文 絶斥澤엔 惟亟去無留니라. 若交軍於斥澤之中이면 必依水草요 而背衆樹니 此處斥澤之軍也니라.

註 척택(斥澤): 소택(沼澤)과 같음. 작은 못을 말함.

解說 여기에서는 소택지행군(沼澤地行軍)에 대해서 말하고 있다. 이 소택지란 하천(河川)보다 더 행군하기 어려운 곳이다. 그러므로 군대가 만일 이러한 소택지에 접어들었을 때는 오직 행동을 빨리하여 통과해야만 하고, 이런 곳에서 머뭇거려서는 안 된다. 만일 이러한 소택지에서 적과 만나게 되면 반드시 재빨리 수초(水草)와 수목(樹木)이 많은 곳을 배경(背景)으로 하여 적을 맞는 것이 땅의 이로움을 얻는 것이다. 왜냐하면 소택지에서 수초나 나무가 많이 난 곳이면 반드시 물도 얕을 것이요 군대의 움직임에도 편리한 점이 많을 것이기 때문이다.

5

평륙(平陸)에서는 쉬운 곳에 처하고 등이 높은 곳을 오른쪽으로 하여 죽음을 앞으로 하고 삶을 뒤로 한다. 이것이 평평한 육지에 있는 군대인 것이다.

原文 平陸處易하고 而右背高하여 前死後生이니 此處平陸之軍也니라.

註 평륙(平陸): 평지로 된 육지. 전사후생(前死後生): 죽을 땅을 앞에 잡고 살 땅을 뒤에 잡아 진지(陣地)를 정한다. 사(死)는 낮은 땅.

解說 여기에서는 평지(平地)에서의 행군에 대해서 말했다. 평지

에서도 행군하는 데는 후방(後方)의 연락에 대한 일이라든지 대적행동(對敵行動)의 편·불편 등 각기 난이(難易)한 지점(地點)이 있겠지만, 이러한 여러 가지 점을 고려해서 될 수 있는 대로 편리한 지점을 골라서 행군의 길을 정해야 한다.

평평한 땅에서는 등이 높은 땅을 오른쪽으로 잡고, 적을 전면(前面)에서 맞이한다. 또 군대의 후방에 기동(機動)의 여지가 있는 지점을 골라서 나아간다. 대략 이런 것이 평지에서 행군하는 요점인 것이다.

6

대체로 이 사군(四軍)의 이로움은 황제(黃帝)가 사제(四帝)를 이긴 원인이다.

原文 凡此四軍之利는 黃帝之所以勝四帝也라.

註 사군(四軍) : 산지(山地)·하천(河川)·소택(沼澤)·평지(平地)의 네 가지 행군법(行軍法). 황제(黃帝) : 중국 전설상의 개국 군주라 칭하고 있으나 대체로 상고시대(上古時代) 삼황(三皇) 중의 하나. 이름은 헌원(軒轅). 사제(四帝) : 사린(四隣)의 나라의 제왕(帝王).

解說 이상에 말한 산지·하천·소택·평지의 네 가지 행군법(行軍法)은 실상 저 유명한 황제(黃帝)가 사린(四隣)의 네 나라를 정복해서 통일의 대업(大業)을 이룬 유법(遺法)이다. 그러므로 이것은 그만큼 믿을 만한 병법이다.

7

　대체로 군(軍)은 높은 곳을 좋아하고 낮은 곳을 싫어하며, 양(陽)을 귀하게 여기고 음(陰)을 천하게 생각한다. 삶을 길러서 실지에 처하여, 군사가 백 가지 병이 없으면 이를 반드시 이긴다고 말한다.

原文 凡軍은 好高而惡下하고 貴陽而賤陰이라. 養生而處實하야 軍無百疾이면 是謂必勝이니라.

註 양(陽) : 여기에서는 양지(陽地). 밝고 환한 것. 음(陰) : 음지(陰地). 어둡고 음울한 것. 양생(養生) : 생활적인 욕구에 순응한다는 뜻. 백질(百疾) : 여러 가지 병이라는 뜻으로 쓴 것.

解說 자연의 이치에 역행하지 않는다는 배려가 없어서는 안 된다는 말이다. 필승(必勝)의 비결이란 결코 특별한 것이 아니다. 직무에 종사하는 사람들의 건강 관리, 보건 시설이 그대로 필승으로 통한다고 논단(論斷)하고 있는 것이다.
　그러기에 군사가 머물 곳은 전력이나 군사들의 생리적인 면에서도 높고 건조한 곳을 택하는 편이 좋고, 낮고 습한 곳은 피해야 한다. 양(陽)의 동남쪽 햇볕이 잘 드는 곳이 호적지(好適地)이며, 서북쪽의 그늘지고 추운 곳은 부적당하다. 무엇보다도 생활적인 자연 요구에 맞도록 해서 만사가 평실(平實)해야 한다. 이 점에만 유의하면 결코 군사 가운데에 병자가 생기는 일은 없을 것이다.

이렇게 해서 군이 생생지기(生生之氣)를 길러 건강을 지키고, 모두가 질병이 없게 되면, 이 한 가지만으로도 이것을 필승의 군대라고 할 수가 있다.

8

구릉(丘陵)과 제방(堤防)은 반드시 그 양지에 있어서 오른쪽을 등으로 한다. 이것이 군사의 이로움이요 땅의 도움인 것이다.

原文 丘陵堤防은 必處其陽而右背之니 此兵之利요 地之助也니라.

解說 그러므로 군대가 언덕이나 제방(堤防)을 따라서 행군(行軍)할 때에는 반드시 숙영지(宿營地)를 동남쪽으로 잡고, 겸해서 등을 오른쪽으로 해서 나가야 한다. 이렇게 하면 이것이 군사들에게도 이롭고 적에게의 행동에도 땅의 이로움을 얻는 것이 된다.

9

위에 비가 내려 물거품이 튀어 오면 물을 건너고자 하던 자는 잠시 안정되기를 기다려야 한다.

9. 행군편 175

[原文] 上雨에 水沫至면 欲涉者는 待其定也니라.

[註] 상우수말지(上雨水沫至) : 상류(上流)에 비가 내린다는 뜻. 대기정(待其定) : 수면(水面)의 물거품이 진정되기를 기다림.

[解說] 군대가 물을 건널 때, 만일 상류(上流)에 비가 내렸으면 수면에 다소 거품이 떠 보인다. 이런 상태에 있으면 자칫하면 큰 물이 내리밀리는 수도 있다. 이렇게 되면 군대들을 물 속에 넣는 경우가 생길지도 모르는 일이니 상류의 물이 줄기를 잠시 기다리는 것이 좋다.
　이와 같이 지형(地形)에 따라서 세심하게 주의해야 한다.

10

　대체로 땅에 절간(絶澗)·천정(天井)·천뢰(天牢)·천라(天羅)·천함(天陷)·천극(天隙)이 있으면, 반드시 이를 멀리하고 가까이하지 말아야 한다.

[原文] 凡地有絶澗 天井 天牢 天羅 天陷 天隙이면 必亟去之하고 勿近也니라.

[註] 절간(絶澗) : 절(絶)은 절벽(絶壁), 간(澗)은 산과 산 사이에 흐르는 물. 즉 절벽이나 물이 흐르는 시내. 천정(天井) : 천연(天然)의 우물과 같은 좋은 분지(盆地). 천뢰(天牢) : 천연의 뇌옥(牢獄)같이 출입이 곤란

한 곳. 천라(天羅) : 천망(天網)과 같이 들어가기는 쉽고 나오기는 어려운 천연의 감옥과 같은 것. 천함(天陷) : 천라(天羅)와 같이 천연의 함정을 닮은 소택지(沼澤地)를 말함. 천극(天隙) : 천연의 틈과 같은 골짜기의 길고 좁다란 길.

[解説] 행군하는 데는 주의해야 할 여섯 가지 험한 곳이 있다. 이 것은 본문에 나온 대로 절간·천정·천뢰·천라·천함·천극이다. 이 여섯 군데의 험한 지역을 육해(六害)의 땅이라 하는데 이런 험한 장소에는 되도록 접근하지 말아야 하고, 부득이 접근할 경우에는 속히 빠져나오도록 해야 한다는 것이다.

11

나는 이를 멀리하지만 적은 이를 가까이하게 하라. 나는 이를 맞이하지만 적은 등지도록 하라.

[原文] 吾遠之나 敵近之하고 吾迎之나 敵背之니라.
(오원지) (적근지) (오영지) (적배지)

[解説] 앞에와 같이 험한 곳에 들어갔을 때는 재빨리 그곳을 지나쳐서 이곳을 멀리하고, 이와 반대로 적은 될 수 있는 대로 그곳에 가까이 접근하도록 한다. 또 이런 곳을 사이에 두고 적과 서로 대치했을 때는 이쪽은 이것을 앞에서 보도록 하고, 적은 이것을 등뒤에 두도록 한다. 이것은 적으로 하여금 그 배후에서의 기동력(機動力)을 잃게 하기 위한 전술인 것이다. 즉 적을 험한 곳으로 밀어넣는 전법이다.

12

군대의 곁에 험조(險阻)·횡정(橫井)·겸가(兼葭)·임목(林木)·예회(蘙薈)가 있는 곳은 반드시 삼가며 이를 거듭 찾아 보라. 이는 복간(伏姦)이 있는 곳이다.

原文 軍旁에 有險阻橫井兼葭林木蘙薈者는 必謹覆索之니 此는 伏姦之所處也니라.

註 횡정(橫井): 횡(橫)은 물이 괴어 있는 연못. 정(井)은 물이 괴어 있는 우물. 즉 일대(一帶)가 소택지(沼澤地)임을 말함. 겸가(兼葭): 갈대숲. 임목(林木): 깊은 숲지대. 예회(蘙薈): 숲이 무성한 곳. 복간(伏姦): 복병이나 척후(斥候).

解說 군대가 주둔하고 있는 곳의 험한 곳이나 물이 괴어 있는 곳, 갈대가 우거진 곳, 나무가 무성한 숲속에는 복병이나 척후가 있기 쉬우니 이런 곳은 조심해서 거듭거듭 수색해야 한다.

13

가까이 가도 고요한 자는 그 험한 것을 믿기 때문이요, 멀리서 싸움을 돋우는 자는 남이 앞으로 나가기를 바라는 자이다. 이것은 그 있는 곳이 쉬운 것이 이롭기 때문이다.

[原文] 敵近而靜者는 恃其險也요 遠而挑戰者는 欲人之進
也니 此其所居易者는 利也니라.

[註] 욕인지진(欲人之進): 여기의 인(人)은 아군(我軍)을 가리킨 것. 소거이(所居易): 여기의 이(易)는 평탄한 것.

[解說] 적과의 거리가 아주 가까운데도 전혀 동요가 없이 고요한 것은 그 장소가 상당한 요해처(要害處)임을 믿기 때문이다. 또 접전할 거리보다 먼 곳에 있으면서도 싸움을 걸어 오는 것은 우리 군사를 앞으로 유인하다가 그 도중에 습격하려는 작전이 있기 때문이다. 또 공격이 편한 평탄한 곳에 진을 치고 있는 것은 그 있는 곳이 유리하기 때문이다.

14

뭇 나무가 움직임은 오는 것이다. 뭇 풀에 장애가 많음은 의심하게 하는 것이다. 새가 일어나는 것은 복(伏)이요, 짐승이 놀라는 것은 복(覆)이다.

[原文] 衆樹動者는 來也라. 衆草多障者는 疑也요, 鳥起者는 伏也요 獸駭者는 覆也니라.

註 복(伏) : 복병(伏兵). 복(覆) : 역시 복병(伏兵)이란 뜻임.

解説 새가 놀라서 날거나 짐승이 놀라서 달아나는 것은 어느 것이나 복병(伏兵)이 있다는 증거이다. 이는 적의 동정을 아는데 중요한 길잡이가 된다.
　새가 위에서 나는 것은 반드시 그 아래에 복병이 있는 것이고, 짐승이 놀라서 달아나는 것은 적이 우리를 습격하기 위하여 다른 길로 오기 때문이니, 모든 전쟁에는 반드시 이 점에 유의해야 한다.

15

먼지가 높이 뜨고 날카로우면 수레가 오는 것이요, 낮고 넓게 퍼지면 사람의 무리가 오는 것이다. 흩어져서 나뭇가지처럼 뻗는 것은 나무꾼이 나무를 하는 것이요, 적게 왕래하는 것은 군사를 머물게 하는 것이다.

原文 塵高而銳者는 車來也요 卑而廣者는 徒來也라. 散而
條達者는 樵採也요 少而往來者는 營軍也니라.

註 조달(條達) : 나뭇가지가 뻗듯 사방으로 뻗어 통하는 것.

解説 모래먼지가 높이 날아오르고 날랜 것은 전차(戰車)가 오는 것이다. 그것이 낮고 또 넓게 번지는 것은 보병(步兵)들이 오는

것이요, 먼지가 흩어져서 사방으로 뻗는 것은 나무꾼이 나무를 하는 것이다. 먼지가 적어서 사람이 왕래하는 것처럼 보이는 것은 적의 소부대(小部隊)가 진지(陣地)를 정하려고 적당한 곳을 찾아다니는 것이다.

16

말을 낮추고 준비를 더하는 것은 앞으로 나가는 것이요, 말을 강하게 하고 달려나아가는 자는 뒤로 물러서는 것이다. 약속이 없이 화해하기를 청하는 자는 책모(策謀)가 있는 것이다.

原文 辭卑而益備者는 進也요 辭强而進驅者는 退也며, 無約而請和者는 謀也니라.

解說 원래 외교(外交)의 접촉에는 듣기 좋은 말을 하는 것이지만, 필요 이상으로 이쪽 뜻에 영합(迎合)하거나 온갖 아부를 하고 은밀히 군비(軍備)를 증강하고 있으면 반드시 가까운 시기에 진격해 오는 것으로 보아야 한다.

이와 반대로 아주 큰소리를 치며 극단적인 말을 남기고 돌아가면 이것은 실은 퇴각할 심산임이 분명하다. 또 아무런 이유도 없이 화친할 것을 청해 오면 거기에는 반드시 어떠한 계략이 숨어 있다고 보아야 한다.

이 세 가지를 특별히 조심해야 한다.

17

　가벼운 병거(兵車)가 먼저 나와서 그 옆에 있는 것은 진(陣)을 치는 것이요, 분주하게 군사를 벌여 놓는 것은 기약하는 것이며, 반쯤 진격하고 반쯤 물러가는 것은 상대방을 유인하는 것이다.

原文 輕車先出하야 居其側者는 陣也요 奔走而陳兵車者는 期也며 半進半退者는 誘也니라.

解説 먼저 병거(兵車)를 옆에 갖다 놓아 본대(本隊)를 엄호하는 것같이 보이는 것은 진(陣)을 쳐서 전쟁 준비를 서두르는 것이다. 다음으로 진중(陣中)을 왔다갔다 하면서 분주히 군대의 배치를 서두르는 것은 무언가 계획이 있어서 그것을 실천에 옮기려는 것이다. 또 반쯤 앞으로 나갔다가 반쯤 뒤로 물러서서 나가는 것 같기도 하고 물러서는 것 같기도 하게 하는 것은 군사를 유인하는 방법인 것이다.
　이런 것도 특별히 조심해야 한다.

18

　지팡이에 의지하고 서 있는 자는 주린 것이요, 물을 길어다가 먼저 마시는 자는 목이 마른 것이다. 또 이로운 것을 보고서도 나가지 않는 자는 지쳐 있는 자이다.

[原文] 倚杖而立者는 飢也요 汲而先飮者는 渴也요 見利而
不進者는 勞也니라.

[解說] 병기(兵器)를 지팡이처럼 짚고 서 있는 모습이 보일 때는 식량이 떨어져서 굶고 있다고 생각해도 좋다. 물을 길어 온 병사가 먼저 그 물을 마신다면 이는 물이 부족해서 목이 마르다는 것을 알 수가 있다. 기회가 좋아 공격하면 이익이 있을 터인데도 진격해 오지 않으면 이는 병사가 피로한 것이다.

이런 것은 상대방의 심리를 관찰하는 데 필요한 표적이다.

19

새가 모이는 것은 비었기 때문이요, 밤에 부르는 것은 두렵기 때문이다.

[原文] 鳥集者는 虛也요 夜呼者는 恐也니라.

[解說] 진지(陣地)에 새가 모여들면 군사들이 물러가서 아무도 없기 때문이요, 진중(陣中)에서 밤에 큰소리로 부르는 것은 공포에 떨어 두렵기 때문이다. 적병이 다 돌아가면 영막(營幕)이 필연 비어서 새들이 두려울 것이 없기 때문에 그 위에 모여들게 되는 것이요, 어두운 밤에 병사들이 큰소리로 서로 부르는 것은 두렵고 불안하기 때문에 밤에 큰소리를 쳐서 스스로 두렵지 않은 체하는 것이다.

20

군대가 요란한 것은 장수가 위엄이 없는 까닭이요, 깃발이 움직이는 것은 어지러운 까닭이요, 아전이 노하는 것은 게으른 까닭이다.

[原文] 軍擾者는 將不重也요 旌旗動者는 亂也요 吏怒者는 倦也니라.

[解說] 군중(軍中)이 요란하고 떠들썩한 것은 장수된 사람의 위령(威令)이 행해지지 않기 때문이다. 또 진영(陣營)의 깃발이 흔들리고 진중이 난잡한 것은 대열(隊列)의 서열(序列)을 잃어 어지럽기 때문이다. 장교(將校)의 노한 목소리가 들리는 것은 사졸(士卒)이 피로해서 명령이 행해지지 않기 때문이다.

이것도 앞 대목과 같이 적의 내정(內情)을 알아보는 중요한 표적인 것이다.

21

말을 잡아 고기를 먹이는 것은 군중(軍中)에 양식이 없는 것이다. 솥을 걸어 놓고 그 집으로 돌아가지 않는 것은 궁한 도적이다.

原文 殺馬肉食은 軍無糧也라. 懸瓿不返其舍者는 窮寇也라.
_{살마육식　　군무량야　　　현부불반기사자　　궁구야}

註 궁구(窮寇) : 막다른 지경에 빠진 결사적인 적군.

解說 군대에 쓰는 말을 잡아서 그 고기를 먹는 것은 군중에 양식이 떨어졌기 때문이다. 밥짓는 데 쓰는 솥이나 냄비를 걸어 놓은 채 야영(野營)하고 진영으로 돌아가지 않으려고 하는 것은 모든 것이 절정에 달한 절망적인 부대이다. 될대로 되라고 하는 궁구(窮寇)인 것이다.

22

순순(諄諄)하고 흡흡(翕翕)하여 천천히 남과 말하는 자는 무리〔衆〕를 잃은 것이다. 상(賞)을 자주 주는 자는 군색한 것이다. 벌(罰)을 자주 주는 자는 곤란한 것이다. 먼저는 사납다가 뒤에 무리를 두려워하는 자는 지극히 정밀하지 못한 것이다.

原文 諄諄翕翕하여 徐與人言者는 失衆也라. 數賞者는 窘也요 數罰者는 困也니라. 先暴而後畏其衆者는 不精之至也니라.
_{순순흡흡　　　　서여인언자　　　실중야　　　수상자　　군야　　수벌자　　곤야　　선포이후외기중자　　부정지　　지야}

註 순순흡흡(諄諄翕翕) : 순순(諄諄)은 타이르는 태도가 다정스럽고 친절

한 것. 흡흡(翕翕)은 마음을 합친다는 뜻으로 남과 가락을 맞추어서 영합(迎合)하는 모습. 선포이후외기중자(先暴而後畏其衆者) : 처음 취임할 때는 매우 위압적이었다가 뒤에는 중심(衆心)의 이반(離反)을 두려워함.

解説 부하와 이야기하는데 되풀이하여 길게 늘어놓으면서 결단(決斷)의 끝을 내지 못하고 상대방의 안색만 살피는 것은 이미 사졸(士卒)들의 마음을 잡고 있지 못한 것이다. 자주 상을 주어 부하들의 비위를 맞추는 것은 역시 인심이반(人心離反)의 막다른 골목에 가 있는 것이라고 할 수 있다. 반대로 걸핏하면 벌을 내리는 것은 군령(軍令)이 만족하게 지켜지지 않는 탓이다.

또 처음에는 몹시 거칠고 엄격한 태도로 부하를 대하다가, 점점 그 부하의 이반을 겁내서 심약해지는 것은 병사를 지휘 통솔하는 올바른 방법을 제대로 모르기 때문인 것이다.

23

와서 위사(委謝)하는 것은 휴식(休息)하고자 하는 것이다. 군사가 노해서 서로 맞이하고 오래도록 합하지 않으며, 또 서로 떠나지 않으면 반드시 삼가서 이를 살펴야 한다.

原文 來委謝者는 欲休息也라. 兵怒而相迎하여 久而不合하고 又不相去면 必謹察之니라.

註 위사(委謝) : 인사차 인질(人質)을 보내 오는 것. 합(合) : 여기에서는 결전(決戰)을 뜻함.

解說 싸움이 아직 끝나지 않았는데 인질(人質)을 보내고, 이리하여 무엇을 진사(陳謝)하거나 화목(和睦)을 도모할 의사로 나오는 것은, 전투에 너무도 지친 결과 잠시 휴식했다가 다시 싸우겠다는 속셈인 것이다.

군사가 노여워하고 용기가 있는데도 오래도록 나가서 싸우지 않고, 그렇다고 또 서로 떠나려고도 하지 않는다면 이를 조심해서 경계하고 살펴보아야 한다.

여기에서 손자(孫子)의 놀라운 심리학자적(心理學者的) 탁견(卓見)을 볼 수가 있다.

24

군사는 많은 것만이 유익하다고 하지 않는다. 오직 무진(武進)하는 것이 없고, 족히 힘을 합쳐서 적을 헤아리면 그것은 남을 취할 수 있다. 대체로 오직 아무 생각도 없이 적을 쉽게 여기는 자는 반드시 남에게 사로잡힌다.

原文 兵非益多也니 惟無武進하여 足以併力料敵取人而已라. 夫惟無慮而易敵者는 必擒於人이니라.

註 무진(武進): 무용(武勇)을 믿고 함부로 진격하는 것. 이적(易敵): 적을 경시(輕視)함.

解說 용병(用兵)함에 있어 군사의 숫자만 많다고 되는 것은 아니

다. 또 저 결사대(決死隊)와 같은 것이 있고 없는 것이 그다지 중요한 것은 아니다. 결국 필요한 것은 적정(敵情)을 잘 헤아려 아는 것이다.

그리고 다음으로는 인재(人材)를 발탁해서 적소(適所)에 배치하고, 그렇게 해서 이쪽의 실력을 충실하게 할 일이다. 이 두 가지 점이 중요하다.

적재적소(適材適所)라는 말이 있지만 적량적소(適量適所)라는 말도 매우 중요한 것이다. 압도적으로 수로 밀고 나가겠다는 생각은 매우 위험하다.

과여부족(過如不足)이란 말이 있듯이, 숫자 많은 것이 도리어 해가 되는 수도 있다. 우리 편에 이익이 된다고 해서 불필요한 인원을 투입했다가 그 때문에 도리어 싸움에 실패하는 수도 있는 것이다.

25

군사가 친부(親附)하지 않았는데 이를 벌하면 곧 복종하지 않는다. 복종하지 않으면 쓰기가 어려운 것이다. 군사가 이미 친부했는데도 벌하지 않으면 쓸 수가 없다. 그런 까닭에 이를 명령하는 데는 문(文)으로써 하고 이를 정제하게 하는 데는 무(武)로써 한다. 이것을 반드시 취하는 것이라고 말한다.

原文 卒未親附에 而罰之면 則不服이요 不服則難用也라.
卒己親附에 而罰不行이면 則不可用也니 故로 令之以文

이요 齊之以武니 是謂必取니라.
　　　제지이무　　　시위필취

註 영지이문(令之以文) : 은애(恩愛)의 길로 군사를 교도(敎導)한다는 것.
제지이무(齊之以武) : 벌칙(罰則)을 강화해서 사기(士氣)를 떨친다는 것.

解說 장수가 군대를 거느릴 때는 특별히 조심해야 한다. 부임(赴任)한 지도 얼마 되지 않았고, 부하 장병들과 친숙해지려면 아직 멀었는데, 처음부터 지나치게 엄격하기만 해서 벌칙을 강화하고 모든 것을 위압적으로 거느리려 한다면 여기에 인심이 따라올 리가 만무하다. 이처럼 인심이 따르지 않으면 이들을 부리기도 힘들 것이다.

이와 반대로 부하 장병들과 친해지기는 몹시 친해졌지만 그렇다고 해서 온정(溫情)이 넘치고 여기에 벌을 베풀 수 없으면 이것도 또한 군사를 부리기는 어려운 일이다. 따라서 장수된 자는 우선 은애(恩愛)로써 부하들과 친해야 하고, 다음은 벌을 엄격히 베풀어서 사기(士氣)를 진작(振作)시키지 않으면 안 된다. 이리하여 장수로서의 은혜와 위엄이 아울러 행해졌을 때라야 비로소 이것을 백전백승(百戰百勝)의 군대라고 할 수가 있다.

통솔자와 일하는 사람 사이에 상호 이해가 조성되는 것, 이것이 인사(人事)에 있어서 가장 중요한 점이라는 것을 가르쳐 주고 있다. 요컨대 자신이 일하는 사람의 입장이 되어 생각해야 한다고 말하고 있다.

26

명령이 본래부터 행해지고 이로써 백성을 가르치면 백성은 곧 복종한다. 명령이 본래부터 행해지지 않고 이로써 백성을 가르치면 백성은 곧 복종하지 않는다. 명령이 본래부터 행해지는 것은 무리로 더불어 서로 얻는 것이다.

原文 令_{영소행}素行하여 以敎其民_{이교기민}이면 則民服_{즉민복}이라. 令不素行_{영불소행}에 以敎其民_{이교기민}이면 則民不服_{즉민불복}이니 令素行者_{영소행자}는 與衆相得_{여중상득야}也니라.

解說 국가가 중대한 위기에 접어들었을 때, 국민들이 한 장수의 명령에 따라 기꺼이 사지(死地)에 나가는 까닭은 국가가 언제나 정령(政令)의 보급에 힘쓰고 그렇게 해서 국민의 교도(敎導)에 힘써 왔기 때문이다. 그러나 이와 반대로 국가가 먼저부터 국민의 교화(敎化)에 힘쓰지 않았다고 치자. 그러다가 일조(一朝)에 유사시를 당해서 이 국민들을 채찍질하여 강제로 부린다고 가정해 보자. 그렇다면 이것으로 인심이 따를 것인가. 결코 뜻대로 복종하지 않을 것은 뻔한 일이다. 그러므로 이것은 평소에 정령을 잘 보급시키느냐 못 시키느냐에 달려 있는 것이다. 또 그것은 그 정령이 시대의 민심에 잘 맞고, 국민으로 하여금 기꺼이 이를 준봉(遵奉)케 할 수 있는가, 없는가, 그만한 정령이 되는가, 못 되는가에 달려 있는 것이다.

이것이 행군편(行軍篇)의 결문(結文)이 되지만, 기실 일하는 사람과 지도자 사이의 호흡이 꼭 맞는다는 것은 모든 것의 근본이기도 하다. 그렇게 하려면 충분하고도 깊은 이해와 훌륭한 질서가 없어서는 안 된다. 그러므로 나라를 움직이는 것도 이 점이 기본이라는 것이다.

본문(本文)에서는 행군(行軍)하는 자는 마땅히 정탐(偵探)을 이용해야 한다고 말하고 있다. 정탐이란 곧 행군의 이목(耳目)이니, 정탐이 확실치 못하고 자세하고 세밀하지 못하면 군대는 반드시 위태한 지경에 빠지게 된다. 이에 이 편(篇)에서는 정탐의 방법을 열거(列擧)하고 있다.

적과 가까워졌는데도 움직이지 않는 것은 험한 지형(地形)에 의지해 있기 때문에 두려워하지 않는 것이다. 또 멀리서 싸움을 돋우는 것은 이편을 나오도록 유인하려는 것이다. 평탄한 곳에 있는 것은 이로운 것이니, 적이 험한 곳에 있지 않고 평탄한 곳에 있는 것은 반드시 일에 편리하기 때문이라고 말하고 있다. 이상 세 가지는 적의 영지(營地)를 정탐해서 그 허실(虛實)을 아는데 편리한 방법인 것이다.

모든 나무가 움직이는 것은 나무를 베어 길을 만들고 오는 것이요, 많은 물이 막혀 있는 것은 풀을 묶어 가려서 이편을 의심하게 하기 위함이다. 새가 나는 것은 그 아래에 복병(伏兵)이 있는 것이요, 짐승이 놀라는 것은 적이 이편을 습격하려면 반드시 다른 길이 험하고 나무 숲 속으로 해서 오기 때문에 짐승이 놀라서 달아나는 것이다. 먼지가 높이 떠오르는 것은 수레와 말이 빠르게 오기 때문이요, 먼지가 낮고 넓게 퍼지는 것은 적이 걸어서 더디게 오기 때문이다. 흩어져서 사방으로 뻗는 것은 나무꾼이 나무를 하는 것이요, 적게 왕래하는 것은 적이 영채를 세우고자 왕래하면서 척후(斥候)하는 것이다.

이상에 말한 여덟 가지는 적의 행군(行軍)의 모습을 정탐해서 이편에게 이롭게 하기 위한 것이다.

10. 지형편(地形篇)

 본편(本篇)의 요지(要旨)는 전투에 임할 때, 승리를 위해서 반드시 알아야 할 네 가지 요강(要綱)이다. 첫째 지형(地形)을 알아야 하고, 둘째 자기 자신을 알아야 하고, 셋째 적을 알아야 하고, 넷째 천시(天時)를 알아야 한다. 따라서 본편의 결론은, '나 자신을 알고 적을 알며 지리를 알고 천시를 알면 백전백승할 수 있다'는 것이다.
 여기에서는 특히 지(地)의 이(利)에 대하여 연구했는데 이것은 다음 편에까지 설명된다. 또 끝에 가서는 장수의 육과(六過)의 설(說)을 들어, 지(地)와 인(人)과 아울러 승패의 계기를 자득(自得)할 수 있는 원리를 밝혀 놓고 있다.

1

　손자(孫子)는 말했다.
　지형(地形)에는 통하는 것이 있고, 걸리는 것이 있고, 서로 버티는 것이 있고, 좁은 것이 있고, 험한 것이 있고, 먼 것이 있다.

[原文] 孫子曰 地形은 有通者요 有挂者요 有支者요 有隘者요 有險者요 有遠者니라.

[註] 괘(挂): 갈고리 같은 데 걸린다는 뜻으로 서로 방해한다는 뜻. 지(支): 서로 맞서서 버틴다는 뜻으로 썼음.

[解説] 지형에는 여러 가지가 있으니, 첫째는 훤하게 통해서 맘놓고 지나갈 수 있는 곳, 둘째는 방해물이 있어 걸리는 곳, 셋째는 상대가 버티고 있는 곳, 넷째는 좁아서 들어가기 어려운 곳, 다섯째는 험한 곳, 여섯째는 거리가 먼 곳 등 여섯 가지로 나눌 수가 있다.

2

　내가 갈 수 있고, 저 사람이 올 수 있는 것을 통(通)

이라 한다. 통형(通形)은 먼저 고양(高陽)에 있고 양도(糧道)를 이롭게 하며 이로써 싸우면 이로운 것이다.

原文 我可以往이요 彼可以來는 曰通이라. 通形者는 先居高陽하여 利糧道요 以戰則利니라.
_{아 가 이 왕   피 가 이 래   왈 통   통 형 자   선 거   고 양   이 량 도   이 전 즉 리}

解說 내가 갈 수 있고 그가 올 수 있는 땅이라는 것은, 적과 이편이 서로 충돌하지 않고 동시에 왕래할 수 있는 광막한 평원지(平原地) 같은 곳을 말한다. 중국에는 이러한 평원지가 도처에 있었다.

이러한 통형(通形)의 땅에서 적에게 앞서 지(地)의 이로움을 얻으려면 첫째 남쪽을 향해 높은 곳을 먼저 점령해야 한다.

둘째는 양도(糧道), 즉 부대의 후방(後方) 연락에 편리한 지점을 골라서 차지해야 한다. 이리하여 보급로(補給路)를 정비하고 싸우면 유리한 것이다.

3

가기는 쉽고 돌아오기 어려운 땅을 괘형(挂形)이라 한다. 괘형은 적의 대비만 없으면 나아가서 이길 수 있고 적이 만일 대비가 있으면 이기지 못하고 돌아오기 어려워 이롭지 못하다.

原文 可以往이요 難以返은 曰挂라. 挂形者는 敵無備면
_{가 이 왕   난 이 반   왈 괘   괘 형 자   적 무 비}

出而勝之요 敵若有備면 出而不勝이고 難以返하야 不利
니라.
_{출이승지} _{적야유비} _{출이불승} _{난이반} _{불리}

註 괘형(挂形): 매달린 것 같은 경사지(傾斜地)로서 내려갈 수는 있으나 다시 올라오기는 힘드는 지형.

解説 가기는 쉽고 돌아오기 어려운 땅을 괘형의 땅이라 한다. 가령 군대가 산의 중턱에 진을 쳤을 때나 또 적을 전면(前面)의 평지에 두고 있을 때가 이에 해당한다.
 이러한 진지에 있으면서 나가서 싸우려 한다면 정반대의 득실과 이해가 따른다. 만약 적의 대비가 없는 것을 이용한다면 득이 있을 것이나 적의 준비가 갖추어진 것을 헤아리지 않고 공격을 감행했다면, 아군은 돌아오기가 어려워 진퇴양난의 궁지에 빠지기가 쉽다.

4

 내가 나가도 이로울 것이 없고, 그가 나와도 이롭지 않은 것을 지(支)라고 한다. 지형(支形)은 적이 비록 나에게 이롭게 한다고 해도 나는 나가서는 안 된다. 이끌고 가서 적으로 하여금 반쯤 나오게 해서 치면 이로울 것이다.

原文 我出而不利하고 彼出而不利를 曰支라. 支形者는 敵

^{수리아} ^{아무출야} ^{인이거지} ^{영적반출이격지}
雖利我라도 我無出也라. 引而去之하야 令敵半出而擊之면
^이
利니라.

註 지형(支形) : 내가 나가도 불리하고 적군이 나와도 불리한 지형. 이를테면 양군이 대치(對峙)하고 있는 중간 지점 같은 곳.

解説 진퇴양난으로 나가지도 못하고 물러설 수도 없어 서로 노려보기만 하고 있는 상태에서 그 자리에 그대로 서 있는 정경을 흔히 볼 수가 있다. 견디다 못해서 먼저 손을 내민 자가 진다는 냉전 상태로 긴박하게 양쪽이 서로 대립하고 있을 때는 두 편이 모두 애가 타는 순간이다. 어느 쪽이고 조금만 자극하면 즉석에서 폭발하게 된다. 이러한 때 결정적인 수를 쓰면 그만 끌려들게 된다. 입장이 몹시 불리하다는 것을 알면서도 자기도 모르게 움직이게 되는 경우, 이러한 때는 은인자중, 꾹 참고 견디는 것이 제일 중요하다.

이러한 때는 차라리 일단 후퇴해서 적을 끌어낸다는 전법이 가장 좋은 방법이다. 이렇게 하여 적이 반쯤 끌려나왔을 때 공격하는 것이 유리한 것이다.

5

애형(隘形)은 내가 먼저 거기에 있으면 반드시 이를 충실하게 해서 적을 기다릴 것이요, 만일 적이 먼저 여기에 있어 충실할 때는 좇지 말고 충실치 않을 때 좇을 것이다.

原文 隘形者는 我先居之면 必盈之以待敵이요 若敵先居
之면 盈而勿從하고 不盈而從之니라.

註 애형(隘形) : 입구(入口)가 좁고 양쪽은 산으로 둘러싸인 곳.

解說 애형이란 출입하는 입구(入口)가 좁다란 마치 병모가지 같은 지형을 말한다. 이러한 땅에서 내가 먼저 그 자리를 차지하고 있을 때는 반드시 그 모가지를 막고 적이 움직이기를 기다려야 한다.

그러나 만일 적이 먼저 그 자리를 점령하고 있을 때는 무리하게 침입하지 말고 적이 충실치 못할 때를 기다려서 친다. 적이 만일 그 자리를 차지해서 충실하면 적의 뒤를 쫓아 공격하지 말고, 적이 방비가 없을 때를 기다려 그 뒤를 쫓아 뛰어들어야 한다.

6

험한 지형(地形)에서는 내가 먼저 그 자리에 있으면 반드시 고양(高陽)을 차지하여 적을 기다릴 것이요, 만일 적이 먼저 있으면, 물러나 그곳을 피하고 좇지 말아야 한다.

原文 險形者는 我先居之면 必居高陽以待敵이요 若敵先
居之면 引而去之하고 勿從也니라.

[解説] 험형(險形), 즉 천험(天險)의 땅은 이것을 먼저 차지한 자로 보면 이른바 적은 수로 많은 무리를 기다리는 셈이 된다. 따라서 이쪽이 먼저 이런 땅에 웅거(雄據)할 때는 반드시 양지바른 높은 곳에 진을 치고 적을 기다려야 한다.

만일 적이 먼저 그러한 곳을 차지하고 있을 때는 이쪽은 반드시 후퇴해야 한다. 그와 맞싸워서는 안 된다. 거기에 끌려서 무리한 전쟁을 했다가는 이쪽만 불리하게 된다.

7

원형(遠形)인 때는 형세가 균등하여 싸움을 걸기가 어렵다. 싸움을 해서는 이롭지 않다.

[原文] 遠形者는 勢均難以挑戰이니 戰而不利니라.
(원형자) (세균난이도전) (전이불리)

[註] 원형(遠形) : 양군(兩軍)의 위치가 서로 멀리 떨어져 있는 것.

[解説] 적이 아주 먼 곳에 진을 치고 있고, 피차의 세력이 균등할 때는 먼저 싸움을 시작한 자가 손해를 보게 된다. 싸움이 진행되어도 이롭지 못할 것이다. 그 이유는 군사가 피로해지고 보급로(補給路)가 멀어지는 등 어려운 조건이 거듭되기 때문이다. 비록 원거리에 있어도 그 실력이 뚜렷이 이편이 우위(優位)에 있을 때는 문제가 다르다.

8

　대체로 이 여섯 가지는 땅의 도(道)이다. 장수의 지극한 임무이니 살피지 않으면 안 된다.

原文　凡_범此_차六_륙者_자는 地_지之_지道_도也_야라. 將_장之_지至_지任_임으로 不_불可_가不_불察_찰也_야니라.

解説　이상 여섯 가지는 지형(地形)에 의한 전지(戰地)를 보는 길이요, 이것을 고찰(考察)하고 연구해서 군사의 운용(運用)에 잘못이 없도록 하는 것은 장수로서의 더없이 중대한 책임인 것이다. 이것이 곧 지(地)의 이(利)에 대한 법칙이다.

9

　그런 까닭에 군사에는 달리는 자가 있고, 해이한 자가 있고, 빠지는 자가 있고, 무너지는 자가 있고, 어지러운 자가 있고, 패해서 도망하는 자가 있다. 대체로 이 여섯 가지는 천지의 재앙이 아니라 장수의 과실인 것이다.

原文　故_고로 兵_병은 有_유走_주者_자요, 有_유弛_이者_자요, 有_유陷_함者_자요, 有_유崩_붕者_자요, 有_유亂_란者_자요, 有_유北_배者_자니 凡_범此_차六_륙者_자는 非_비天_천地_지之_지災_재며 將_장之_지

^과 ^야
過也니라.

[解説] 달리는 것(走), 해이한 것(弛), 빠지는 것(陷), 무너지는 것(崩), 어지러운 것(亂), 패해서 달아나는 것(北) 등의 여섯 가지의 경향은 자칫하면 군사에게 나타나기 쉬운 일이다. 먼저 대목까지에서 말한 것은 인력(人力)으로 어떻게 할 수 없는 지형(地形)이라는 자연현상(自然現象)과 결부된 것이었으나, 이 여섯 가지는 어느 것이나 자연현상과는 전혀 관계가 없는 순수하게 인간적인 것이다.

따라서 이것은 어디까지나 통솔자에게 결함이 있기 때문에 생기는 것이라 해도 좋다.

10

대체로 형체가 고르고 하나로써 열을 치는 것을 주(走)라고 한다.

[原文] ^{부 세 균} ^{이 일 격 십 왈 주}
夫勢均하야 以一擊十曰走라.

[解説] 군사의 소질(素質)이나 군기(軍器)의 정조(精粗), 군수품의 공급 등 군으로서의 실력은 서로가 백중(伯仲)하는데, 지휘하는 자가 자기의 용기만을 믿고, 하나로써 열을 치는 것과도 같은 경거망동으로 나가고 이리하여 적을 공격했다고 하면, 이럴 경우 그 공격이 제대로 될 수는 없다. 그것은 스스로 패주(敗走)의 길을 간 것이나 다름없다. 따라서 이와 같이 무모한 장수를 만들고

있는 군대를 가리켜 주자(走者)라고 한다.

11

군사는 강하고 관리가 약한 것을 이(弛)라고 한다.

原文 卒强吏弱曰弛라.
　　　졸강리약왈이

註 이(吏) : 여기에서는 군대의 책임을 맡은 일반 장교를 말한다.

解說 졸(卒), 즉 군사는 강하고 장교가 약하다는 것은, 장교나 하사(下士)의 소양이 부족하기 때문에 군사가 교만해져서 통솔하기 어려운 경우를 말한다. 이렇게 되면 군은 이른바 하극상(下尅上)이 되고, 군기는 이완(弛緩)해져서 전투력이 자연 떨어질 수밖에 없다.
　이런 것을 이(弛)라고 한다.

12

관리가 강하고 군사가 약한 것을 함(陷)이라 한다.

原文 吏强卒弱曰陷이니라.
　　　이강졸약왈함

解説 앞 글의 군사가 강하고 관리가 약한 것과는 반대다. 즉 장교나 하사의 성분은 좋은데, 군사의 훈련이 부족하고 이 때문에 실전(實戰)을 견디어 내지 못할 경우를 말한다. 따라서 이런 경우에는 이것을 함(陷)이라고 한다.

함은 함정(陷穽)의 함이니, 이런 군사를 실전에 쓸 때는 마치 이것을 함정으로 끌어간다는 것과 같다.

13

큰 관리가 노하여 복종하지 않고, 적을 만나면 원한을 품고 싸운다. 장수는 그 능한 것을 알지 못하니 이것을 붕(崩)이라고 한다.

原文 大吏 怒而不服하고 遇敵懟而自戰이라. 將不知其能이니 曰崩이니라.

解説 장수가 장교에 대해서 기량(器量)도 기국(器局)도 없을 경우의 이야기이다. 여기에서 대리(大吏)라고 말한 것은 장수 밑에 있는 간부 장교(將校)를 가리켜 한 말이다.

이러한 대리는 최고의 장수가 기량(器量)이 없을 때는 그 상관에게 항상 분한 마음을 품고 그 통제(統制)에 따르지 않는다. 그리고 적을 만나게 되면 제멋대로 싸우게 된다. 이와 같이 장수가 군을 통어(統御)할 능력이 없으면 그 군대는 스스로 무너지게 될 수밖에 없다.

14

장수가 약하고 엄격하지 못하여 가르치는 도리가 밝지 못하며, 이졸(吏卒)이 떳떳하지 못하고 군사 벌이는 것을 종횡(縱橫)으로 하는 것을 난(亂)이라고 한다.

原文 將弱不嚴하고 教道不明하며 吏卒無常하고 陣兵縱橫을 曰亂이니라.

註 교도(教道) : 군사 교련시키는 방법. 이졸무상(吏卒無常) : 장교의 경질(更迭)을 빈번하게 하기 때문에 장수와 군사가 친밀감이 없다는 것. 진병종횡(陣兵縱橫) : 군사를 배치하는 것이 질서가 없고 난맥(亂脈)을 이루는 것을 말한다.

解說 장수된 자가 의지가 박약하고 군무(軍務)에 있어 확호불발한 신념(信念)이 없어서 모든 지휘 명령이 밝지 못하다. 또 자주 장사(將士)의 경질(更迭)을 일삼아 장졸(將卒) 간에 친화(親和)가 유지되지 못하고 군사 배치의 난맥을 드러낸다. 그러한 군대는 무너지는 길을 갈 뿐이다.

15

장수가 적을 헤아리지 못하여 적은 것으로써 무리에 합하고, 약한 것으로써 강한 것을 공격하며 군사에 선봉(選鋒)이 없는 것을 배(北)라고 한다.

[原文] 將不能料敵하야 以少合衆하고 以弱擊强하며 兵無
選鋒을 曰北니라.
　　　장불능료적　　　이소합중　　　이약격강　　　병무
　　　선봉　　왈배

[註] 선봉(選鋒) : 군대의 선두(先頭)에 나가는 정예 부대.

[解說] 장수의 사람됨이 철없는 용기에 넘쳐 부질없이 씩씩하기는 하지만 자기 기분대로 적을 보니, 적정(敵情)을 정확하게 관찰할 수가 없다. 그리하여 조금의 군사를 가지고 적의 대군(大軍)과 맞선다든가, 또는 준비가 불충분한 약한 군대를 이끌고 강한 적에게 대드는 등 적을 헤아리지 않고 무모하게 저돌(猪突)만 하는 자는 역시 스스로 패배(敗北)의 길을 가게 된다.

16

대체로 이 여섯 가지는 패하는 길이니, 장수의 지극한 임무로써 살피지 않으면 안 된다.

[原文] 凡此六者는 敗之道也니 將之至任으로 不可不察也
니라.
　　　범차륙자　　　패지도야　　　장지지임　　　불가불찰야

[解說] 이상에서 말한 주(走) · 이(弛) · 함(陷) · 붕(崩) · 난(亂) · 배(北)의 여섯 가지 형태는 패군(敗軍)의 길이다. 이렇게 되는

최고의 책임은 장수에게 있는 것이니 유의해야 할 것이다.

17

　대체로 지형(地形)이란 병(兵)의 도움이다. 적을 헤아려서 승리를 얻고, 험액(險阨)과 원근(遠近)을 계산하는 것은 상장(上將)의 길이다. 이것을 알고 전쟁을 하는 자는 반드시 이기고, 이것을 알지 못하고 싸우는 자는 반드시 패하는 것이다.

原文 夫地形者는 兵之助也라. 料敵制勝하고 計險阨遠近은 上將之道이니 知此而用戰者는 必勝이요 不知此而用戰者는 必敗니라.

註 험액(險阨): 험하고 좁은 지형(地形)을 말함. 상장(上將): 훌륭한 장수. 명장(名將)·지장(智將)과 같음.

解說 지형이란 결국 전투에 있어서의 보조적인 것이다. 즉 전쟁에 종속(從屬)된 요건(要件)이다. 이것을 이용해서 승패에 보탬이 되도록 하고 안 하는 것은 사람의 마음 쓰기에 달렸다.
　따라서 첫째는 적을 알아야 하고, 그 다음에는 여기에 대한 승산(勝算)을 세워야 한다. 또 그런 뒤에는 지형의 원근(遠近)과 험액(險阨)을 생각하여 전승(全勝)의 길로 가야 한다. 이것은 명장(名將)이나 지장(智將)인 자가 반드시 지켜야 할 길인 것이다.

 이러한 땅과 사람과의 주종(主從) 관계를 알고서 군사를 부리는 자는 반드시 상승장군(常勝將軍)이 될 것이요, 그렇지 않은 자는 반드시 패군(敗軍)의 장수를 면할 길이 없을 것이다.

18

 그런 까닭에 전쟁에서 반드시 이기게 되어 있으면 임금이 싸우지 말라고 해도 반드시 싸우는 것이 옳다. 전쟁에서 반드시 이기지 못하게 되어 있으면 임금이 반드시 싸우라고 해도 싸우지 말아야 한다. 그런 까닭에 나가도 이름을 구하지 않고, 물러서서는 죄를 피하지 않으며, 오직 백성을 편안하게 해서 임금을 보호하는 것이 나라의 보배인 것이다.

原文 故로 戰道必勝이면 主曰無戰이라도 必戰可也요 戰道不勝이면 主曰必戰이라도 無戰이 可也라. 故로 進不求名이요 退不避罪며 惟民是保하야 而利於主면 國之寶也니라.

解說 그런 까닭에 장수된 자는 여러 모로 검토해 보아서 반드시 이길 것이라면 임금이 비록 싸우지 말라고 해도 반드시 싸워야 한다. 이와 반대로 이기지 못할 태세라면 임금이 반드시 싸우라고 말한다 해도 싸우지 말아야 한다.

이러한 경우를 당하면 장수된 자는 매우 처신이 곤란하다. 이러한 때에 장수된 자는 스스로 나아가서 공명(功名)과 이달(利達)을 얻으려고 하는 마음을 버리고, 잘못하여 물러서서 죽을 죄를 받을 굳은 각오를 가지고, 오직 마음속에 나라에 이로울 것과 백성에게 복될 일, 나아가서 임금에 대한 충성심 이외에 아무런 사심도 없는 훌륭한 인물이 되어야 한다.

19

군사를 보기를 어린아이처럼 해야 한다. 그런 까닭에 그와 더불어 깊은 시내에 갈 수가 있다. 군사 보기를 사랑하는 자식과 같이 해야 한다. 까닭에 그와 함께 죽을 수도 있다.

原文 視卒如嬰兒니 故로 可與之赴深溪라. 視卒如愛子니 故로 可與之俱死니라.

解説 장수가 군대를 통솔해 나가는 데 있어서는 우선 어버이가 어린 자식을 대하듯이 해야 한다. 그것이 장수가 취할 가장 중요한 조건이다.

그렇게 할 때만이 그들과 같이 손잡고 깊은 산이나 깊은 시내에도 갈 수가 있고, 또 함께 죽을 땅에라도 갈 수가 있는 것이다.

20

사랑하면 능히 명령할 수 없고 후하게 여기면 능히 부릴 수가 없고, 어지러우면 능히 다스릴 수가 없으니, 비유컨대 교만한 자식과 같아 쓸 수가 없다.

原文 愛^애而^이不^불能^능令^령이요 厚^후而^이不^불能^능使^사며 亂^난而^이不^불能^능治^치면 譬^비如^여 驕^교子^자하야 不^불可^가用^용也^야니라.

解說 군사들을 내 아들딸처럼 너무 사랑한다면 명령을 내리지도 못하고, 또 너무 후하게 여기다 보면 이를 부리지 못한다. 또 군사들을 너무 귀여워하여 가까이한 나머지 혹 법을 어겨도 다스리지를 못한다.
　이렇게 되면 마치 버릇없는 자식과 같아서 써먹을 수가 없는 것이다. 그러므로 그 사랑하는 방법이 문제인 것이다. 그 방법에 있어서 한 가지만 틀려도 엉뚱한 결과를 가져오게 된다. 군사들은 마치 어리광에 젖은 아이처럼 타이르는 말을 듣지 않고 질서를 어지럽혀도 손을 쓸 수 없는 개구쟁이가 되고 마는 것이다. 이렇게 되면 전혀 쓸모가 없어지고 만다.

21

내 군사가 칠 수 있다는 것은 알고, 적을 칠 수 없다는 것을 알지 못하는 것은 이기는 것의 절반이다. 적을 쳐도 된다는 것을 알아도 내 군사로 쳐서는 안 된다는 것을 알지 못하면 이기는 것의 절반이다. 적을 쳐야 함을 알고, 내 군사가 칠 수 있다는 것을 알아도 지형(地形)이 싸울 수 없는 곳임을 알지 못하면 이기는 것의 절반인 것이다.

原文 知吾卒之可以擊하고 而不知敵之不可擊하면 勝之半也라. 知敵之可擊하고 而不知吾卒之不可以擊하면 勝之半也라. 知敵之可擊하고 知吾卒之可以擊하되 而不地形之不可以戰이면 勝之半也라.

解説 우리 군사의 힘이 능히 적을 칠 수 있다는 것은 알아도, 한편으로 적의 형세가 아직도 칠 수 없다는 것은 알지 못한다.

또 적의 형세가 칠 만한 것이 있는 것은 알아도, 우리 군사의 힘이 아직도 이것을 칠 수가 없다는 것은 알지 못한다.

또 적의 형세가 칠 수 있고, 또 우리 군사도 이것을 능히 칠 수 있다는 것을 알지만, 지형(地形)이 아직도 싸워서는 안 되는 점이 있다는 것을 알지 못한다.

이 세 가지를 모르는 자는 그 어느 쪽도 승리의 절반에 밖에 이르지 못한다. 그러면 이런 것으로 싸운다면 어떻게 될까. 그것은 일승일패(一勝一敗), 곧 승리도 패배도 결정적인 것이 되지 못하고, 다만 우연한 결과가 오기를 기다리는 것밖에 되지 않는다.

22

　그런 까닭에 군사를 아는 자는 움직여서 미혹(迷惑)하지 않고, 행동하여 궁진하지 않는다. 그런 까닭에 말하기를, 저편을 알고 나를 알면 승리는 곧 위태롭지 않고, 하늘을 알고 땅을 알면 승리가 비로소 온전할 수가 있다.

原文 故로 知兵者는 動而不迷하고 擧而不窮이라. 故로 曰 知彼知己면 勝乃不殆요 知天知地면 勝乃可全이니라.

解説 여기에서 보면, 전승(全勝)의 길은 다만 저편을 알고 나를 아는 데에만 그치지 않고, 여기에서 더 나아가 하늘을 알고 땅을 알아야 하는 것이니, 이 세 가지를 모두 알아야 한다고 말하고 있다.
　이와 같이 이름이 나고 지혜로운 장수는 처음부터 전승의 법에 의해서 움직이기 때문에, 그가 한번 움직이면 중도에서 결코 미혹하거나 당황하지 않고, 또 일단 움직인 다음에는 결코 중간에서 막히거나 꺾이거나 하지 않는다.
　혹 나만 알고 저편을 알지 못하면 이기기도 하고 지기도 한다고 말한다. 당태종(唐太宗)은 말하기를, '내가 일찍이 전진(戰陣)에 임해서는 먼저 적과 내가 그 누가 일을 잘 살피는지를 안 뒤에라야 내가 이길 수 있다는 것을 알 수가 있고, 또 적과 내가 그 기운이 누가 센가를 살핀 뒤에라야 내가 이길 수 있는 것을 알 수가 있다. 이미 나 자신을 알고 또 저편도 알지만 또한 지형

(地形)의 도움을 얻지 못하면 역시 전승을 기하지 못한다.'라고 했다.

 망령되게 움직이지 않기 때문에 움직여도 잘못이 없고, 경솔하게 행동하지 않기 때문에 행동하는 것이 군색하지 않다. 저쪽과 우리의 허실(虛實)을 알고 지형의 편리함을 얻은 뒤에 싸워야 하는 것이다.

 두우(杜佑)는 말하기를, '땅의 편리한 것을 알고, 하늘의 때를 알아야 한다'고 했다. 땅의 편한 것은 험한 곳에 의지하고 높고 양지바른 곳을 향하는 것이다. 하늘의 때는 추위와 더위에 순응하고 형벌과 덕을 본받는 것이다. 능히 저쪽도 알고 나 자신도 알며, 또 지형을 살피고 천도(天道)를 본받아야만 승리를 비로소 온전히 할 수 있는 것이다.

 앞에서는 장수된 자가 구변(九變)의 이로움에 통하지 못하면 비록 지형을 알아도 반드시 땅의 이로움을 얻지 못하기 때문에 행군(行軍)에 대하여 먼저 언급한 뒤 반드시 지형을 살피라고 말함으로써 사군(四軍)의 이로움을 말한 것이니, 이는 곧 황제(黃帝)가 사제(四帝)를 이긴 까닭이다. 그러나 범연히 산에 있고 물에 있는 것이나 척택(斥澤)에 있는 것과 평지의 육지에 있는 것에 대해서만 말하고, 통괘지애험원(通掛支隘險遠) 등 육지(六地)의 형상에 대해서는 자세하게 설명하지 못하였기 때문에 여기에 분별해서 자세히 말한 것으로서 장수된 자는 지극한 책임으로서 살필 것을 강조하고 있다.

 오직 여기에 말한, 주이함붕난배(走弛陷崩亂北)의 여섯 가지는 곧 장수의 과실이요, 땅의 재앙은 아니니 지형을 살피지 않았다고 허물을 돌릴 것이 아니다. 까닭에 오직 적을 헤아려 승리를 거두는 상장(上將)이라면 스스로 능히 원근(遠近)과 험액(險阨)을 계산하여 전쟁에서 반드시 승리할 것이다.

 내 군사가 가히 이길 것을 알고, 적을 가히 이길 것을 알면, 저쪽도 알고 나도 아는 것이다. 내 군사가 가히 이길 것을 알고 적을 가히 이길 것을 알면서 그 위에 또 우리 지형이 가히 싸울

만 하다는 것을 알면 이는 하늘을 알고 땅을 아는 것이다. 장수로서 하늘을 알고 땅을 알면 그 승리는 온전한 것이다.

그런 까닭에 다음 편(篇)에서는 드디어 구지(九地)에 대해서 말했는데, 대체로 지형에 대해 모르는 것이 없어야만 군대를 움직이고 계획을 세우는 것을 남이 헤아릴 수가 없어, 어디를 가나 땅의 이로움을 얻지 못하는 곳이 없는 것이다.

11. 구지편(九地篇)

　이 편(篇)에서도 지(地)의 이로운 점에 대해서 말했다. 하지만 전편(前篇)과는 달리 여기에서는 오직 인정(人情)을 근거로 한 주관적 견지에 근본하여 다시 아홉 가지의 전쟁터가 있음을 제시하고 있다.

　하지만 전편과 표리(表裏)가 일체(一體)를 이루며, 아울러 지(地)의 이에 관한 깊이 있는 연구를 보여 주기도 한다. 말하자면 피아(彼我)가 놓여 있는 상황을 아홉 가지의 경우로 분류해서 거기에 각기 부합되는 법을 들고, 죽을 땅에서는 반드시 싸워야 한다는 비결을 가르쳐 주고 있다.

1

　손자(孫子)는 말하기를, 군사를 쓰는 법은 산지(散地)가 있고, 경지(輕地)가 있고, 쟁지(爭地)가 있고, 교지(交地)가 있고, 구지(衢地)가 있고, 중지(重地)가 있고, 비지(圮地)가 있고, 위지(圍地)가 있고, 사지(死地)가 있다.

_{손자왈　용병지법　　유산지　　　유경지　　　유쟁지}
原文　孫子曰 用兵之法은 有散地요, 有輕地요, 有爭地요
_{유교지　　　유구지　　　유중지　　　유비지　　　유위지　　　유}
有交地요, 有衢地요, 有重地요, 有圮地요, 有圍地요, 有
_{사지}
死地니라.

註 산지(散地): 이하 경지·쟁지·교지·구지·중지·비지·위지·사지에 대해서는 원문에서 자세히 설명하고 있다.

解説 여기에서는 앞의 지형편(地形篇)에 이어서 지리적(地理的)인 것에 관계되는 전반적인 문제, 즉 구지구변(九地九變)을 비롯하여 그것과 관련된 사고 방식을 발전시켜 설명하려는 것이다. 우선 산(散)·경(輕)·쟁(爭)의 삼지(三地)에서 시작하여 뒤에 가서는 구변편(九變篇)의 머리에 나오는 육지(六地)로 열거하였다.
　구지(九地)의 내용이나 견해차 등에 대해서는 뒤에서 하나씩 들어 해설하게 되므로 여기에서는 중복을 피하기 위하여 설명을 생략한다.

2

제후(諸侯)가 스스로 그 땅에서 싸우는 것을 산지(散地)라고 한다.

[原文] 諸侯 自戰其地者는 爲散地라.

[解說] 제후가 스스로 자기 나라 땅에서 싸울 때, 즉 적을 자기 나라 안으로 끌어들여 싸울 경우, 그 싸우는 땅을 산지(散地)라고 한다. 산지의 산(散)이란, 사기(士氣)가 산란(散亂)하고 저상(沮喪)되기 쉬운 곳이란 뜻이다.

자기 나라 땅 안에 있으면, 집이 가깝고 고향이 가까워서 자연히 싸움에는 전념할 수 없게 되고, 따라서 결사적인 침입군에 비하면 사기(士氣)가 저절로 산일(散逸)되고 저상되기 쉬워 위험한 상태가 되는 것이다.

3

남의 땅에 들어가 깊지 않은 것을 경지(輕地)라고 한다.

[原文] 入人之地하야 而不深者는 爲輕地니라.

[解説] 적의 나라에 들어가서 아직 깊이 들어가지 않았을 때, 그 군대가 있는 곳을 경지(輕地)라 한다. 경지의 경(輕)이란 인심이 가볍게 동요되기 쉬운 땅이라는 뜻이다. 뒤에는 자기 나라가 있고, 앞에는 생소한 적국의 땅이 있다. 이럴 경우 군사들의 마음은 반은 집 생각에 있고 반은 앞길의 위험을 걱정한다. 이렇게 되면 군사들은 마음을 안정할 수가 없어서 전의(戰意)가 쉽게 동요된다.

4

내가 얻어도 역시 이롭고 저쪽이 얻어도 역시 이로운 것을 쟁지(爭地)라고 한다.

[原文] 我得則利요 彼得亦利者는 爲爭地니라.
　　　　아득즉리　　피득역리자　　위쟁지

[解説] 무엇을 쟁지라고 하는가. 그것은 적과 내가 서로 차지하려고 다투는 땅을 말한다.

　쟁지란 전략(戰略)의 요지(要地)로 내가 얻으면 나에게 유리하고 적이 얻으면 적에게 유리하다. 그러므로 쌍방이 반드시 다투는 곳인데 일단 적의 수중에 들어가면 적은 반드시 죽을 힘을 다하여 굳게 지킬 것이기 때문에 마땅히 정면에서 강력하게 공격해야 할 것이다.

5

나도 갈 수 있고 저 사람도 올 수 있는 것이 교지(交地)이다.

原文 我可以往이요 彼可以來者는 爲交地니라.
(아 가 이 왕) (피 가 이 래 자) (위 교 지)

解説 앞의 지형편(地形篇)에 나온 통형(通形)의 땅에 해당한다. 피아가 서로 엇갈리면서 자유롭게 왕래하는 땅, 이러한 땅을 교지(交地)라 한다.

이것은 갑오(甲午)의 중일전쟁(中日戰爭) 때 우리 나라가 교지가 되었었음을 예(例)로 들 수가 있다. 교지는 먼저 점령하여 적으로 하여금 오지 못하게 하고, 그 다음으로는 그 땅을 보전하여 후방(後方)과 연락을 취하고 중단(中斷)되지 않게 해야 하는 땅이다.

6

제후(諸侯)의 땅이 세 나라에 속해 있어서, 먼저 이르러 천하의 무리를 얻는 것을 구지(衢地)라 한다.

原文 諸侯之地 三屬하야 先至而得天下之衆者는 爲衢地니라.
(제 후 지 지) (삼 속) (선 지 이 득 천 하 지 중 자) (위 구 지)

[解説] 제후(諸侯)의 땅이 삼속(三屬)한다는 것은, 한 나라의 국경이 여러 나라에 걸쳐 붙어 있는 경우를 말한다. 삼속(三屬)이란 말은 꼭 세 나라가 경계하고 있다는 뜻은 아니다. 여기에서는 다수(多數)라는 뜻으로 쓴 것이다.

 이러한 나라가 당사국 사이에 끼어 있을 때 먼저 들어가서 이것을 자기 편으로 끌어들인 자가 자연히 우월한 위치에 있게 된다. 이와 같을 때 그 사이에 끼어 있는 땅을 구지(衢地)라고 한다. 구지의 구(衢)는 네거리, 즉 십자로(十字路)를 말한다. 이러한 나라는 마치 사람들이 많이 지나다니는 네거리, 사통오달(四通五達)한 십자로와 같이 요충(要衝)의 땅이 되는 것이다.

7

 남의 땅에 들어간 것이 깊고 성읍(城邑)을 뒤에 진 것이 많은 것을 중지(重地)라 한다.

[原文] 入人之地 深하야 背城邑多者는 爲重地니라.
_{입인지지 심　　배성읍다자　　위중지}

[解説] 깊이 적지에 침입해서 그 나라의 많은 성새(城塞)나 도읍을 등뒤에 지고 있을 때, 즉 겹겹이, 그리고 깊숙이 적지에 침입해 들어갔을 때, 이것을 중지(重地)라고 한다.

 침입군이 이렇게 들어가면 이미 손쉽게 돌아올 수는 없다. 살아서 돌아오는 길은 오직 적을 격파하고, 그렇게 해서 원정(遠程)의 목적을 달성하기 전에는 있을 수 없다. 따라서 이것을 중난(重難)의 땅이라 한다.

●

8

산림(山林)·험조(險阻)·저택(沮澤) 등 대체로 가기 어려운 길을 비지(圮地)라고 한다.

[原文] 行山林 險阻 沮澤 凡難行之道者는 爲圮地라.
　　　　행 산림　험조　저택　범난행지도자　　위비지

[解說] 이것은 행군편(行軍篇)에서 말한 천라(天羅)·천함(天陷)의 땅에 해당한다.

산림(山林)과 험한 곳, 저택(沮澤)은 진퇴(進退)하기가 어려운 땅이니, 이러한 지대(地帶)에서는 이미 작전(作戰)을 할 수도 없고, 또 질병(疾病)에 감염되기 쉬우니, 행군하다가 여기에 이르면 모름지기 속히 통과하고 조금도 지체하지 말아야 한다. 대개 이러한 지구(地區)에서 만일 적의 요격(邀擊)을 받는다면 반드시 막대한 위해(危害)를 받게 된다.

9

들어가는 길이 좁고, 돌아오는 길은 멀어서, 저쪽의 적은 것으로써 우리의 많은 무리를 칠 수 있는 것을 위지(圍地)라고 한다.

[原文] 所由入者隘하고 所從歸者迂하야 彼寡可以擊吾之衆
　　　　소유입자애　　　소종귀자우　　　피과가이격오지중

者는 爲圍地니라.

[解說] 지형편(地形篇)에 나오는 애형(隘形)의 땅에 가까운 것이다.
산림(山林)이 우거진 지역으로서 입구(入口)가 험하고 좁아서 적이 만일 험한 곳에 의지하여 군대를 매복(埋伏)하면 가히 적은 군사로 많은 군사를 치는 효과를 거둘 수가 있다. 행군하다가 만일 불행히 잘못하여 여기에 들어갔으면 마땅히 속히 계교를 써서 여기에서 벗어나야 한다. 그런 까닭에 말하기를, 위지에서는 꾀를 써야 한다고 했다.

10

급히 싸우면 살아 남고 빠르게 싸우지 않으면 망하는 것을 사지(死地)라 한다.

[原文] 疾戰則存하고 不疾戰則亡者는 爲死地니라.

[解說] 앞에는 강한 적이 있고, 뒤에는 물러갈 길이 없다. 또 좌우에도 역시 쉽게 벗어날 길이 없는데 군대가 그 속에 들어 있으면, 마음을 굳히고 속히 싸우면 살아남을 수 있지만 만일 결심하여 속히 싸우지 않는다면 반드시 망하고 말 것이다. 이것은 위지(圍地)보다도 더욱 위태한 것이니, 반드시 모름지기 죽는 속에서 사는 것을 구해야만 비로소 사는 도리가 있는 것이다.

11

 그런 까닭에 산지(散地)에서는 싸우지 말고, 경지(輕地)에서는 머물지 말고, 쟁지(爭地)에서는 공격하지 말고, 교지(交地)에서는 끊지 말고, 구지(衢地)에서는 사귐을 모으고, 중지(重地)에서는 노략질하고, 비지(圮地)에서는 가고, 위지(圍地)에서는 피하고, 사지(死地)에서는 싸워야 한다.

[原文] 是故로 散地則無戰하고 輕地則無止하며 爭地則無攻하고 交地則無絶하며 衢地則合交하고 重地則掠하며 圮地則行하고 圍地則謀하며 死地則戰이니라.

[解說] 구지(九地)에 대처하는 방편에 대하여 자세히 설명하고 있다.
 첫째, 산지즉무전(散地則無戰), 산지(散地)에서는 싸우지 말라. 산지(散地)는 군대의 사기(士氣)가 산란하고 저상(沮喪)되기 쉬운 땅이다. 따라서 결사적인 침입군에 비하면 이쪽의 군대는 그 의기(意氣)가 우선 꿇리지 않을 수가 없다. 그렇기에 산지에서는 싸우지 말라는 것이다.
 둘째, 경지즉무지(輕地則無止), 경지(輕地)는 인심이 부동(浮動)하는 땅이다. 따라서 이러한 지역에서는 오래 머물 필요가 없다. 반드시 급하게 전진(前進)해서 군사를 필사(必死)의 땅으로 인도하여 그 투지(鬪志)를 공고히 해야 한다.

셋째, 쟁지즉무공(爭地則無攻), 쟁탈(爭奪)의 땅이 이미 적의 수중에 들어갔을 때는 그것을 무리하게 빼앗으려고 해서는 안 된다. 이에 대하여 손자(孫子)는 말하기를, 이런 경우에는 우선 군사를 거두어 후퇴하고, 다시 방향을 바꾸어 적의 가장 중요한 지점(地點)으로 예봉(銳鋒)을 돌리라. 그렇게 하면 적은 반드시 군사를 나누어 이를 구원하지 않을 수 없을 것이니, 그럴 때 그 허(虛)를 치면 반드시 이를 공취(攻取)할 수가 있다고 했다.

넷째, 교지즉무절(交地則無絕), 교지(交地)에서는 피아(彼我)가 서로 그 허(虛)를 찾고 있는 것이니 최대의 위험은 군의 연락이 끊기는 일이다. 따라서 여기에 최선의 노력을 하지 않으면 안 된다. 여기의 무절(無絕)이란 단절(斷絕)되는 일이 없도록 하라는 말이다.

다섯째, 구지즉합교(衢地則合交), 구시란 당사국들 사이에 있는 요충(要衝)의 땅이다. 따라서 일조유사시(一朝有事時)에 적에 앞서서 이를 여국(與國)으로 하기 위해서는 평소의 국교(國交)를 긴밀하게 하지 않으면 안 된다. 즉 외교의 수완을 십분 발휘해야 한다.

여기에서 합교(合交)란 미리 친교(親交)를 맺어둔다는 뜻이다.

여섯째, 중지즉략(重地則掠), 깊이 적지(敵地)에 들어갔을 경우, 군이 가장 겁내는 것은 양식의 결핍이다. 따라서 중지(重地)에서는 무엇보다도 먼저 식량을 적에게서 빼앗아 내기 위해서 식량을 노략하는 것이 무엇보다도 중요한 것이다.

일곱째, 비지즉행(圮地則行), 비지는 행군상(行軍上) 가장 위험한 땅이다. 앞의 행군편(行軍篇)에서 이미 말한 대로다. 여기에서는 그 필요성을 더욱 강조하여 급히 통과하지 않으면 안 된다고 말했다.

여덟째, 위지즉모(圍地則謀), 군이 위지(圍地)에 떨어졌을 때는 전체가 불안에 빠져 공포에 떨게 된다. 이것은 군으로서 가장 위험한 것이다. 따라서 이런 경우에 지휘관은 가장 침착한 용기를 발휘하여 빨리 위지(危地)를 빠져나갈 수 있는 꾀, 즉 모계

(謀計)를 짜내야 한다.

　아홉째, 사지즉전(死地則戰), 사지(死地)에서는 살기를 찾으면 죽고, 죽음을 각오하면 산다는 옛 교훈이 있다. 사지에서는 싸우라는 말은 바로 그것을 뜻한다.

　이것은 사지필전(死地必戰)이란 말로도 전해 온다.

12

　이른바 군사를 잘 부리는 자는, 능히 적으로 하여금 앞과 뒤가 서로 미치지 못하게 하고, 많고 적은 것이 서로 믿지 못하게 하며, 귀하고 천한 것이 서로 구원하지 못하게 하고, 위와 아래가 서로 거두지 못하게 하며, 군사가 흩어지고 모이지 못하게 하고, 군사가 합해서 가지런하지 못하게 한다. 이익에 합하면 움직이고, 이익에 합하지 않으면 그친다.

原文 所謂古之善用兵者는 能使敵人으로 前後不相及하고 衆寡不相恃하며 貴賤不相救하고 上下不相收하며 卒離而不集하고 兵合而不齊라. 合於利而動이요 不合於利而止니라.

註 전후불상급(前後不相及) : 앞뒤가 서로 미치지 못한다는 것은, 선두 부대(先頭 部隊)와 후속 부대(後續 部隊)가 서로 구원할 겨를이 없게 한다는 뜻. **중과불상시(衆寡不相恃)** : 대부대(大部隊)와 소부대(小部隊), 또는

본대(本隊)와 지대(支隊)로 하여금 서로 연락이 불가능하게 한다는 뜻. **귀천불상구(貴賤不相救)**: 장수와 군사가 서로 구원할 기회를 주지 않는다는 뜻. **상하불상수(上下不相收)**: 사령부(司令部)와 각 부대(部隊)와의 사이에 서로 수습할 여지가 없게 하는 것. **졸리이부집(卒離而不集)**: 격파한 적병이 헤어진 채 다시 집합할 여지를 주지 않는다는 뜻. **병합이부제(兵合而不齊)**: 이산(離散)된 적병에 대해서 다시 부대를 이루지 못하게 한다는 뜻.

解說 옛날부터 전쟁을 잘하여 명장(名將)이라는 이름을 얻은 사람은, 대체로 다음과 같은 방법을 쓰고 있다. 먼저 전진(前陣)과 후진(後陣) 사이에 연락이 닿지 않게 하거나 대부대와 각 소부대가 전혀 별개로 활동하도록 하여 서로 원조의 길이 막히도록 했다.

또 상관과 사졸, 막료의 간부와 전선 부대 사이에 협력을 유지하지 못하도록 상하의 불일치·불통일을 초래시키고, 혹은 각자가 흩어지거나 한 곳에 뭉쳐 정연한 전력이 되지 못하도록 했던 것이다.

그 위에 전쟁중에 유리함과 불리함에 대한 식별이 날카로워서, 유리할 때는 지체없이 움직이고 불리하다고 판단되면 자중하여 움직이지 않는 태세를 취했던 것이다.

13

감히 묻건대, 적의 무리가 정제하여 장차 오려고 하면 기다리는 것이 어떠하겠는가? 말하기를, 그 사랑하는 바를 빼앗으면 들을 것이다.

原文 敢問 敵衆整而將來면 待之若何요 曰 先奪其所愛면

^{즉 청 의}
則聽矣니라.

解説 아주 정돈된 적의 군사가 이제 공격해 오려고 하는데, 이쪽에서 기다리고 있는 우리 군사는 어떻게 하면 좋은가? 이러한 물음에 대한 대답은 이러하다. 먼저 적으로서 가장 소중한 것, 즉 적의 요지(要地)를 탈취해 버리면 적은 꼼짝 못하고 이쪽의 명령을 듣지 않을 수 없다.

14

군사의 정(情)은 속한 것을 주로 한다. 남이 미치지 못하는 것을 틈타서 생각지도 않은 길을 따라 그 경계하지 않는 곳을 공격한다.

原文 ^{병지정} 兵之情은 ^{주속} 主速이라. ^{승인지불급} 乘人之不及하고 ^{유불우지도} 由不虞之道하야 ^{공기소불계야} 攻其所不戒也니라.

註 승인지불급(乘人之不及): 적의 힘이 미치지 못하는 곳에 파고든다는 뜻. 유불우지도(由不虞之道): 적이 생각지 않은 의외의 장소로 나가는 것. 공기소불계(攻其所不戒): 적이 안심하고 경계하지 않는 곳을 공격한다는 뜻.

解説 군사의 행동은 신속(神速)을 귀하게 여긴다는 말을 자주 했다. 오직 적의 불의(不意)를 타고 그 허(虛)를 찌르는 것만이 필

승(必勝)의 길이다. 상대편이 동요가 생기면 거기에는 이쪽에서 파고들 여지가 생긴다. 그곳을 파고들어감으로써 상대편에게 혼란을 줄 수가 있다.

　전쟁에 임했을 때, 그 군사의 움직임과 태세는 무엇보다도 속도가 제일이다. 다소 상대편의 손이 미치지 못한다고 생각했을 때는 바로 틈을 주지 말고 상대편이 뜻하지 않은 의외의 방향에서 특별한 경계를 하지 않고 있는 곳을 공격하는 방법인 것이다.

15

　대체로 손이 되는 길은 깊이 들어가면 곧 전력(專力)을 다하기 때문에 주인이 이기지 못한다. 풍부한 들에서 노략하면 삼군(三軍)의 먹을 것이 넉넉하다. 삼가고 길러서 수고롭게 하지 말고, 기운을 모으고 힘을 쌓아서 군사를 옮겨 계획을 짜서 헤아릴 수 없게 한다. 이것을 갈 곳이 없는 데에 던져 두면 죽어도 패해서 달아나지 않을 것이니, 어찌 사인(士人)이 힘을 다하지 않을 수 있으랴?

原文 凡爲客之道는 深入則專이니 主人不克이라. 掠於饒野하야 三軍足食이면 謹養而勿勞하고 倂氣積力하며 運兵計謀하고 爲不可測하며 投之無所往이면 死且不北하고 死焉不得士人盡力이리오.

註 위객지도(爲客之道) : 객군(客軍)으로서 깊이 적지(敵地)에 들어가서 싸우는 것. **심입즉전(深入則專)** : 안으로 깊이 떨어져 들어가면 전군(全軍)이 긴장해서 사기(士氣)가 전일(專一)해진다는 것. **약어요야(掠於饒野)** : 적군에게서 자원(資源)이 풍부한 곳을 골라 양식을 억지로 빼앗아 온다는 것. **근양이물로(謹養而勿勞)** : 삼가서 기르고 수고하지 말라. 병력(兵力)을 무익하게 소비하지 않도록 되도록 효과 있는 전쟁을 한다는 것. **병기적력(倂氣積力)** : 기운을 합치고 힘을 쌓는다. 군의 일치와 전투력의 축적(蓄積)에 힘쓰는 것. **투지무소왕(投之無所往)** : 군사를 사지(死地)에 몰아넣어 싸우게 한다. 곧 도망갈 곳이 없는 땅으로 보낸다.

解說 객군(客軍)으로서 적지에 깊이 침입했을 경우에 그곳은 적지(敵地)이므로 추호의 방심도 없이 긴장하고 있고, 상대편의 침공(侵攻)을 받는 쪽으로서는 앞에서 말한 산지(散地)의 이야기처럼 진실성이 없기 때문에 이쪽과 비교할 때 사기(士氣)가 떨어져 있다고 해도 좋을 것이다.

중지(重地)에서의 싸움이므로 될 수 있는 한 식량을 상대국의 농경지대에서 현지 조달하여 부족하지 않게 하여 양식 수송으로 가외의 병력을 쓰지 않음으로써 병사들의 기분이나 건강 상태를 편하게 해주어야 한다.

이렇게 배려해 주면 전군은 결속하게 되고 기운도 하나로 뭉치게 된다. 이른바 중지의 근심이 없어지게 되는 것이다. 이런 자세로 주밀한 계획을 실행에 옮겨 간다면 비록 죽음과 같은 위기에 처한다 해도 도망할 염려는 없다. 죽을 각오를 하고 나면 못하는 일이 없는 법이다. 도망가도 죽고 싸워도 죽는 상황에 놓이게 되면 그 군사는 절대적으로 강해져서 목숨을 걸고 분전할 것이다.

16

　병사(兵士)가 깊이 빠지면 곧 두려워하지 않고, 갈 곳이 없으면 곧 굳어지고 들어가기를 깊게 했으면 곧 구애되고 부득이하면 곧 싸운다. 그런 까닭에 그 병사가 정비하지 않고 경계하며, 구하지 않고서도 얻으며, 약속하지 않고서도 친해지며, 명령하지 않고서도 믿는다. 유언을 금하고 의심을 버리면 죽을 때까지 갈 곳이 없을 것이다.

原文 兵士甚陷則不懼하고 無所往則固하며 入深則拘하고 不得已則鬪라. 是故로 其兵이 不修而戒며 不求而得이며 不約而親이며 不令而信이라. 禁祥去疑면 至死無所之니라.

註 병사심함(兵士甚陷) : 진격해서 위험한 땅에 깊이 빠져들어가는 것. 무소왕즉고(無所往則固) : 도망갈 곳이 없는 땅에 이르면 자연히 결심을 굳게 하는 것. 입심즉구(入深則拘) : 적지(敵地)에 깊이 들어가면 돌아오려고 해도 길이 없어 형편에 구속되어 전의(戰意)가 굳어진다. 불수이계(不修而戒) : 훈시(訓示)를 하지 않아도 스스로 경계한다는 말. 불구이득(不求而得) : 특별히 분투(奮鬪)하지 않아도 지휘관(指揮官)의 뜻대로 움직인다. 불약이친(不約而親) : 따로 약속(約束)을 기다리지 않고도 전군(全軍)이 서로 친해진다. 불령이신(不令而信) : 명령을 기다리지 않고서도 군무(軍務)에 정려(精勵)한다. 금상거의(禁祥去疑) : 유언비어(流言飛語)의

단속을 엄히 하고 군중(軍中)의 의혹을 없앤다.

解説 병사가 싸움의 막판에 몰려 어떻게도 할 수 없게 되면 도리어 결심이 굳어지고 강해져서 주저하거나 비틀거리지 않는다. 이와 같이 적지(敵地) 속으로 깊어 들어갔을 때는 제멋대로 행동할 수가 없으므로 상당한 전투력을 발휘하게 된다.

그런 까닭에 이렇게 되면 그들은 특히 자세하게 말하지 않아도 충분히 스스로 경계한다. 별로 요구를 하지 않아도 충분히 뜻대로 해주는 것이다. 강요하지 않아도 의사가 서로 통하고 명령하여 시키지 않아도 상호 신뢰가 있으므로 움직여야 할 방향을 이해하게 된다.

이런 때에 있어서의 금물(禁物)로서는 여러 가지 미신, 즉 길흉의 예언 같은 것만 없으면, 설사 죽음의 길로 몰리더라도 일치 협력하여, 태세에 이반되는 일은 생기지 않는다.

17

군사에게 남은 재물이 없는 것은 재물을 미워하는 것이 아니다. 남은 목숨이 없는 것은 목숨을 미워하는 것이 아니다. 명령을 내는 날, 사졸(士卒) 중에 앉아 있는 자는 눈물이 옷깃을 적시고, 누어 있는 자는 눈물이 턱에 흐른다. 이를 갈 곳이 없는 곳에 던지면 제(諸)·귀(劌)의 용맹인 것이다.

原文 吾士無餘財는 非惡貨也라. 無餘命은 非惡壽也라. 令

發之日에 士卒이 坐者는 涕霑襟이요 偃臥者는 涕交頤라.
投之無所往者면 諸劌之勇也니라.

註 오사무여재(吾士無餘財) : 여재(餘財)가 없다는 것은 적지(敵地)에서 노획한 물건을 내던지는 것으로 해석된다. 무여명(無餘命) : 목숨을 아깝지 않다고 생각하는 것은 아니라는 뜻. 제귀지용(諸劌之勇) : 제(諸)는 전제(專諸), 오(吳)나라 공자(公子)의 명을 받고 오왕(吳王) 요(僚)를 암살하려고 단신으로 나아가 뜻을 이룬 용사(勇士). 귀(劌)는 조귀(曺劌), 노(魯)나라 사람으로서 노왕(魯王) 장공(莊公)의 사랑을 입어 장군이 되었으나, 제(齊)나라와 싸워 몇 번이나 패전을 거듭하자 이를 죄송히 여기던 중, 제왕(齊王) 환공(桓公)과 강화의 조인이 있자 그곳에 뛰어들어 환공을 단도로 위협하여 실지(失地)를 되찾았다.

解說 군대가 막다른 곳으로 쫓겨 들어갔을 때는 물질에 대한 욕망이 없어지기 때문에 전쟁 때에 약탈해서 모은 재물에 대한 집착마저도 없어지고 만다. 오늘만의 목숨이라고 생각하면 의외로 뱃심도 생기게 된다. 이것도 역시 죽어도 좋다는 생각이 있어서가 아니라, 생사(生死)를 초월하여 그다지 문제시하지 않기 때문이다.

이러한 경지로 들어가 있다고 해서 누구나 욕심이 없어지고 생사에도 태연한 영웅이냐 하면 반드시 그렇지는 않다. 최후 결전의 명령이 내린 날의 양상을 보면, 조용히 앉아 눈물을 흘려 옷깃을 적시는 자도 있고, 누워서 턱밑까지 흘러내리는 눈물을 씻으려고도 하지 않고 그대로 내버려두는 자도 있다.

이러한 끝이라면 큰일같이 생각되나 마침내 최후의 결전이 되면 전제(專諸)나 조귀(曺劌)의 용맹에 뒤지지 않는 전력을 충분히 발휘하는 것이다. 이것이 바로 상식을 초월한 전투의 실제인 것이다.

18

 그런 까닭에 용병(用兵)을 잘하는 자는 비유컨대 솔연(率然)과 같다. 솔연은 상산(常山)의 뱀이다. 그 머리를 치면 꼬리가 일어서고, 그 꼬리를 치면 머리가 일어서고, 그 가운데를 치면 머리와 꼬리가 모두 일어선다.

原文 故로 善用兵者는 譬如率然이니 率然者는 常山之蛇也라. 擊其首則尾至요 擊其尾則首至요 擊其中則首尾俱至니라.

註 솔연(率然) : 맹사(猛蛇)의 이름. 상산지사(常山之蛇) : 상산(常山)은 지금의 하북성(河北省) 곡양현(曲陽縣) 서북쪽에 있는 산이름. 오악(五嶽)의 하나로서 항산(恒山)이라고도 함. 상산(常山)의 뱀은 전설 속의 큰 뱀으로 무시무시하게 빠르고 난폭하다. 사람들은 이 뱀을 솔연이라고 부르고 몹시 두려워했다고 한다.

解説 용병(用兵)을 잘하는 장수가 군사를 통솔하는 데는 마치 저 상산(常山)의 맹사(猛蛇) 솔연(率然)과 같이 한다. 솔연처럼 기민(機敏)하고 재치가 있고 빠르다.
 솔연이라는 뱀은 성질이 몹시 사납고 용맹하여 그 꼬리를 치면 머리가 일어나서 달라붙고, 꼬리를 치면 머리가 일어나서 달라붙었다. 또 중간의 허리를 치면 머리와 꼬리가 일시에 일어나서 달라붙었다.

이렇게 재빠르고 기민하고 재치가 있는 뱀과 같이 군대도 상하가 서로 화합하고 좌우가 서로 도와서 이 솔연과 같이 움직이지 않으면 안 된다.

19

감히 묻거니와 그러면 솔연(率然)과 같이 할 수가 있는가? 대답하기를, 할 수가 있다. 대체로 오(吳)나라 사람과 월(越)나라 사람이 서로 미워해도, 그 배를 같이 타고 건너가다가 바람을 만나게 되면 그 서로 구원하는 것이 마치 좌우의 손과 같은 것이다.

原文 敢問 兵可使如率然乎아. 曰 可하다. 夫吳人이 與越人이 相惡也나 當其同舟濟하야 而遇風이면 其相救也가 如左右手니라.

註 오인여월인상오야(吳人與越人相惡也) : 오(吳)나라는 지금의 강소성(江蘇省), 월(越)나라는 지금의 절강성(浙江省)에 있었다. 전국시대(戰國時代)에 서로 원수처럼 오래도록 전쟁이 계속되었다. 동주제이우풍(同舟濟而遇風) : 아무리 원수 사이인데도 배를 같이 타고 같은 선객(船客)이 되어 물을 건널 때에는 어쩔 수 없이 서로 돕게 된다는 뜻. 오월동주(吳越同舟)란 말은 여기에서 나왔다.

解說 군(軍)으로 하여금 솔연(率然)과 같이 되도록 하기 위해서

는 어떻게 해야 할 것인가? 그 방법은 어떠한 것인가? 이것은 결코 어려운 일이 아니다. 저 유명한 오월(吳越)의 원수와 같았던 관계에 대해서 생각해 보자. 그들은 서로 원한의 관계에 있는 사이이지만, 피차가 서로 같은 배를 타고 같은 선객으로서 물을 건널 때에는, 더구나 폭풍이라도 만나게 되면 어쩔 수 없이 서로 돕게 된다는 것이다. 서로가 도와서 살기를 도모하려고 하는 것이다.

군대도 역시 필사(必死)의 땅, 필사의 경우에 직면하게 되면 반드시 어쩔 수 없이 전군(全軍)이 사력(死力)을 다해서 싸우게 된다는 것이다.

20

그런 까닭에 방마매륜(方馬埋輪)도 아직 믿을 수가 없다. 용맹을 가지런히 하여 하나처럼 하는 것은 정사의 길이요, 강(剛)과 유(柔)를 모두 얻는 것은 땅의 이치인 것이다.

原文 시고 방마매륜 미족시야 제용약일 정
是故로 方馬埋輪이라도 未足恃也라. 齊勇若一은 政
지도야 강유개득 지지리야
之道也요 剛柔皆得은 地之理也니라.

註 방마매륜(方馬埋輪): 말의 주둥이를 붙들어 매거나 또는 전차(戰車)의 바퀴를 땅 속에 묻는 것과 같이 하는 것. 군대의 진퇴(進退)를 무리하게 일치시키기 위해서 하는 일이다. 제용약일(齊勇若一): 용맹과 겁(怯)을 모두 합해서 다같이 잘 싸우게 하는 것. 강유개득(剛柔皆得): 강자(剛者)도 유자(柔者)도 모두 하나같이 전투에 쓰도록 한다.

[解説] 모든 전투력(戰鬪力)이란 군대의 일치에서 나오지 않으면 안 된다. 그것은 앞에서 말한 그대로이다. 따라서 방마매륜과 같은 기계적인 수단은 안 된다. 억지로 끄는 식은 안 된다는 말이다. 용맹한 자와 겁이 있는 자가 다같이 뭉쳐서 모두가 한결같이 죽을 힘을 다하도록 환경을 만들어야 한다. 즉 사지(死地)를 만들어 거기에 서게 할 일이다. 이것이 군의 통수(統帥)로서의 요도(要道)인 것이다.

21

그런 까닭에 군사 쓰기를 잘하는 자는, 손을 끌어 한 사람을 부리는 것과 같이 하는 것이니 이는 부득이하게 하기 때문이다.

[原文] 故로 善用兵者는 携手若使一人이니 不得已也니라.
<small>고 선용병자 휴수약사일인 부득이야</small>

[解説] 그런 까닭에 용병(用兵)을 잘하는 자는 군사 쓰는 것을 마치 손을 잡아 한 사람을 쓰는 것과 같다. 그와 같이 진퇴(進退)가 맘대로 된다는 것이다. 장수로서 백만의 대군을 마치 한 사람의 손을 이끄는 것과 같이 한다는 것은 어떻게 하는 것인가? 이는 딴 것이 아니라, 능히 통수(統帥)로서의 기미와 강유(剛柔)의 지리(地理)를 장악해서 군사들로 하여금 부득이 싸우지 않을 수 없게 만드는 것이다.

22

　　장군의 일은, 고요하고 이로써 그윽하며, 바른 것으로써 다스리는 것이다.

原文 將軍之事는 靜以幽하고 正以治니라.
　　　　　　장군지사　　　정이유　　　　정이치

註 정이유(靜以幽): 정(靜)은 고요하고 침착한 것, 유(幽)는 깊고 과묵(寡默)한 것. 정이치(正以治): 정(正)은 군무(軍務)에 엄정(嚴正)한 것. 치(治)는 매사에 조심성이 있고 용의주도(用意周到)한 것.

解說 고요하고 깊으면 남이 능히 헤아리지 못하고, 바르고 스스로 다스리면 남이 능히 꺾지 못한다. 대체로 군중(軍中)의 권모(權謀)는 내가 행할 수는 있지만 남으로 하여금 알게 해서는 안된다. 그 행하는 일을 그치고 그 행하는 계획을 변경해서 남으로 하여금 능히 알지 못하게 해야 한다. 군사는 속이는 것을 귀하게 여기는 것인데 이것은 적을 속이는데 그치는 것이 아니라, 또한 나의 사졸(士卒)들까지도 속여서, 나만 알고 그들로 하여금 알지 못하게 해야 하는 것이다.

23

　　능히 사졸(士卒)의 이목(耳目)을 어리석게 하여 그로 하여금 알지 못하게 한다. 그 일을 바꾸고, 그 계획을 고쳐서 남으로 하여금 알지 못하게 한다. 그 거처하는 곳을 바꾸고, 그 가는 길을 멀리하여 남으로 하여금 생각하지 못하게 한다.

原文 能愚士卒之耳目하야 使之無知하고 易其事하고 革其謀하야 使人無識하고 易其居하고 迂其途하야 使人不得慮니라.

註 우사졸지이목(愚士卒之耳目) : 장수가 생각하는 의도는 일체 사졸(士卒)에게 알리지 않아 알지 못하게 한다. 역기사·혁기모(易其事·革其謀) : 군기(軍機)와 군략(軍略)에 관한 것은 수시로 일체를 바꾸어서 우리 편의 군대조차 전혀 엿볼 수 없게 한다는 것. 역기거·우기도(易其居·迂其途) : 장수의 행동은 일체를 비밀로 하고, 그 이동에 있어서도 수시로 있는 장소를 바꾸며, 또 멀리 우회로(迂廻路)를 골라서 외부에 그 소재를 알리지 말아야 한다는 것.

解說 그 행하려던 일을 바꾸고 다시 그 계획했던 일을 그쳐서 사졸(士卒)로 하여금 그 마음속을 알지 못하게 한다. 그가 거처하는 장소를 바꾸고 그가 가는 길을 멀리 돌아서 아무도 미리 계획했던 것을 알지 못하게 해야 한다.

대체로 군의 행동은 절대 비밀에 붙여야 한다. 따라서 장수는 자기의 군대에게조차 일체 그 마음속의 의도를 알 수 없게 하고, 작전(作戰)의 방략(方略) 같은 것도 수시로 변경해서 그 방침이 어디에 있는지를 언제나 깊이 숨겨 놓고, 또 자기의 거처(居處)의 이전(移轉)에 대해서도 외부에서는 전혀 알 수 없게 해야 한다는 것이다.

24

　장수가 사졸들과 기약하는 것은, 높은 곳에 올라가 그 사닥다리를 버리는 것과 같이 한다. 군사들을 거느리고 깊이 제후(諸侯)의 땅에 들어가, 그 기(機)를 발하기를 양의 떼를 모는 것과 같이 한다. 몰고 가고 몰고 와서, 양은 가는 곳을 알지 못하게 해야 한다.

原文　帥與之期를 如登高而去其梯라. 帥與之深入諸侯之地하야 而發其機를 若驅群羊하야 驅而往하고 驅而來로대 莫知所之니라.

註　등고이거기제(登高而去其梯): 사람을 높은 곳에 오르게 하고 사닥다리를 아래에서 치워 버린다는 뜻으로, 이것은 군사를 사지(死地)로 이끈다는 뜻이다. 발기기(發其機): 장수의 기봉(機鋒)을 낸다는 것의 비유.

解説　지금 장수가 마음에 계획하는 것이 있어서 갑자기 명령을 내려 군을 예정한 장소로 끌어가는 데는, 그것이 마치 사람을 천 길이나 되는 곳에 오르게 하고 나서 아래에서 그 타고 올라간 사닥다리를 치워 버리는 것과 같이 어찌할 수가 없는 처지에 놓이게 하는 것과 같이 한다.
　이러한 방식으로 깊이 적지에 들어가 수시로 그 기봉(機鋒)을 내게 된다면, 삼군(三軍)을 싸우게 하는 것을 마치 양떼를 모는 것과 같이 하라. 그리하면 적도 우리도 다 같이 우리의 군사가 어디로 향하는지 그 가는 곳을 전혀 알 수가 없다.
　그대로 살아서 돌아올 수는 없으며, 적을 쳐서 없애야 한다는 마음가짐을 만들어 주어야 한다.

25

　삼군(三軍)의 무리를 모으고 이를 험한 곳으로 보내는 것이 바로 장군의 일이다. 구지(九地)의 변함, 굴신(屈伸)의 이로움, 인정(人情)의 이치를 살피지 않으면 안 된다.

[原文] ^{취삼군지중}聚三軍之衆하야 ^{투지어험}投之於險이니 ^{차장군지사야}此將軍之事也라. ^구九^{지지변}地之變과 ^{굴신지리}屈伸之利와 ^{인정지리}人情之理를 ^{불가불찰야}不可不察也니라.

[解說] 삼군(三軍)의 진퇴(進退)는 오직 장군의 지휘에 의한 것이다. 그러니 구지(九地)의 법에 구애되지 말고 모름지기 변통할 줄을 알아서 굽힐 때는 굽히고 펼 때는 펴서 이익이 될 것을 살펴야 할 것이다. 이것이 곧 인정(人情)의 상리(常理)니 살피지 않을 수 없는 것이다.
　대체로 장군은 삼군(三軍)의 무리를 모은 뒤 위험하고 어려운 곳으로 보내고, 인심을 전일(專一)하게 하여 솔연(率然) 같은 형세를 이루게 해야 한다. 그런 까닭에 지세(地勢)에 아홉이 있어도 각각 권변(權變)의 법이 있어서 그것을 굴신(屈伸)으로 말하면 스스로 그 편리한 것이 있고, 인정에 징험하면 스스로 그 상리가 있는 것이니 자못 살피지 않을 수 없다.

26

　대체로 객(客)이 되는 길은, 깊으면 곧 전일(專一)하고 얕으면 곧 흩어진다. 나라를 떠나 국경을 넘어서 군사를 내는 것은 곧 절지(絕地)이다. 사방으로 통하면 구지(衢地)이고, 깊이 들어간 것은 중지(重地)요, 얕게 들어간 것은 경지(輕地)이다. 등이 굳고 앞이 좁은 것은 위지(圍地)요, 갈 곳이 없는 것은 사지(死地)이다.

原文 凡爲客之道는 深則專이요 淺則散이라. 去國越境而師者는 絕地也요 四達者는 衢地也라. 入深者는 重地也요 入淺者는 輕地也라. 背固前隘者는 圍地也요 無所往者는 死地也니라.

註 월경이사자(越境而師者) : 국경을 넘어 정벌의 길에 오르는 것. 절지(絕地) : 절망(絕望)의 땅. 곧 살아 남을 가망이 없는 땅. 배고전애자(背固前隘者) : 등뒤에 요해(要害)의 땅을 지고 앞으로는 좁은 길에 의해서 통하는 곳. 무소왕자(無所往者) : 나갈 길이 없는 곳, 즉 진퇴양난(進退兩難)의 땅을 말함.

解說 대체로 행군(行軍)하는 데 객(客)이 되는 도리는, 깊이 들어가면 사졸(士卒)의 심지(心志)가 전일(專一)해지고, 얕게 들어가면 사졸의 심지가 산만해진다.

　이 글은 앞에 나온 것과 중복되는 부분이 많은데, 문장에 약간의 차이는 있어도 내용은 별로 다를 것이 없다. 대체로 이 구지편(九地篇)은 아무래도 이 「손자병법」의 원서(原書)로 보기에는 다소 의심이 되는 구절이 많다. 이 글의 취지는 어느 상황에 있어서의 내부지도(內部指導)라고도 볼 수 있다.

27

그런 까닭에 산지(散地)는 내가 장차 그 뜻을 하나로 하려 하고, 경지(輕地)는 내가 장차 이로 하여금 소속되게 한다. 쟁지(爭地)는 내가 장차 그 뒤에 달려가려 하고, 교지(交地)는 내가 장차 그 지키는 것을 삼가려 하고, 구지(衢地)는 내가 장차 그 결합을 굳게 하려 한다. 중지(重地)는 내가 장차 그 먹는 것을 이으려 하고 비지(圮地)는 내가 장차 그 길을 나가려 한다. 위지(圍地)는 내가 장차 그 궐(闕)한 것을 막으려 하고, 사지(死地)는 내가 장차 여기에 살지 못할 것을 보이려 한다.

原文 是故로 散地는 吾將一其志요, 輕地는 吾將使之屬이요, 爭地는 吾將趨其後요, 交地는 吾將謹其守요, 衢地는 吾將固其結이요, 重地는 吾將繼其食이요, 圮地는 吾將進其道요 圍地는 吾將塞其闕이요, 死地는 吾將示之以不活이니라.

註 일기지(一其志):군대의 사기(士氣)를 통일하는 것. **사지속(使之屬)**: 군대를 밀집(密集)시켜 각 부대를 연속시켜 놓고 그렇게 해서 인심의 안정을 꾀하는 것. **추기후(趣其後)**:적을 유혹해서 이끌어 내어 그가 떠난 뒤에 그 틈을 타서 기습(奇襲)하는 것. **근기수(謹其守)**:군대의 연락에 힘쓰는 것. **고기결(固其結)**:평소에 국교(國交)를 굳게 하는 데 힘쓰는 것. **계기식(繼其食)**:양식의 징발(徵發)을 서두르는 것. **색기궐(塞其闕)**:나 스스로 군대의 활로(活路)를 막고, 그렇게 해서 필사(必死)의 뜻을 표시하는 것. **시지이불활(示之以不活)**:결사(決死)의 각오를 보이는 것.

解說 산지(散地)를 당하면 마땅히 사졸의 심지(心志)를 가지런히 하나로 만들어야 하고, 경지(輕地)를 당하면 마땅히 사졸로 하여금 서로 연속(聯屬)하게 하여 뜻밖의 일에 대비하게 한다. 쟁지(爭地)를 당하면, 마땅히 빨리 적의 뒤로 가서 적이 우리를 향해서 이익을 다투게 하면 그 뒤는 반드시 비어 있을 것이니, 이럴 때에 그 뒤로 나가면 적은 반드시 돌아가 구원할 것이니, 다투던 것은 나의 소득이 될 것이다. 교지(交地)를 당해서 삼가 지키는 것은 나를 습격할까 두렵기 때문이다. 구지(衢地)를 당해서 제후(諸侯)와 결속(結束)하는 것은 그들로 하여금 굳게 하여 나를 돕게 하려는 것이다. 중지(重地)를 당하면 마땅히 그 양식을 계속하여 떨어지게 하지 말아야 한다. 비지(圮地)를 만나면 마땅히 빨리 지나가서 머무르지 말아야 한다. 위지(圍地)를 만나면 마땅히 그 궐(闕)한 것을 막아서 달아나려 하지 않는다는 뜻을 보여야 한다. 사지(死地)를 당하면 마땅히 살지 않겠다는 것을 보이고 반드시 죽겠다는 뜻을 보여서 그들로 하여금 스스로 분발하여 살기를 구하게 할 것이다.

이것도 모두 앞에 나온 글이다.

28

그런 까닭에 군사의 심정은, 싸우면 곧 막고, 부득이 하면 싸우고, 지나가면 곧 좇는다.

原文 故로 兵之情은 圍則禦하고 不得已則鬪하고 過則從 이니라.
(고) (병지정) (위즉어) (부득이즉투) (과즉종)

註 위즉어(圍則禦) : 포위를 당하면 명령하지 않아도 방어한다. 과즉종(過則從) : 험한 곳을 지나갈 때는 명령에 곧잘 따른다.

解說 이것도 모두 구지(九地)의 변화로 인해서 죽을 땅에서도 사는 방법을 구하는 것이니, 그 대지(大旨)는 역시 굴신(屈伸)의 이로움과 인정의 이치에 벗어나지 않는다. 장수가 된 자는 반드시 군사의 심정을 알아야 한다. 그렇다면 군자의 심정은 어떠한 것인가? 그것을 간략히 말하면, 군사가 위지(圍地)에 있으면 같은 마음으로 지켜서 막고, 부득이하면 힘을 다하여 싸우고, 너무 심한 곳에 빠지면 계획하는 바를 좇지 않는 것이 없다.

29

그런 까닭에 제후(諸侯)의 꾀를 모르는 자는 능히 미리 사귈 수가 없다. 산림(山林)과 험조(險阻)와 저택(沮澤)의 형상을 모르는 자는 행군(行軍)할 수가 없다.

향도(鄕導)를 쓰지 않는 자는 땅의 이익을 얻을 수 없다.

原文 是故로 不知諸侯之謀者는 不能預交라. 不知山林險阻沮澤之形者는 不能行軍이라. 不用鄕導者는 不能得地利라.

註 향도(鄕導) : 길을 인도함, 또는 그 사람.

解說 이 글은 군쟁편(軍爭篇)에 그대로 나와 있다. 가까이 있는 제후(諸侯)들의 계획을 알지 못하고 사귀면 안 된다. 또 산림·험조·저택의 형상을 알지 못하고서는 행군(行軍)을 할 수가 없다. 현지에 사는 사람의 길잡이가 없이는 땅의 이로움을 얻을 수가 없다는 것이다.

30

사오(四五)의 하나를 모르면 패왕(覇王)의 군사가 아닌 것이다.

原文 四五者에 不知一이면 非覇王之兵也니라.

註 사오자(四五者) : 4 더하기 5는 9로서 즉 구지(九地)를 말한다.

11. 구지편 245

解説 4와 5를 합치면 9가 된다. 그렇다면 이것은 구지(九地)라는 뜻이 된다. 즉 구지의 법을 모르는 자는 결코 천하에 패자(霸者)가 될 수 없다는 말이다.

구지법(九地法) 중에 하나라도 결여되어 있으면 도저히 천하를 취할 만한 군사라고 할 수가 없다는 것이다.

31

대체로 패왕(霸王)의 군사는 큰 나라를 치면 그 무리가 모이지 않는다. 위엄이 적에게 가해지면 그 사귐이 합해질 수가 없다.

原文 夫霸王之兵은 伐大國이면 則其衆이 不得聚요 威加於敵이면 則其交 不得合이니라.
(부패왕지병) (벌대국) (즉기중) (부득취) (위가)
(어적) (즉기교) (부득합)

註 기중부득취(其衆不得聚) : 군대가 침입군(侵入軍)에게 눌려 한 곳에 모일 수가 없다. 기교부득합(其交不得合) : 친교(親交)가 있는 나라의 군대도 와서 도울 수가 없다.

解説 천하의 패자(霸者)가 된 군사의 위엄보다 더 강력하고 두려운 것은 없다. 이제 이 패왕(霸王)의 군사가 다른 큰 나라를 쳤을 때, 상대방의 군사는 그 위엄에 눌려서 맘대로 군대를 한 곳에 모이게 할 수가 없다. 또 그뿐만이 아니라, 그 위력이 적에게 가해짐에 따라서 상대방 나라의 동맹군도 주저하여 선뜻 달려와서 돕지 못한다.

32

그런 까닭에 천하의 사귐을 다투지 않고, 천하의 권세를 기르지 않는다. 나의 사사로운 것을 펴고, 위엄을 적에게 더하기 때문에 그 성을 함락시킬 수 있고, 그 나라를 무너뜨릴 수 있다.

原文 是故로 不爭天下之交하고 不養天下之權이라. 信己之私하고 威加於敵 故로 其城을 可拔이요 其國을 可墮也니라.

註 부쟁천하지교(不爭天下之交): 일부러 동맹(同盟)의 나라를 찾지 않는다. 불양천하지권(不養天下之權): 강국의 비호(庇護)를 받아 그 권력을 기르거나 하지 않는다. 신기지사(信己之私): 여기의 신(信)은 신(伸)과 같다. 스스로 나의 실력을 기르려고 힘쓴다.

解說 천하의 패업(霸業)을 이룰 정도가 되면 약한 나라가 하듯이 공연히 동맹국(同盟國)을 구하여 그 힘을 의지하려 하거나 또는 강대국의 비호를 받으려 하다가 도리어 그 강국의 권세를 조장하는 따위의 일은 결코 하지 않는다.

그와 같이 사귀는 자가 스스로 떠나게 되어 서로 합쳐질 수가 없다. 그런 때문에 능히 천하 제후의 사귐을 끊어서 원조를 받지 않고 천하 제후의 권리를 빼앗아 버려서 그가 감히 맘대로 하지 못하게 한다.

33

　무법(無法)의 상(賞)을 베풀고, 무정(無政)의 영(令)을 내리면, 삼군(三軍)의 무리를 부리는 것이 한 사람을 쓰는 것과 같다.

原文 施^시無^무法^법之^지賞^상하고 懸^현無^무政^정之^지令^령이면 犯^범三^삼軍^군之^지衆^중이 若^약 使^사一^일人^인이니라.

註 무법지상(無法之賞): 법규(法規)에 구애되지 않고 임기(臨機)의 상여(賞與)를 행하는 것. 무정지령(無政之令): 상규(常規)에 정해진 이외의 명령에 의해서 적재(適材)를 적소(適所)에 배치하는 것. 범삼군지중(犯三軍之衆): 범(犯)은 여기에서는 구사(驅使)의 뜻. 즉 삼군(三軍)을 맘대로 부린다는 뜻.

解說 전장(戰場)에서는 평상시와 같은 판에 박은 것 같은 법령은 통하지 않는다. 정세(情勢)에 따라서 그때그때 적당한 상을 주거나, 또는 평시 같으면 위법인 것도 눈감아 주거나 보통법에 없는 법령을 내도 상관이 없다. 이렇게 하지 않으면 많은 군대를 내 수족과 같이 자유롭게 움직일 수가 없다.
　또 때와 장소에 따라서 적재(適材)를 발탁할 수 있다면 더욱더 사기(士氣)를 북돋울 수 있고, 따라서 자연히 삼군(三軍)을 구사(驅使)하는 것이 마치 한 사람을 부리는 것과 같이 마음대로 된다.

34

사람을 부리는 데는 일로써 하고, 격려하는 것을 이익으로 하지 말라. 사람을 부리는 데는 이익으로써 하고, 격려하는 데는 해로운 것으로써 하지 말라.

原文 犯之以事요 勿告以言이며 犯之以利요 勿告以害니라.

註 범지이사(犯之以事) : 일로써 한다는 것은 실행으로써 한다는 것. 범지이리(犯之以利) : 언제나 유리한 것으로 군대를 격려한다는 것.

解説 전쟁이란 비상(非常)한 사업이다. 비상한 사기(事機)에 처해서는 반드시 비상한 수단을 써야 한다. 평상시의 군정(軍政)이나 군령(軍令)은 진실로 마땅히 이치를 따라서 처리해야 하지만, 전기(戰機)에 임해서는 전도를 쓰고 변통을 하여 모름지기 파격(破格)의 행동을 해야만 한다. 부하를 부리는 데 일로써 하고 유리하도록 일을 시킨다는 것은 곧 오늘날 군중에게 명령을 하달하는 데 명령하는 이유를 보이지 말라는 것이다. 이익되는 것으로 일을 시키고 해로운 것으로 부리지 말라는 것은 이익되는 것을 보여 군대의 신념(信念)을 증가하게 되었으니, 해로운 것을 말해서 사기(士氣)를 저상(沮喪)시키지 말아야 한다는 것이다.

35

멸망의 땅에 던진 뒤에 살아남고, 이것을 사지(死地)에 빠뜨린 뒤에 산다. 대체로 무리는 해로움에 빠진 뒤에 능히 승패(勝敗)를 이룬다.

原文 投之亡地然後^{투지망지연후}에 存^존하고 陷之死地然後^{함지사지연후}에 生^생이라. 夫^부
衆陷於害然後^{중함어해연후}에 能爲勝敗^{능위승패}니라.

解說 이 글은 구지편(九地篇) 중에 제일 유명한 구절이다. 특히 함지사지연후(陷之死地然後)에 생(生)이라는 구절은 모든 사람들의 입에 회자(膾炙)되고 있다. 옛날 한신(韓信)이 배수(背水)의 진(陣)을 친 것은 바로 이 글귀의 정신에 입각한 것이었다.

문제는, 군사는 사지(死地)에 던져져야 비로소 활로(活路)가 생기고 생명이 있다는 것이다. 얼마나 멋있는 단언(斷言)인가? 이것은 비단 군에만 해당되는 것이 아니라, 인생에서 승리하려는 자도 때로는 이러한 배수의 진을 쳐야 한다. 그리하여 자기 자신을 시험해 볼 필요가 있다.

본래 인간이란 위험한 경지(境地)에 떨어져야만 분연히 일어서서 승리를 얻을 수 있기 때문이다.

36

그런 까닭에 군사의 일은, 적의 뜻에 순상(順詳)하고,

적에 아울러 한 방향으로 하고 천리에 장수를 죽이는 데 있으니, 이것을 교묘하고 능히 일을 이루는 것이라고 말한다.

原文 故로 爲兵之事는 在於順詳敵之意라. 幷敵一向하야 千里殺將이니 此謂巧能成事니라.

註 순상적지의(順詳敵之意) : 적의 의향대로 움직인다는 것. 순상(順詳)은 순종(順從)의 뜻. 병적일향(幷敵一向) : 적의 행동에 맞춰 한 걸음 양보해서 다소간 적으로 하여금 그 뜻을 이루게 한다는 것. 천리살장(千里殺將) : 천리 밖에서 장수를 죽인다는 것으로서, 유악(帷幄) 안에서 계획을 세우고 천리 밖에서 승리를 얻는다는 말과 같음.

解説 군사의 운용(運用)은 우선 먼저 속임수를 써서 적의 의향대로 진퇴(進退)를 하고, 적의 행동에 맞추어 되도록 적을 안심하도록 한다.

그러는 사이에 비책(秘策)을 만들어 놓고, 일거에 천리 밖에서 적장(敵將)을 때려잡는다.

예로부터 명장(名將)은 손자(孫子)의 이러한 비결을 곧잘 실천에 옮겼었다. 이런 방법이야말로 참으로 교묘하고 능해서 능히 큰 일을 잘 이룰 수 있는 것이다.

37

그런 까닭에 정거(政擧)의 날에 관(關)을 막고, 부

(符)를 꺾고, 그 사신을 통하는 일이 없이 조정에 나아가 힘써서 이로써 그 일을 독려한다. 적인(敵人)이 개합(開闔)하면 급히 여기에 들어간다. 그 사랑하는 바를 먼저하고, 은미하게 이와 기약하여, 먹줄을 밟아 적을 따르고, 그로써 전사(戰事)를 결단한다.

原文 是故로 政擧之日에 夷關折符하고 無通其使하여 勵
於廊廟之上하야 以誅其事라. 敵人開闔이면 必亟入之하여
先其所愛하고 微與之期라. 踐墨隨敵하야 以決戰事니라.

註 정거지일(政擧之日) : 묘의(廟議)가 결정되는 날. 이관절부(夷關折符) : 국경의 관문(關門)을 폐쇄하고 일체의 여권(旅券)을 없앤 뒤 내외의 출입을 금하는 것. 여어랑묘지상(勵於廊廟之上) : 조정에서 백관(百官)을 타일러 신칙한다는 것. 곧 계칙(戒飭)의 뜻. 주기사(誅其事) : 군무(軍務)의 진척을 독려하는 것. 주(誅)는 책망한다는 뜻. 적인개합(敵人開闔) : 적의 간첩이 출입하는 것. 미여지기(微與之期) : 은미(隱微)하게 적의 의도에 빠지는 것처럼 행동해 보이는 것. 천묵수적(踐墨隨敵) : 이쪽의 확고한 방침 아래 작전을 해나가는 것. 묵(墨)은 먹줄의 뜻으로 법도(法度), 규칙의 의미로 쓴 것임.

解說 마침내 개전을 하게 되면, 먼저 국경을 폐쇄해서 일체의 교통을 정지시킨다. 다시 말해서 상대방의 군사(軍使)나 외교사절의 입국도 허락하지 않는다. 안에서는 최고회의가 열려 최고 책임자인 총사령관이 정해진다.

만일 상대국의 동정에 변화가 생기면 그 기회를 놓치지 말고, 적의 급소, 가장 중요한 곳을 발견해서 습격할 준비를 은밀히 세운다. 이것은 앞에서도 말한 바와 같다. 그런 후에는 만사 정당한 법도대로 상대의 움직임에 따라 전투를 시작한다.

38

그런 까닭에 처음에는 처녀(處女)와 같이 하고, 적이 문을 연 후에는 탈토(脫兎)와도 같아서 적이 미처 막지 못하게 한다.

原文 是故로 始如處女하야 敵人開戶에 後如脫兎하야 敵
不及拒니라.

註 탈토(脫兎) : 덫에서 빠져 나와 달아나는 토끼.

解說 처녀처럼 부드럽고 머뭇거리면, 적도 자연 알지 못하는 사이에 문을 열고 안심하게 된다. 적이 온전히 마음을 놓았을 때 마치 덫에서 빠져 나온 토끼처럼 질풍신뢰(疾風迅雷) 쳐들어가면 적은 감히 막아내지 못하게 된다. '처음에는 처녀와 같다가 뒤에는 덫에서 뛰쳐나온 토끼와 같다'는 말은 흔히 인용되는 명구(名句)로 출전(出典)이 바로 이것이다.

여기에서는 전투(戰鬪)를 종결시키는 총계획(總計劃)에 대해서 말하고 있다. 한마디로 말해서 교묘한 것이 능히 일을 이루는 것이니, 군사편(軍事篇)에서 이미 제후(諸侯)의 계획을 알지 못하는 자는 능히 미리 사귈 수가 없고, 산림(山林)·험조(險阻)·저택(沮澤)의 형체를 알지 못하는 자는 능히 행군(行軍)할 수 없고,

향도(鄕導)를 쓰지 않는 자는 능히 지리(地利)를 얻을 수 없다고 말하였는데, 여기에서 이것을 다시 말한 것은 교묘히 일을 이루려면 반드시 이 세 가지를 선무(先務)로 삼아야 한다고 말하기 위한 것이다.

미리 사귄다는 것은 곧 모공편(謀攻篇)의 요지(要旨)요, 행군(行軍)이란 곧 행군편(行軍篇)의 요지(要旨)이며, 지리(地利)를 얻는 것은 곧 지형편(地形篇)의 요지(要旨)인데, 이 세 가지 중 하나만 알지 못해도 반드시 패하는 것이다. 그런 까닭에 이것은 패왕(覇王)의 군사가 아닌 것이다. 무리가 모이지 못하게 하는 것은, 능히 적의 계획을 알고 능히 지리를 얻어서 적으로 하여금 서로 구원하지 못하게 하고 서로 믿지 못하게 하면 비록 큰 나라의 무리라도 능히 모일 수가 없는 것이니, 이것은 곧 모공편의 소위 벌모(伐謀)이다. 위엄을 적에게 더하면 이웃 나라가 두려워서 사귀어도 합하지 못할 것이니, 이는 곧 모공편의 이른바 벌교(伐交)이다. 그러나 이것은 큰 나라에 대해서 말한 것이다.

천하의 사귐을 다투지 않는 자는 천하의 사귐을 끊는 것이요, 천하의 권세를 기르지 않으면 천하의 권세를 뺏는 것이니 이는 또한 벌모·벌교를 말하는 것이다. 또 나의 위엄을 펴서 그 성을 함락시키고 그 나라를 무너뜨리는 것은 군사를 치고 성을 공격하는 것을 말하는 것이니, 이는 열국(列國)에 대해서 하는 말이다.

법에 없는 상을 베풀고 정치가 없는 명령을 내려 성을 함락시키고 나라를 무너뜨릴 때에는 상법(常法)과 상정(常政)을 모두 지키지 않는 까닭에 말하기를, 법도 없고 정사도 없다고 하는 것이니, 이 두 가지는 일이 급할 때에 쓰는 군법(軍法)이요 군정(軍政)인 것이다.

상벌이 분명하면 많은 것을 쓰기를 적은 것을 쓰는 것과 같이 하는 것이니, 이는 앞의 글에서 '용맹을 가지런히 하여 굳세고 부드러운 것을 모두 얻어서, 손을 이끌어 한 사람을 부리듯이 한다'라고 했다.

일로 시키고 말로 알리지 않는 것은 다만 싸움으로 쓰고 계획으로 고하지 않는 것이며, 이익으로 시키고 해로운 것으로 말하지 말라는 것은, 다만 싸움에만 쓰고 계획을 말하지 말라는 것이다.

  망할 땅에 던진 후에라야 살아 있고, 죽을 땅에 빠진 후에라야 살며, 무리가 해로운 곳에 빠진 후에라야 능히 승패(勝敗)가 있다는 것은 갈 곳이 없는 곳에 던지면 죽는 한이 있어도 패하지 않는 것이니 사인(士人)이 힘을 다하는 것을 말함이다.

  적의 뜻을 순상(順詳)한다는 것은 거짓 겁내고 거짓 약한 체하며, 거짓 어지러운 체하고, 거짓 패하는 체하여 적을 유인하는 것이니, 이는 곧 시계편(始計篇)의 궤도(詭道)이다.

  천리에 장수를 죽인다는 것은, 용병(用兵)하는 자가 능히 앞에 말한 여러 가지 계획을 완전히 하고 군사를 합하여 적을 향하면, 비록 천리라도 능히 그 장수를 사로잡을 수 있다는 말로 이는 이른바 패왕(霸王)의 군사이다.

  그러나 이러한 종류의 계획은 모두 이상에 말한 10여 편(篇)의 원칙(原則)에 벗어나지 않는 것이니, 통틀어 말한다면, 교묘히 써야만 비로소 능히 일을 이루는 것이기 때문에 이 일절(一節)은 전투를 종결시키는 총계획(總計劃)인 것이다.

12. 화공편(火攻篇)

　화공(火攻)이란 불을 써서 적을 치는 것이니, 사람을 상하고 물건을 해치는 것이 이보다 더 큰 것이 없다. 그렇기 때문에 밝은 임금은 이를 삼갔고, 양장(良將)은 이를 경계했으니, 이는 손무자(孫武子)가 뒤에 말한 그대로이다.
　화공도 또한 병법(兵法) 중의 한 가지이니 용병(用兵)하는 자가 꼭 알아야 하지만 실제에 있어서 경솔히 써서는 안 된다. 그런 까닭에 말하기를, '이로움이 아니면 움직이지 말고, 얻어지지 않으면 쓰지 말며, 위태롭지 않으면 싸우지 않는다'고 했다. 임금은 노엽다고 해서 군사를 일으키지 말고, 장수는 성이 난다고 해서 싸워서는 안 되는 것이니, 이것이 나라를 편안히 하고 군사를 온전히 하는 길이다.

1

　손자(孫子)가 말하기를, 화공(火攻)에는 대체로 다섯 가지가 있다. 첫째는 화인(火人), 둘째는 화적(火積), 셋째는 화치(火輜), 넷째는 화고(火庫), 다섯째는 화대(火隊)이다.

原文 孫子曰 凡火攻有五하니 一曰火人이요, 二曰火積이요 三曰火輜요 四曰火庫요 五曰火隊니라.

註 화인(火人) : 적의 영사(營舍)나 성새(城塞), 또는 그 밖의 집에 불을 질러서 그 군사까지 태워 버리는 경우를 말한다. 화적(火積) : 적의 축적물(蓄積物), 즉 쌓아 놓은 물건을 태우는 것. 화치(火輜) : 적의 치중부대(輜重部隊)에 불을 지르는 것. 치(輜)는 무거운 짐을 실은 수레. 화고(火庫) : 적의 창고에 불을 지르는 것. 화대(火隊) : 적의 대열을 향해서 직접 화공을 하는 것.

解說 화공이란 불을 써서 적을 공격하는 것이니, 사람을 상하고 물건을 해치는 것이 이보다 더 심한 것은 없다. 그러기에 전쟁이란 나라의 큰일로서 부득이한 때에만 하는 것인데, 화공에 이르러서는 더구나 부득이한 때에만 쓰는 것이 아니겠는가? 그러므로 인인(仁人) 군자(君子)는 반드시 쓰지 않았을 것인데, 그럼에도 손자(孫子)가 구지(九地)의 다음에 이것을 넣은 것은 무슨 까닭이겠는가? 이것은 대개 전쟁에서 승리를 속하게 하려면

불이 아니면 되지 않으므로 비밀히 적의 진중을 정탐한 뒤에 화공을 해야 하는 것이니, 그러자면 또한 구지(九地)의 형태를 먼저 알지 않으면 안 된다. 그래서 이 편을 구지편(九地篇) 다음에 둔 것이다.

2

불을 놓는 데는 반드시 까닭이 있다. 연화(煙火)는 반드시 바탕을 갖추어야 한다.

原文 行火는 必有因이요 煙火는 必素具니라.
(행화) (필유인)   (연화)   (필소구)

註 연화(煙火) : 화공(火攻)의 도구.

解説 화공에는 면밀한 준비가 필요하다. 가령 가뭄이 계속된다든가, 바람이 세차게 부는 날, 또 그 밖의 여러 가지 원인 등 반드시 원인이 되는 것이 있어야 한다.
그러므로 여기에 필요한 온갖 화공의 도구를 준비하지 않으면 안 된다. 그런 것을 모두 갖추어 놓고 그런 뒤에 불을 놓아야 한다.

3

불을 놓는 데에는 때가 있고, 불을 일으키는 것은 날짜가 있는 것이니, 때는 하늘이 말랐을 때요, 날짜는 달의 기(箕)·벽(壁)·익(翼)·진(軫)에 있다. 대체로 이 네 가지 별은 바람이 일어나는 날이다.

解說 發火有時요 起火有日이니 時者는 天之燥也요 日者는 月在箕壁翼軫也라. 凡此四宿者는 風起之日也라.

註 기(箕): 별이름. 이십팔수(二十八宿)의 하나. 동방(東方) 하늘에 있다. 벽(壁): 별이름. 28수의 하나. 북방(北方)의 하늘에 있다. 익(翼): 별이름. 28수의 하나. 남방(南方)의 하늘에 있다. 진(軫): 별이름. 28수의 하나. 남방(南方)의 하늘에 있다.

解說 화공을 할 때, 불을 놓는 조건에는 두 가지가 있다. 그 하나는 때요, 둘째는 날짜이다. 때라는 것은 천기가 가물고 건조해서 불타기 쉬운 것이요, 날짜라는 것은 달이 기(箕)·벽(壁)·익(翼)·진(軫)의 네 성수(星宿)이니 이것은 바람을 일으키는 날을 말한다.

  옛날의 천문학(天文學)은 성상(星象)을 28수(宿)로 나누었는데, 그중 기·벽·익·진이 바람을 좋아하는 성수(星宿)로서 이것은 달로서 판명한다는 것이다. 기(箕)는 간(艮)에 있고 달이 그 다음에 있으니 반드시 동북풍(東北風)이 있고, 벽(壁)은 건(乾)에 있고 달이 그 다음에 있으니 반드시 서북풍(西北風)이 있고, 익진(翼軫)은 손(巽)에 있고 달이 그 다음에 있으니 반드시 동남풍(東南風)이 있는 것이다.

4

　대체로 화공은 반드시 오화(五火)의 변화로 인하여 이에 응한다.

原文 凡火攻은 必因五火之變하야 而應之니라.
(범화공) (필인오화지변) (이응지)

註 오화(五火) : 첫째, 불이 안에서 나면 속히 군사를 거느리고 밖에서 응한다. 둘째, 불이 났어도 적이 움직이지 않으면 반드시 대비가 있는 것이다. 셋째, 그 화세(火勢)가 심하면 그 변하는 것을 기다려서 친다. 넷째, 불이 밖에서 난다. 다섯째, 불이 어떤 방향으로 타고 있는지 방향을 본다.

解説 여기에서는 화공에 대한 원칙을 말하고 있다. 대체로 화공이란 반드시 오화(五火)의 변화에 의하여 군사로 대응해야 한다. 그러나 여기에 응하는 법도 역시 다섯 가지 원칙이 있으니 이를 알지 않으면 안 된다. 여기에 나온 오화에 대해서는 주석(註釋)으로 풀이했지만, 다섯 번째 불을 놓는 데에는 모름지기 상풍(上風)과 하풍(下風), 주풍(晝風)과 야풍(夜風)을 헤아려야 한다. 즉 상풍에 불을 놓았으면 그 하풍을 쳐서는 안 된다. 적이 하풍에 있을 때는 불태우면 반드시 물러갈 것이나 만일 이것을 공격하면 나도 또한 하풍에 있기 때문에 반드시 그 해를 받게 될 것이다. 그러므로 그 좌우를 치는 것이 좋다. 또 낮에 부는 바람은 오래 가는 것이니 화공을 할 만하고, 밤에 부는 바람은 금시에 그치는 것이니 화공을 써서는 안 된다. 적의 복병(伏兵)이 있어서 도리어 그에게 패할까 걱정되기 때문이다.

5

불이 안에서 일어나면 빨리 밖에서 여기에 응해야 한다. 불이 일어났는데도 그 군사가 고요한 것은 기다리고 치지 말아야 한다. 그 화력(火力)을 극진히 하여 따를 수 있는 것은 이를 따르고, 따를 수 없으면 그친다.

<u>原文</u> 火發於內면 則早應之於外요 火發而其兵이 靜者는 待而勿攻이요 極其火力하야 可從而從之요 不可從而止니라.
(화발어내) (즉조응지어외) (화발이기병) (정자)
(대이물공) (극기화력) (가종이종지) (불가종이지)

<u>解說</u> 가령 불이 적의 진영(陣營) 안에서 났다고 하면, 공격하는 자는 반드시 조속히 서둘러 응해야 하며, 이리하여 즉시 외부로부터의 유효 적절한 행동으로 나서야만 한다.

그러나 이때 불이 적의 진영 안에서 났는데도 영내가 너무 조용하고 혼란의 형적이 없으면, 잠시 기다리면서 상황을 살피지 않으면 안 된다.

화세(火勢)가 점점 커져서 그 불 기운이 맹렬해졌을 때, 그 상황에 따라서 공격할 수 있으면 공격하고, 그렇지 못하면 공격하지 말고, 그대로 때를 기다려야 한다. 이것이 곧 화공에 있어서의 요점(要點)인 것이다.

6

불은 밖에서 놓을 수 있으면 안에서 기다릴 것이 없이 때에 맞도록 불을 놓을 것이다.

原文 火可發於外요 無待於內니 以時發之니라.
(화가발어외) (무대어내) (이시발지)

解説 불을 밖에서 놓는 것이 좋을 때는 진영 안에서 무슨 일이 있기를 기다릴 것이 없이, 시간과 바람의 방향 등을 참작해서 그 때에 맞도록 불을 놓으면 된다. 여기에서 제일 중요한 것은 시기인 것이다. 바로 이때라고 판단되면 바로 그때 불을 놓으면 된다.

7

불이 상풍(上風)에서 일어나면 하풍(下風)을 공격하지 말아야 한다. 낮바람이 오래 불면 밤바람은 그치는 법이다.

原文 火發上風이면 無攻下風이라. 晝風久면 夜風止니라.
(화발상풍) (무공하풍) (주풍구) (야풍지)

解説 불이 상풍에서 일어났을 때는 바람을 거슬러 쳐서는 안 된다. 이는 대개 그 하풍을 굽혀서 연기와 불꽃에 부딪치는 바가 되면 자못 이롭지 못하기 때문이다.
  즉 불이 바람부는 데서 일어나면 바람이 닿는 곳에서는 공격하지 말라는 것이다. 이것은 마치 언덕 위로 쳐올라가는 것과 같아서 몹시 불리한 것이다.

또 낮부터 계속해서 부는 바람은 밤이 되면 대개 그친다. 이 역시 화공에서는 유의해야 할 일인 것이다.

8

대체로 군대는 반드시 오화(五火)의 변을 알고, 수(數)로써 이를 지킨다.

原文 凡軍은 必知五火之變하고 以數守之니라.
　　　범군　　필지오화지변　　이수수지

註 이수수지(以數守之) : 수(數)는 술(術)의 뜻으로서 앞에서 말한 한천(旱天)이나, 또는 바람이 일어나는 날 같은 것을 가리키며, 이것을 알아서 스스로 지키는 것이 있어야 한다는 것이다.

解說 오화의 목적은 같지 않고, 그 운용(運用)도 스스로 다른 것이니 용병(用兵)하는 자는 변하는 것을 알아서 수(數)로 지키지 않으면 안 된다.

수라는 것은 곧 계후(季候)·지리(地理)·적정(敵情)을 말한다. 즉 화공의 다섯 가지 목표를 잘 알아서 남을 공격함과 동시에, 또 적으로부터 당할 것에 대해서도 만반의 준비가 있어야 하는 것이다.

9

  그런 까닭에 불로써 공격을 돕는 자는 밝고, 물로써 공격을 돕는 자는 강하다.

[原文] 故로 以火佐攻者는 明하고 以水佐攻者는 强이니라.

[解說] 화공은 명백히 이기기가 쉽기 때문에 불로써 공격을 돕는 자는 밝다고 했고, 수공의 세력은 강대(强大)하기 때문에 물로써 공격을 돕는 자는 강하다고 했다. 그러나 물과 불을 서로 비교하면, 물은 적의 길을 끊고 적의 군대를 나누는데 그치며 적의 축적(蓄積)을 빼앗지는 못하니, 불의 끊기도 하고 빼앗기도 하는 것만 못하다. 그러므로 화공이 수공보다 낫다는 것을 알 수가 있다. 이 대목에서는 화공이 수공에 비하여 더욱 좋다는 것을 말했다.
  그러나 화공만이 소중한 것은 아니요, 또한 가끔 수공(水攻)을 소중히 여기는 자도 있다.

10

  물은 끊을 수는 있어도 빼앗을 수는 없다.

[原文] 水可以絶이나 不可以奪이니라.

[解説] 수공은 적의 교통을 차단하고, 그리하여 자연스러운 굴복을 기다리는 것이지만, 화공의 경우와 같이 단숨에 적의 생명이나 자재(資財)를 빼앗아 버리는 것은 아니다. 이것도 또한 수공과 화공의 다른 점이다.

11

대체로 싸워 이기고 공격하여 취했어도 공을 거두지 못하면 흉하다. 이것을 이름하여 비류(費留)라고 한다. 그런 까닭에 말하기를 밝은 임금은 이를 걱정하고 뛰어난 장수는 이를 닦는다고 한다.

[原文] 夫戰勝攻取하대 而不修其功者는 凶이니 命曰費留라. 故로 曰 明主는 慮之하고 良將은 修之니라.

[註] 비류(費留) : 군비(軍費)를 쓰면서 군대를 주둔시킨다는 말.

[解説] 대체로 싸워서 이기고 공격하여 차지하는 것은 명장(名將)·지장(智將)이 하는 일이지만, 그렇다고 해서 전쟁이 이것만으로 끝난다고는 할 수가 없다. 반드시 나아가서 유종(有終)의 효과를 거두고, 그리하여 국리민복(國利民福)에 보탬이 되는 것이어야만 비로소 그 목적을 달성했다고 할 수 있는 것이다.

만일 그렇지 못하다면 그보다 더 큰 국가의 불행은 없다. 일껏 국운(國運)을 건 큰일을 결행(決行)해 나가면서 공연히 전승(戰勝)의 쾌미(快味)에만 취한 나머지 가장 소중한 최후의 전과에 생각이 미치지 못하는 따위, 이것을 이름하여 비류(費留)라고 한다.

　비류란 국탕(國帑)과 국고를 낭비하고, 나아가서 국민의 생명을 전장(戰場)에 버려 쓸데없이 나라의 걱정거리만을 만드는 것을 말한다.

　이러한 비류가 되어서는 안 된다. 그러기에 명철(明哲)한 군주(君主)나 지혜 있는 양장(良將)은 오직 전쟁의 결과를 우려하고, 용병(用兵)에 있어서 오직 한 가지로 유종(有終)의 전과만을 거두려고 힘을 다하는 것이다.

12

　이익이 아니면 움직이지 않고 얻는 것이 아니면 쓰지 않고, 위태로운 일이 아니면 싸우지 않는다. 임금은 노여움으로 해서 군사를 일으킬 수 없고, 장수는 노여운 일로 해서 싸움을 이룰 수 없다. 이로운 일에 맞으면 움직이고, 이로운 것에 맞지 않으면 그친다.

[原文] 非利不動하고 非得不用하며 非危不戰이라. 主不可以怒而興師요 將不可以慍而致戰이라. 合於利而動이요 不合於利而止니라.

[解說] 명주(明主)나 양장(良將)은 조정에서 전쟁을 결정할 때, 응당 위태로운 일이 아니면 싸우지 않는다(非危不戰)는 것으로 전

제(前提)를 삼고, 이로운 것이 아니면 움직이지 않고(非利不動), 얻는 것이 아니면 쓰지 않는다(非得不用)는 것으로 준칙(準則)을 삼아, 싸우는 일을 마치 몸이 움직이는 것과 같이 여기며, 오직 이기는 것을 귀하게 여기고 오래 가는 것을 귀하게 여기지 않아 모두 싸운 후에 그 공을 닦아서 비류에 빠지지 않게 된다.

전쟁은 그 나라만 망칠 뿐 아니라, 그 자신까지도 망쳐 놓는다. 요컨대 용병의 일은 모름지기 나라의 이익과 백성들의 복에 합당한지 아닌지를 잘 살펴서 그 결행 여부를 결정해야 한다.

13

노여움으로써 다시 기뻐해야 하고, 성냄으로써 다시 기뻐해야 한다. 그러나 망한 나라는 다시 남아 있을 수 없고, 죽은 자는 다시 살아날 수가 없다. 그런 까닭에 말하기를, 밝은 임금은 이를 삼가고, 좋은 장수는 이를 경계한다. 이것이 나라를 편안히 하고 군대를 온전히 하는 길인 것이다.

原文 怒可以復喜요 慍可以復悅이라. 亡國은 不可以復存이요 死者는 不可以復生이라. 故로 明主는 愼之하고 良將은 警之니 此安國全軍之道也니라.

解説 임금은 노여워했다가 다시 기뻐할 수도 있고, 장수는 성이 났다가도 다시 기뻐할 수가 있다. 그러나 나라가 망하면 그 나라는 남아 있을 수가 없고, 군사는 이미 죽으면 다시 살아나지 못한다. 그런 까닭에 밝은 임금은 군사 쓰는 것을 신중히 하고, 훌륭한 장수는 경솔히 전쟁하는 것을 경계하는 것이니, 이것이 나라를 편안히 하고 군대를 온전히 하는 길인 것이다.

 삼가는 것과 경계함, 이것이야말로 참으로 국가를 보전하고 군을 온전히 하는 유일한 근본이라는 것을 알아야 한다.

 대개 화공은 그 해독이 몹시 심한 것이니, 만부득이한 일인 뒤에라야 쓰는 것이며, 한번 쓴 뒤에야 어찌 다시 전쟁에 대해서 말하겠는가? 그런 까닭에 명군이나 양장은 이로움만 있고 만에 하나도 해로운 것이 없는 처지가 아니면 화공을 쓰지 않고, 얻는 것만이 있고 만에 하나라도 잃는 것이 없는 처지가 아니면 화공을 하지 않았으며, 위급존망(危急存亡)의 때가 아니고서는 화공으로 싸움을 돕지 않았다.

 임금은 노엽다고 해서 화공의 군사를 일으켜서는 안 되고 장수는 성난다고 해서 화공의 싸움을 일으켜서는 안 된다. 반드시 이익에 맞은 뒤에 화공을 움직이고, 이익에 맞지 않으면 화공을 써서는 안 되는 것이니, 이는 도리어 해로움이 있을 것을 두려워하기 때문이다.

 구지편에서는 비록 죽을 땅에 들어갔을지라도 그 기변(機變)과 활전(活轉)에 대해서 전혀 위태롭다고 말한 적이 없는 손자(孫子)가 유독 화공만은 깊이 경계를 했으니, 어찌 그 참혹한 것을 미워하고 그 위태한 것을 두려워하여 말하기를 삼간 것이 아니겠는가? 그러므로 이것을 어진 장수의 말이라고 하는 것이다.

13. 용간편(用間篇)

　간(間)이란 곧 지금의 세작(細作), 즉 간첩이다. 이 간첩을 써서 적의 실정을 알아야 한다. 그러나 또한 그 실정을 제대로 알지 못하는 수도 있으니, 그렇기 때문에 성지(聖智)가 아니면 능히 쓰지 못한다고 했다.
　용간(用間)이란 가장 하책(下策)이다. 그러나 이 용간은 군의 활동과 밀접 불가리(不可離)의 관계에 있다.
　이런 뜻에서 보면 이 용간편은 이 책 전체의 근간이요, 또 그 중추(中樞)라고도 할 수가 있다.

1

　손자(孫子)는 말했다. 대체로 군사 일으키기를 10만 을 하고, 나아가서 정벌하기를 천리를 한다면, 백성의 비용과 공가(公家)의 부담은 하루에 천금(千金)을 쓰게 된다. 내외(內外)가 소동(騷動)을 부리고, 도로(道路) 에 시달려서 일을 하지 못하는 자가 70만 집, 서로 지 키기를 수년(數年)으로 하루의 승리를 다툰다. 그러나 벼슬과 녹(祿)과 백금(百金)을 아껴 적의 정세를 알지 못하는 자는 어질지 못한 것의 지극함이다. 이는 사람 의 장수가 아니요, 임금의 보좌(補佐)가 아니니, 승리 의 주인이 아니다.

原文 孫子曰 凡興師十萬이요 出征千里면 百姓之費와 公家之奉이 日費千金이요 內外騷動이며 怠於道路하야 不得操事者 七十萬家에 相守數年하야 以爭一日之勝이라. 而愛爵祿百金하야 不知敵之情者는 不仁之至也니 非人之將也요 非主之佐也요 非勝之主也니라.

註 백성지비(百姓之費): 국민이 내는 돈, 즉 군사비(軍事費)의 부담. 공가지봉(公家之奉): 국내의 여러 제후(諸侯)들의 부담. 고대 중국이 봉건제(封建制)였던 까닭. 태어도로(怠於道路): 군사 수송 때문에 폐농(廢

農)하기에 이르는 것. **부득조사자(不得操事者)** : 가사(家事)를 돌볼 수 없는 것. **주지좌(主之佐)** : 군주가 될 만한 그릇이란 뜻.

[解說] 여기에서는 먼저 군사를 한번 일으키면 반드시 재물을 상하고 백성을 수고롭게 하는 것이니, 마땅히 깊이 생각해야 한다고 말하고 있다. 여기에 10만이니 천리니 한 것은 그 대략을 말했을 뿐이다. 춘추(春秋)때 열국(列國)이 서로 삼켜서 각각 큰 나라를 점령했을 때는 10만의 군사가 아니면 대적할 수가 없고 천리의 길이 아니면 깊이 들어갈 수가 없었다. 하루에 천금(千金)을 소비한다는 것도 역시 대략 백성이나 공가(公家)에서 소비되는 수를 들어 말했을 뿐인데, 사실은 군사 10만이나 비용 천금만으로 되는 일이 아니다.

옛날에는 여덟 집이 같은 정전(井田)을 경작하면서 그중에서 한 장정을 뽑아서 군대에 내보냈는데, 이때 수레와 우마(牛馬), 양식과 꼴의 종류를 모두 70집에서 보급(補給)하기 때문에, 10만의 군대가 전쟁에 나간다면 70만의 집이 편안히 쉴 수가 없는 것이다. 그러므로 백성을 수고롭게 하고 재물을 없애면서 오랜 시일을 소비하였으면 하루의 승리를 얻어야 비로소 백성을 보존하고 임금을 이롭게 할 수가 있는 것이다.

이와 같이 엄청난 일을 해나가는 데 있어서 불과 얼마도 되지 않는 벼슬이나 녹(祿)을 아껴서 용간(用間)에 힘쓰지 않았다거나 적의 정세를 모르고 있었다고 한다면 이보다 더 큰 과오가 어디에 있겠는가?

2

　그런 까닭에 명군(明君)과 양장(良將)이 움직여 남보다 우수하고 성공을 이루는 것이 무리에서 뛰어난 것은 남보다 먼저 알기 때문이다. 먼저 아는 것은 귀신에게서 취할 수 없고, 일을 통해서 아는 것도 아니며, 도(度)에서 증험할 수도 없다. 반드시 사람에게서 취해서 적의 정세를 아는 것이다.

原文 故로 明君賢將이 所以動而勝人하고 成功이 出於衆者는 先知也라. 先知者는 不可取於鬼神이요, 不可象於事요 不可驗於度하며 必取於人하야 知敵之情者也니라.

註 선지(先知): 선견(先見)과 같은 말. 먼저 적의 정세를 자세하게 아는 것. 취어귀신(取於鬼神): 신불(神佛)에 의해서 판단하는 근거를 찾는다는 말. 상어사(象於事): 전혀 다른 세계의 일에 해당시켜 묻는다든가, 또는 역사 같은 것을 찾아서 유사한 사상(事象)을 구하는 것. 험어도(驗於度): 천문(天文)을 관측하는 것. 여기의 도(度)는 천체도(天體圖)의 눈금을 가리킨다. 취어인(取於人): 적재(適材)를 써서 인력(人力)을 다하는 것.

解說 명철(明哲)한 임금과 현능(賢能)한 장수가 한번 움직여서 곧 능히 남을 이기고 공업(功業)을 성취하는 것이 무리에서 뛰어난 것은 능히 먼저 적의 정실(情實)을 알았기 때문이다. 대체로 적의 실정은 진실이 따로 있기 때문에 이를 먼저 알려면 역시 그

방법이 있는 것이다. 다른 일은 복서(卜筮) 같은 것으로 귀신에게서 취하든가, 형기(形氣)의 물건으로 알아낸다든가, 또는 천문(天文)의 이치와 도수(度數)로써 징험하는 것이지만, 적의 정실은 귀신에게서 취할 수도 없고, 사물로 헤아릴 수도 없으며, 도수로 징험할 수도 없다. 이는 반드시 심복(心腹)의 사람을 찾아서 그를 간첩으로 써서 적의 정실을 탐지(探知)해야만 한다.

3

그런 까닭에 간첩을 쓰는 데는 다섯 가지 방법이 있다. 향간(鄕間)이 있고, 내간(內間)이 있고, 반간(反間)이 있고, 사간(死間)이 있고, 생간(生間)이 있다. 이 오간(五間)이 동시에 일어나서 그 길을 알지 못한다. 이것을 신기(神紀)라고 하는 것이니, 임금의 보배인 것이다.

原文 故로 用間이 有五하니 有鄕間하고 有內間하고 有反間하고 有死間하고 有生間이니 五間이 俱起하와 莫知其道라. 是謂神紀니 人君之寶也니라.

註 향간(鄕間): 인간(因間)으로 되어 있는 원본(原本)도 있다. 신기(神紀): 기(紀)는 다스린다, 경영(經營)한다는 뜻. 신기(神紀)는 신(神)과 같은 경영(經營)의 재간. 곧 용간(用間)의 천재(天才)를 말한다.

解説 여기에서는 간첩의 종류에 대하여 말하고 있다. 그리고 그 성질(性質)에 대해서도 아울러 설명했다. 향간(鄕間)이란 적의 향국(鄕國)의 사람을 통해서 적의 표리(表裏)의 허실(虛實)을 아는 것이다. 그렇기 때문에 이는 그들을 두텁게 어루만져서 써야 한다.

내간(內間)은 적의 관인(官人) 중에 어질면서도 직책을 잃은 자, 허물이 있어 형벌을 받은 자, 또한 사랑을 받아 재물을 탐한 자, 굽혀서 남의 아랫자리에 있는 자, 이럴까 저럴까 항상 두 가닥의 마음을 가진 자, 이러한 관원들을 모두 비밀스럽게 내통(內通)하여 후하게 금백(金帛)을 주고 사이를 맺은 뒤 이로 인해서 그 나라 안의 실정을 얻어 내고, 그가 나를 도모하는 일을 살피며, 다시 그 군신(君臣) 사이를 이간하여 불화하게 만드는 것이다.

반간(反間)이란, 적이 간첩을 시켜 나를 살필 때 내가 만일 이를 알면 후하게 뇌물을 주어 유인하고, 혹은 거짓 모르는 체하기도 하고 혹은 거짓스러운 정세를 보여 준다.

사간(死間)은 거짓 일을 만들어 가지고 이것을 일부러 누설시켜 적이 이것을 믿고 대비하게 하면 적은 반드시 죽고 만다. 생간(生間)이란 우리 편의 어질고 지혜 있는 자를 뽑아서 적의 귀한 자와 친하게 한 뒤 그들의 동정과 허실(虛實)을 살펴서 돌아와서 보고하게 하는 것이다.

4

향간(鄕間)이란 향인(鄕人)을 이용하는 것이다.

原文 鄕間者는 因其鄕人而用之니라.

[解説] 여기에서부터는 앞에서 말한 오간(五間)에 대하여 차례로 풀이한 것이다. 우선 향간이란 군대가 주둔하고 있는 곳의 토착민(土着民)을 뽑아서 간첩으로 쓰는 것을 말한다. 이 향간은 우리 편에게는 매우 편리한 것이어서 예로부터 어떠한 곳에서든지 온갖 위협의 수단을 써서 이것을 곧잘 이용해 왔다.

5

내간(內間)은 적의 관인(官人)을 이용하는 것이다.

[原文] 內間者는 因其官人而用之니라.
　　　　내 간 자 　인 기 관 인 이 용 지

[解説] 여기의 관인이란 적국의 벼슬아치를 말한다. 적의 관리를 이용해서 이쪽의 간첩의 임무를 줄 경우, 이것을 내간이라고 한다.
　이러한 매국노를 적국 안에 만드는 데에는 참으로 많은 상과 후한 봉록(俸祿)을 써야만 한다.

6

반간(反間)이란 적의 간첩을 이용해서 쓰는 것이다.

[原文] 反間者는 因其敵間而用之니라.
　　　　반 간 자 　인 기 적 간 이 용 지

13. 용간편

解説 적의 간첩을 이용해서 거꾸로 이쪽의 임무를 맡기는 것, 그것을 반간이라 한다. 이 반간은 적의 간첩이라는 것을 알면서, 일부러 모른 척하고 모든 위장(僞裝)의 수단을 써서 교묘하게 이들을 속이는 것이다.

그리하여 이쪽을 위해서 활동하도록 역이용(逆利用)하는 것인데, 이것은 이른바 반간의 고육계(苦肉計)라 해서 유명한 수법이다.

7

사간(死間)이란 밖에서 속여서 나의 간첩으로 하여금 이것을 알아내어 적의 간첩에게 전하는 것이다.

原文 死間者는 爲誑事於外하고 令吾間知之하야 而傳於敵間也니라.

註 전어적(傳於敵): 사간(死間)이 적에게 잡혀 무서운 고문을 받을 때, 이쪽에서 속은 대로 그 사실을 적에게 실토(實吐)한다. 즉 허위의 정보를 적에게 제공하여, 결국 적을 속이는 것이다.

解説 교묘하게 일을 꾸며서 먼저 우리쪽 간첩을 속인다. 그리고 이 간첩이 적에게 잡히게 하여 또 적을 속인다. 이리하여 교묘하게 우리쪽의 기도(企圖)한 바를 성취시키키는 것이다. 결국 이쪽과 저쪽을 모두 속여 보자는 속셈이다.

이것을 사간이라고 하는 것은, 이렇게 해서 속은 적은 얼마

안 가서 그 속았다는 것을 알게 될 것이요, 그렇게 되면 그 간첩
은 반드시 사형(死刑)에 처해질 것이기 때문이다.

8

생간(生間)은 돌아가서 보고한다.

原文 生間者는 反報也니라.
　　　생간자　　　반보야

解説 간첩 활동한 내용을 본국으로 돌아와 보고한다. 이것을 생
간이라고 한 것은, 앞의 사간과는 반대로 반드시 살아 돌아와 복
명(復命)하기 때문이다.
　흔히 말하는 간첩이니, 첩자(諜者)니, 간자(間者)니 하는 것은
모두 여기에 속한다. 살아서 돌아오는 간첩이라는 말이다.

9

그런 까닭에 삼군(三軍)의 일은 간첩보다 친한 것이
없고, 간첩보다 상(賞)이 후한 것이 없으며, 간첩보다
일이 더 비밀한 것은 없다.

原文 故로 三軍之事는 莫親於間이요, 賞莫厚於間이요,
　　　고　　삼군지사　　　막친어간　　　　　상막후어간
事莫密於間이니라.
사막밀어간

13. 용간편　279

[解說] 간첩이라는 것이 얼마나 소중한가 하는 것은 이것으로 알 수가 있다. 따라서 간첩이 하는 일만큼 중한 상과 후한 녹을 주는 것이 없다. 뿐만 아니라 이것만큼 기밀(機密)이 필요한 일도 없는 것이다.

10

성(聖)스럽고 지혜가 없으면 간첩을 부릴 수가 없다. 인의(仁義)가 아니고서는 간첩을 쓸 수가 없다. 미묘(微妙)가 아니고서는 간첩의 실상을 얻을 수가 없다.

[原文] 非聖智면 不能用間이요, 非仁義면 不能使間이요, 非微妙면 不能得間之實이니라.

[註] 미묘(微妙) : 사물의 표리(表裏)를 통찰하는 것이 명민(明敏)하고 미묘한 지경에 이른 것을 말함. 간지실(間之實) : 간첩이 가져온 첩보(諜報)의 실상.

[解說] 간첩을 쓰는 데는 가장 예민(銳敏)한 관찰력과 판단력이 있어야 한다. 바꾸어 말하면 사물의 안팎을 깊이 통찰할 수 있는 미묘하고도 섬세한 천재적 재질(才質)이 있지 않으면 안 된다.
  이 용간(用間)에 대해서 손자(孫子)는 이미 2천 5백 년 전에 이와 같이 요구 설명하고 있다. 그러므로 그의 병법(兵法)이 얼마나 엄격하고 섬세한 것인가, 새삼 경건한 마음을 갖지 않을 수 없다.

11

　미묘하고 미묘하도다. 간첩을 쓰지 않는 곳이 없다. 간첩의 일이 아직 시작도 되지 않았는데 이 소식이 먼저 새어 나간다면, 간첩이나 이것을 알린 자는 모두 죽는다.

原文 微哉微哉에 無所不用間也라. 間事未發而先聞者는 間與所告者 皆死니라.

註 소고자(所告者) : 기밀(機密)을 누설해서 남에게 알린 자.

解說 미묘하고 미묘한, 놀랄 만한 위력을 발휘하는 것도 이러한 세심한 간첩을 쓰는 법이고, 그 쓰는 법 여하에 따라서는 어떤 곳에서나 유효할 수가 있다.
　그러나 만일 이러한 간첩전(間諜戰)에서 사전에 계획이 탄로되는 일이 있으면 정체가 밝혀진 간첩은 물론, 그것을 들어 알고 있는 사람은 모조리 없애야 한다. 그만큼 용간은 은밀, 세심이 생명이다.

12

　대체로 군사가 치고자 하는 곳, 공격하고자 하는 성,

사람이 죽이고자 하는 사람은 반드시 먼저 그 수장(守將), 좌우(左右), 알자(謁者), 문자(門者), 사인(舍人)의 성명(姓名)을 알아서, 나의 간첩으로 하여금 반드시 찾아서 이를 알게 한다.

原文 凡軍之所欲擊과 城之所欲攻과 人之所欲殺은 必知其守將 左右 謁者 門者 舍人之姓名하야 令吾間으로 必索知之니라.

註 알자(謁者): 주로 손님 접대를 맡아 보는 자. 지금의 군대의 부관(副官)이나 또는 비서관 같은 것. **문자(門者)**: 문을 지키는 자. **사인(舍人)**: 마부(馬夫)나 어자(御者), 또는 그 밖의 잡역(雜役)을 맡은 자.

解說 간첩을 쓰는 한 방법으로, 가령 여기에 이쪽이 치고자 하는 적군이나 성새(城塞)가 있고, 또 이쪽이 죽이고자 하는 적의 장수가 있다고 치자. 그럴 때에는 우선 반드시 그 적장이나 막료(幕僚)들의 성명을 비롯해서, 그 아래에 있는 문지기나 일반 잡역자(雜役者)까지 자세히 적어 두었다가 이것을 이쪽의 간첩에게 내준다. 이리하여 이것으로 적의 정세를 탐색하도록 해야 한다.

13

반드시 적의 간첩으로 와서 우리를 탐색(探索)하는 자를 찾아내서 이로 인하여 이를 이롭게 하고, 인도하여 그를 쉬게 한다. 그런 까닭에 반간(反間)을 얻어서 쓸 수가 있는 것이다.

原文 必索敵間之來間我者하야 因而利之하고 導而舍之라.
故로 反間을 可得而用也니라.

註 간아자(間我者) : 우리의 군정(軍情)에서 간첩 활동을 하는 자를 말함.
인이리지(因而利之) : 이것을 이용하여 이롭게 함. 도이사지(導而舍之) : 안내해서 숙소(宿所)를 마련해 줌.

解說 적의 간첩이 우리 쪽에 들어오는 것을 찾아내서 이것을 이용하는 것도 지극히 중요하다. 이를 발견하는 대로 길을 안내하는 것으로부터 숙소(宿所)를 정해 주는 데에 이르기까지 친절하게 해줌으로써, 차츰 친밀의 도(度)를 높여 간다.

그렇게 하면 이로 인해서 이를 반간(反間)으로 이용할 수 있는 실마리를 얻게 된다.

14

이로 인해서 이를 알게 된다. 까닭에 향간(鄕間)과 내간(內間)을 얻어서 쓸 수가 있다.

原文 因是而知之라. 故로 鄕間과 內間을 可得而使也니라.

【解説】 이와 같이 해서 적의 간첩의 활동을 알 수가 있으면, 자연히 그로 인해서 적국의 실정을 알게 된다. 이렇게 되면 향간(鄕間)과 내간(內間)을 얻을 수 있어서 부릴 수가 있다는 것이다.

15

이로 인해서 이를 알게 된다. 그런 까닭에 사간(死間)이 거짓 일을 하게 하여 적에게 알리게 한다.

【原文】 因是以知之라. 故로 死間이 爲誑事하야 可使告敵이니라.

【解説】 적의 간첩에게서 듣는 것이 있으면 사간(死間)으로 하여금 거짓의 일을 하게 하여 이를 적에게 고하게 하는 것이다. 곧 허위의 정보를 적에게 제공하게 하는 것이다.

16

이로 인해서 이를 안다. 그런 까닭에 생간(生間)을 기약한 것이 같이하게 한다.

【解説】 因是而知之라. 故로 生間을 可使如期니라.

解説 이렇게 되면, 생간(生間)으로 하여금 적의 정보를 가지고 약속한 시일 안에 돌아오도록 한다.

이렇게 되도록 생간을 활동시킬 수 있다는 것이다.

17

오간(五間)의 일은 임금이 반드시 이것을 알아야 한다. 이것을 아는 것은 반드시 반간(反間)에 있다. 그런 까닭에 반간은 후하게 대하지 않을 수 없다.

原文 五間之事는 主必知之니 知之는 必在於反間이라. 故로 反間은 不可不厚也니라.

解説 이상에 말한 다섯 가지 간첩을 쓰는 일은 임금이 반드시 친히 알지 않으면 안 된다. 그리고 이 다섯 가지 간첩에 대한 활동을 아는 것은 반드시 반간으로 인해서 이루어지는 것이다. 이 반간이 아니고서는 모든 단서(端緒)를 얻어낼 수가 없다.

그런 까닭에 이 반간(反間)에 대해서는 특별히 후하게 대접하지 않으면 안 된다.

18

옛날에 은(殷)나라가 일어나자, 이지(伊摯)는 하(夏)

나라에 있었고, 주(周)나라가 일어나자 여아(呂牙)는 은(殷)나라에 있었다. 그러므로 명군(明君)과 현장(賢將)만이 능히 상지(上智)로서 간첩을 쓰면 반드시 큰 공을 세운다. 이것이 군사의 요체(要諦)요 삼군(三軍)의 믿어서 움직이는 바인 것이다.

原文 昔殷之興也에 伊摯在夏요 周之興也에 呂牙在殷이라. 故로 唯明君賢將이 能以上智로 爲間者는 必成大功이니 此는 兵之要요 三軍之所恃而動也니라.

註 이지(伊摯): 이윤(伊尹). 상(商)나라 16대 왕 성탕(成湯) 시대의 재상으로 유명하다. 그는 상(商)의 인접국인 하(夏)에서 농사를 짓던 사람이었으나, 성탕왕(成湯王)이 그의 명성(名聲)을 듣고 세 번이나 초청했으므로 이에 감격하여 왕을 도와 걸(桀)을 토벌하고 천하를 평정했다. **여아(呂牙)**: 강태공(姜太公) 여상(呂尙)으로 자는 자아(子牙). 주(周)나라 무왕(武王)을 도와 은(殷)나라를 공략하고 천하 통일을 이룬 정치가이자 군략가(軍略家). **상지(上智)**: 높은 수완가이자 지능자(智能者).

解說 옛날 하(夏)나라가 망하고 은(殷)나라가 일어난 것은 오직 현신(賢臣) 이윤(伊尹)이 있었기 때문이었다. 당시의 폭군(暴君) 걸왕(桀王)의 천하에서 그는 포악한 학정(虐政)을 낱낱이 보고 알아서, 그 산 정보로써 탕왕을 도왔기 때문이다.

또 주(周)나라가 일어난 것도 역시 마찬가지다. 무왕(武王)의 모신(謀臣) 여상(呂尙)이 없었던들 어찌 가망이나 있는 일이었겠는가. 그는 은(殷)나라에 있으면서 당시의 폭군(暴君) 주왕(紂王)의 악랄한 학정을 눈여겨 보았다. 그리하여 그의 문란한 내정의 상태를 명확히 알고 있었다. 그런 일이 없었다면 새로운 무왕이 주나라 천하를 생각해 보지도 못했을 것이다. 따라서 세상의 명군이나 현장들은 생각해야 할 것이다. 유능한 인재, 곧 상지(上智)를 발탁해서 이를 간첩으로 쓰면 반드시 대공(大功)을 이룰 수 있을 것이다.

 이 편(篇)에서는 간첩을 쓰는 방법에 대해서 말하고 있다. 다섯 가지 간첩의 시작은 모두 반간과 관계가 있기 때문에 반간을 대우하기를 후하게 하지 않을 수 없다. 반간을 쓰는 방법은 마땅히 두 방면으로 볼 수가 있는데, 한편으로는 마땅히 미리 적의 내부(內部) 인물의 성명을 알아서 소식을 통하도록 하고, 한편으로는 마땅히 이로운 것으로 적이 보낸 사자(使者)를 유인해다가 거짓으로 꾸민 일을 보여 주어 그로 하여금 돌아가서 그 임금에게 보고하게 하여 그 신용(信用)을 잃게 하는 것이다.

 이 두 가지는 적이 적과 적 사이에 간첩을 하는 것에 관계가 되기 때문에 반간을 부릴 수 있다는 것이다. 이것이 반이 되므로 적의 향인(鄕人)을 향간(鄕間)으로 쓰고, 적의 관인(官人)을 내간으로 쓰고, 우리의 망명(亡命)한 사람을 사간으로 써서 적을 그르치게 하고, 우리의 현달(賢達)한 사람을 생간으로 보내어 적을 엿보게 한다.

 그러나 이 다섯 가지 간첩을 이용하는 데는 임금된 자가 반드시 이를 깊이 알아야 하는데 그중 특히 반간은 다섯 가지 간첩의 근본이 되기 때문에 반드시 그 녹봉을 후하게 주고 그를 우대(優待)함으로써 그로 하여금 나를 위해서 일하게 할 수 있도록 해야 한다.

惠園東洋古典

1 論 語 / 金錫源 譯解
논어는 공자의 언행, 공자와 제자 및 여러 인사와의 문답, 제자들 사이의 대화, 공자의 생각과 비평 등으로 이루어진 책이다. 이것은 유가의 경전이며, 모든 사람의 인격수양을 위한 좌우명이며, 서양의 성서와 같은 동양의 성서이기도 하다.

2 孟 子 / 范善均 譯解
저 옛날 호연지기를 통해 광명정대하고 거칠 것이 없는 젊은이의 이상을 제시했던 《맹자》는, 오늘날에도 젊은이들에게 인격수양을 위해 가장 알맞은 책의 하나이다.

3 大學・中庸 / 金時俊 譯解
대학과 중용은 오랜 세기에 걸쳐 논어・맹자와 더불어 유가의 경전으로 손숭되어 왔다. 대학은 개인생활의 수양과 일반적 사회질서와의 결합, 곧 윤리와 정치의 결합에 관한 논술이며, 중용은 유교 사상에 심원한 철학적 근거를 부여한 책이다.

4 詩 經 / 曹斗鉉 譯解
시경에 들어 있는 시 3백 편은 중국에서 가장 오래되고 가장 아름다운 문학작품으로 모든 인간사의 희로애락이 참으로 다양하고 감동적으로 표현되어 있다.

5 書 經 / 權德周 譯解
서경은 중국 고대의 역사적 기록인 동시에 가장 오래된 정치 철학서로서 그 가치는 오늘날에도 여전히 빛을 발하고 있다. 이러한 서경의 가장 중요한 가르침의 하나는 백성의 마음을 얻고 받들라는 치도(治道)의 근본에 관한 것이다.

6 周 易 / 崔完植 譯解
주역은 중국의 옛사람들이 자연계의 법칙을 거울삼아 슬기롭게 영위해 온 생활의 예지와, 현실쥬의적 종교관과 낙천적인 운명관을 모두 포함하고 있다.

7 菜根譚 / 黃秉國 譯解
채근담은 철학적 아포리즘인 동시에 대단히 문학적인 고전이다. 어디를 펼쳐도 어구 하나, 문장 하나가 다같이 명징한 문학적 색채를 띠지 않은 것이 없다. 그리고 저자의 삶에 대한 깊은 천착과 예리한 통찰력에 근거한 철학적 단상들이다.

8 明心寶鑑 /黃秉國 譯解

사물을 있는 그대로 되비추어 주는 거울 앞에 서면 누구도 적나라한 자신의 모습을 숨길 수가 없다. 특히 마음의 거울 앞에서는 더욱 그러한데, 명심보감은 바로 우리에게 그 마음의 거울이 되어 주는 의미 깊은 명저(名著)이다.

9 故事成語 /黃秉國 譯解

오랜 세월을 거치는 동안 어느새 우리의 생활 깊숙이 용해되어 일상 어휘들로 자리잡은 말들 중에는 의외로 옛 동양의 여러 고전이나 역사적 일화 등에 그 연원을 둔 고사성어들이 아주 많다.

10 老　子 /李民樹 譯解

노자는 중국 고전 중에서도 가장 어려운 것으로 여겨지고 있다. 또한 가장 신비적인 면을 지니고 있기도 하다. 이 노자에 일관되게 흐르는 무위 자연사상은 처음부터 끝까지 도 자체에 집약되어 있다.

11 孝　經 /黃秉國 譯解

효도하는 마음은 백 가지 행실의 근본이요, 만 가지 가르침의 근원이다. 아무리 뛰어난 인물이라 할지라도 삶의 가장 근원적이고 참된 가치인 효를 실천할 때에야 비로소 그의 인생은 바로 선다고 할 수 있다.

12 千字文 /李民樹 譯解

양(梁)나라 주흥사(周興嗣)가 지은 것으로 알려진 천자문은 1천자라는 제한된 틀 속에 우주만물의 온갖 진리와 인간 수양의 광범위한 지침을 망라한 명문·명시집(名時集)이다.

13 古文眞寶 /韓武熙 譯解

고문진보는 옛 중국의 아름다운 문학작품을 시와 산문으로 나누어 엮은 책으로서, 그 가치는 다른 어떤 고전에도 못지 않다. 예전에는 학문에 뜻을 둔 사람이라면 논어·맹자를 배운 다음에는 반드시 고문(古文)을 배웠는데, 고문진보는 바로 이를 위해 편찬된 책이다.

14 楚 辭/柳晟俊 譯解
　시경과 더불어 중국 문학의 양대 지주인 초사는 도가적(道家的) 신선사상(神仙思想)과 신화, 전설을 배경으로 한 낭만적이고 환상적인 작품집이다.

15 禮 記/李民樹 譯解
　예기는 시경·서경·주역·춘추와 더불어 오경(五經)의 하나로서, 유가들의 존숭을 받아 왔다. 그 내용은 고대 중국의 예에 관한 이론 및 실제를 기록한 것이다.

16~18 莊 子/李民樹 譯解
　언제나 인간 본연의 위치에서 '완전한 자유의 경지'를 추구했던 장자는 실제로 모든 현세적인 속박으로부터 온전히 자유로웠던 인물이다. 그가 추구한 최고의 가치인 이 절대자유는 아무것에도 의지하는 데가 없는 무대(無待)와 아무런 작위도 없는 무위(無爲)의 경지에서 자연과 인간이 완전히 합치하는 것이었다.

19 荀 子/鄭長澈 譯解
　'인간의 선천적 본성은 악하다'는 성악설을 주장, 성선설에 의문을 제기하였던 순황의 사상을 집록한 순자는 하나의 유가사상의 완전체를 나타내는 것으로, 논리학이나 인식론을 포함한 사상의 과학적 성격 등 후대에 많은 영향을 주어 왔다.

20 孫子兵法/李民樹 譯解
　병법 칠서(七書) 중 가장 뛰어난 병서로, '병은 국가의 대사(大事), 사생(死生)의 땅, 존망(存亡)의 길'이라는 입장에서 국책의 결정, 장군의 선임을 비롯하여 작전·전투 전반에 대해 격조 높은 문장으로 간결하게 요점을 설명하고 있다.

21 三字經/梁熙龍 譯解
　중국 명·청 시대, 어린 아이들뿐만 아니라 수레를 끌고 행상을 하는 사람들까지도 모두가 '사람은 태어나면서부터 타고난 성품이 원해 착하다'는 "인지초(人之初) 성본설(性本說)"을 아는 것을 보면 삼자경이 얼마나 폭넓게 전파되었는지를 알 수 있다.

혜원 세계문학

① 부활 — 톨스토이
19C 후반의 러시아를 대표하는 섬세한 작가이자, 예술가인 톨스토이의 작품

② 좁은 문 / 전원 교향악 / 배덕자 — 앙드레 지드
노벨문학상 수상 작가인 앙드레 지드의 대표작

③ 아Q정전 / 광인일기 外 — 노신
19C 말에서 20C 초엽의 격동기를 직접 체험하며 살다간 노신의 대표작

④ 대위의 딸 / 사람은 무엇으로 사는가 外 — 톨스토이, 푸슈킨
러시아의 국민 작가인 푸슈킨과 대문호인 톨스토이의 교훈적인 단편 모음

⑤ 채털리 부인의 사랑 — 로렌스
현 사회의 물질 문명을 증오하고 자연의 본능으로서의 성애(性愛)로 돌아갈 것을 주장한 로렌스의 대표작

⑥ 폭풍의 언덕 — 에밀리 브론테
황량한 요크셔의 자연을 배경으로 한 영국 소설의 걸작이자, 에밀리 브론테의 유일한 장편소설

⑦ 귀여운 여인 外 17편 — 체홉
러시아의 뛰어난 극작가이자 단편의 명인(名人)인 체홉의 명작품집

⑧ 첫사랑 / 전날밤 外 3편 — 투르게네프
서정적인 문체, 아름다운 자연 묘사 등을 구사한 러시아 3대 문호로 일컫는 투르게네프의 대표작들

⑨ 데미안 / 페터 카멘친트 / 싯다르타 — 헤르만 헤세
1946년 노벨문학상 수상 작가이자 동양인의 심성에 더 잘 어필한 헤세의 대표작

⑩ 파우스트 — 괴테
파우스트는 15,6세기경 독일에 실재했었다는 전설적인 인물. 파우스트는 괴테의 문학, 예술, 사상을 집약한 불후의 명작

⑪ 젊은 베르테르의 슬픔 / 헤르만과 도로테아 / 오월의 노래(시) — 괴테
독일 고전주의의 대표자인 괴테의 절망적인 사랑의 체험을 작품화한 〈젊은 베르테르의 슬픔〉 및 대표시들

⑫ 햄릿 / 로미오와 줄리엣 / 안토니와 클레오파트라 — 셰익스피어
자신의 경험 안에서 발견한 생의 보편적 의미를 반영하여 만들어 낸 시대의 거울인 셰익스피어의 걸작들

⑬ 마지막 잎새 外 36편 — 오 헨리
내용의 깊이와 해박한 언어 구사가 뛰어난 오 헨리의 단편들

⑭ 성(城) / 변신 — 카프카
실존주의 문학의 선구자로 평가받은 카프카. 〈성(城)〉, 〈변신〉은 그의 출세작

⑮ 보바리 부인 — 플로베르
사실주의의 완성자인 플로베르. 〈보바리 부인〉은 소송사건으로 주목을 받았음

⑯ 주홍 글씨 外 8편 — 호돈
17세기 중엽, 청교도들의 전통을 가장 잘 표현해 세계문학의 독특한 작품으로 평가

⑰ 테스 — 하디
19세기 물질주의와 재래의 기독교적 신념을 거부한 작가 하디의 인간에 대한 깊은 연민을 표현한 대표작

⑱ 신곡(神曲) — 단테
지옥편, 연옥편, 천국편의 3부로 된 〈신곡〉은 중세 유럽의 세계상을 환상 속에서 그린 단테의 불후의 걸작

⑲ 여자의 일생 外 4편 — 모파상
순결한 여인이 걷는 형극의 일생을 자연주의적 문학기법으로 전개한 〈여자의 일생〉. 세계 3대 단편 작가인 모파상의 걸작 〈목걸이〉 등이 있음

⑳ 적과 흑 — 스탕달
19세기 프랑스 소설을 대표하는 스탕달이 왕정복고 시대의 프랑스 사회를 예리하게 비판한 작품

㉑ 검은 고양이/
아서 고든 빔의 이야기 外 11편 　－ 포우
문학적 독창성에 있어 미국 최대의 작가이자 추리소설의 원조인 포우의 장·단편 모음집

㉒ 제인 에어 　－ 샬로트 브론테
문학사상 수작의 하나인 〈제인 에어〉는 반항적 기개와 정열이 넘쳐 흘러 당시 문단에 화제를 뿌렸음

㉓ 개선문 　－ 레마르크
독일의 소설가인 레마르크가 쓴 〈개선문〉은 나치에 쫓기는 지식인의 고뇌를 그린 작품

㉔ 무기여 잘 있거라/ 노인과 바다 　－ 헤밍웨이
20세기 미국 문학의 대표작가인 헤밍웨이의 작품

㉕ 실낙원/ 복낙원 　－ 밀턴
영국 르네상스 시대의 대표적 시인인 밀턴의 〈실낙원〉은 인간의 타락을, 〈복낙원〉은 낙원의 회복을 주제로 한 대서사시로 영국 르네상스의 최고 걸작임

㉖ 안네의 일기/ 안네의 동화 　－ 안네 프랑크
1942년 6월에서 1944년 8월 사이에 쓰여진 독일 태생의 유대인 소녀 안네 프랑크의 일기

㉗ 보물섬/ 지킬 박사와 하이드 씨 　－ 스티븐슨
황금빛 세계를 일깨워 준 이야기꾼인 스티븐슨이 인간성 안에 내재한 선·악의 문제를 다룬 반 과학적인 소설

㉘ 그리스 로마 신화 　－ 토머스 불핀치
토머스 불핀치의 대표작의 하나인 〈그리스 로마 신화〉는 전해지는 신화를 알기 쉽게 옮긴 작품

㉙ 골짜기의 백합 　－ 발자크
근대 사실주의 문학의 선구자며, 세계적인 대작가의 한 사람인 발자크의 자전적 요소가 강한 작품

㉚ 성 채 　－ 크로닌
크로닌의 장편 소설 중 가장 완벽에 가까운 〈성채〉는 주인공의 휴머니즘과 이상주의가 독자들에게 공감을 준 작품

㉛ 나 나 　－ 에밀 졸라
하층민을 묘사하는 데 힘쓴 이상주의적 사회주의자였던 에밀 졸라. 〈나나〉는 고급 창녀의 영화와 비참함을 그린 걸작

㉜ 일리아드 　－ 호메로스
그리스의 최고의 서사시 〈일리아드〉는 그리스군의 트로이 공략 10년 중 불과 50일 간의 사건을 다룬 작품

㉝ 오딧세이아 　－ 호메로스
트로이 함락 후, 귀국하는 도중 폭풍우를 만나 길을 잃고 10년간 표류한 뒤 귀국하는 오딧세우스의 이야기를 다룬 작품

㉞ 닥터 지바고 　－ 보리스 파스테르나크
파스테르나크의 유일한 장편으로 의사이며 시인인 유리 인드 레비치 지바고의 1905년 혁명 전야의 청년 시절로부터 1929년 모스크바 가두에서 심장마비로 쓰러지기까지의 생애를 그린 작품

㉟ 누구를 위하여 조종은 울리나 　－ 헤밍웨이
이 작품은 헤밍웨이를 미국 리얼이즘의 거장으로 확고한 자리를 굳히게 한 작품

㊱·㊲ 죄와 벌 　－ 도스토예프스키
러시아가 낳은 세계적 대문호인 도스토예프스키의 〈죄와 벌〉은 인류 불변의 진리를 예술적으로 승화시킨 최고의 걸작

㊳·㊴ 대 지 　－ 펄 벅
1938년 노벨문학상을 수상한 펄 벅이 중국에서의 체험을 소재로 한 작품

㊵ 셰익스피어 4대 비극 　－ 셰익스피어
셰익스피어는 영국이 낳은 최고의 작가로 4대 비극에는 〈햄릿〉, 〈오셀로〉, 〈리어 왕〉, 〈맥베스〉가 있음

㊶ 어린 왕자/ 야간 비행 外 1편 　－ 생텍쥐페리
'사랑'에 대해서 묻는 어른을 위한 동화인 〈어린 왕자〉. 페미나 상을 수상한 〈야간 비행〉 등의 대표작을 수록

42 이방인/ 페스트 外 2편 — 카뮈
1957년 노벨문학상을 수상한 카뮈. 인생의 '부조리'를 경험하며 살아가는 인간 내면을 그린 〈이방인〉은 그의 대표작

43 분노의 포도 — 스타인벡
토지를 빼앗긴 한 가족의 운명을 감동 있게 묘사한 〈분노의 포도〉로 스타인벡은 퓰리처상과 노벨문학상을 수상했음

44 백경 — 허먼 멜빌
작은 배로 거대한 백경과 싸우는 광경을 자세히 묘사한 허먼 멜빌의 대표작

45·46 카라마조프 가의 형제 들 — 도스토예프스키
러시아가 낳은 세계적 문호이자 소설가인 도스토예프스키의 저력이 드러난 필생의 대작

47·48 바람과 함께 사라지다 — 마거릿 미첼
〈바람과 함께 사라지다〉는 남북전쟁으로부터 전후의 재건 시대를 배경으로 한 작품으로 퓰리처 상을 수상

49 생의 한가운데 — 루이제 린저
독일의 여류 작가인 루이제 린저의 대표작으로 일기, 편지, 회상, 독백 등의 능란한 수법을 표현함

50 백년 동안의 고독 — 마르케스
〈백년 동안의 고독〉은 근친간의 혼돈 속에 몰락하는 과정을 역사와 전설적인 요소를 가미한 작품으로 1982년 노벨문학상을 수상

51 천국의 열쇠 — 크로닌
〈천국의 열쇠〉는 신부를 주인공으로 하여 가장 직접적으로 카톨릭의 신앙 세계를 다룬 작품

52 가시나무새 — 콜린 맥컬로우
〈가시나무새〉는 일생에 단 한 번 우는 전설적인 새로, 가장 훌륭한 것은 위대한 고통을 치러야만 얻을 수 있다고 일깨워 주는 작품

53 달과 6펜스 外 2편 — 서머셋 몸
자신의 체험을 중요시한 몸. 〈달과 6펜스〉는 화가 고갱을 모델로, 진정한 삶은 물질보다는 정신세계에 있음을 일깨워 준 작품

54·55·56 레 미제라블 — 빅토르 위고
프랑스의 낭만파 시인이며 소설가인 빅토르 위고. 〈레 미제라블〉은 인도주의 사상을 집대성한 작품

57 셰익스피어 희극선 — 셰익스피어
〈말괄량이 길들이기〉, 〈한여름 밤의 꿈〉, 〈베니스의 상인〉, 〈뜻대로 하세요〉, 〈십이야〉, 〈페리클레스〉는 비극에 못지않은 희극의 진수를 맛볼 수 있음

58 지와 사랑 — 헤르만 헤세
1946년 노벨문학상을 수상한 헤르만 헤세의 〈지와 사랑〉은 많은 작품 중 가장 아름다운 작품으로, 이성의 대립, 선·악의 갈등을 묘사한 작품

59 위대한 유산 — 디킨스
대중적 작가이며, 영국 문단의 거성인 디킨스의 〈위대한 유산〉은 허영에 농락당하는 영혼을 그린 작품

60·61 안나 카레니나 — 톨스토이
주옥 같은 〈안나 카레니나〉는 예술적 완성도에서 가장 으뜸인 작품

62·63 데카메론 — 보카치오
이탈리아의 소설가인 보카치오는 단테의 〈신곡〉에 대해 '인곡(人曲)'이라고도 일컬어지는 〈데카메론〉을 지어 근대소설의 선구자로 칭송받음

64 오만과 편견 — 제인 오스틴
〈오만과 편견〉은 두 주인공이 오만과 편견의 줄다리기를 하는 동안 인간성이 완성되어 간다는 이야기로, 영문학사상 매우 독자적인 위치를 차지하고 있음

65 타고르 선집 — 타고르
동양인으로서는 처음으로 노벨문학상을 수상한 타고르의 소설·시·희곡·평론으로 구성된 〈타고르 선집〉

66 초당 - 강용흘
자전적 소설인 〈초당〉은 외국에 동양의 전신 세계를 자세히 소개한 작품으로 펄 벅이 '불후의 명작'이라 평한 이 작품은 세계적인 구겐하임 상 등을 수상함

67 아에네이스 · 전원 교향시 - 베르길리우스
장편 서사시인 〈아에네이스〉는 아이네이아스의 전설에 바탕을 둔 작품이며, 〈전원 교향시〉는 베르길리우스의 생존시 출판된 유일한 작품

68 멋진 신세계 外 2편 - 헉슬리
미래소설인 〈멋진 신세계〉는 유토피아에 틀림없을 이 같은 세계가 과연 바람직한 것인지 아닌지라는 의문을 제출한 시니컬한 유토피아 소설 작품

69 세계의 신화 전설 - 하선미 편
신화 전설은 우리에게 무한한 자유의 세계와 풍요로운 상상의 세계를 경험하게 한다. 〈세계의 신화 전설〉은 제1부, 제2부, 제3부로 구분되어 있음

70 · 71 · 72 전쟁과 평화 - 톨스토이
러시아의 세계적 문호로 소설가이자 사상가인 톨스토이. 6년간에 걸쳐 연재한 대하장편소설 〈전쟁과 평화〉는 세계문학사의 최고의 명작

73 동물농장 · 1984년 - 조지 오웰
〈동물농장〉은 1945년 스탈리니즘 비판으로 이름 높은 작품이며, 〈1984년〉은 공포의 미래소설로 파타잔 레뷰 상을 수상한 작품으로 전후 영국문학의 최대 걸작임

74 인간 요건 · 사랑의 종말 - 그레이엄 그린
영국 작가인 그레이엄 그린의 작품인 〈사랑의 종말〉은 신에 대한 증오로 시작된 인식을 다룬 작품

75 성채 - 생텍쥐페리
비행사로서의 체험을 바탕으로 소설을 발표한 행동과 작가인 생텍쥐페리. 유작인 〈성채〉는 문명의 개념을 논한 미완의 작품

76 춘희 · 카르멘 - 뒤마 피스 · 메리메
뒤마 피스의 〈춘희〉는 고급 창녀의 순정을 그린 소설로 사회 문제를 다룬 희곡이며, 메리메의 〈카르멘〉은 스페인을 무대로 숙명적인 사랑을 그린 작품

77 인형의 집 外 2편 - 입센
19세기 최고의 극작가이자 시인인 그의 대표작 〈인형의 집〉은 사실주의 희곡의 모범을 보여 주는 걸작품

78 · 79 에덴의 동쪽 - 스타인벡
퓰리처상과 노벨문학상을 수상한 스타인벡. 장편소설 〈에덴의 동쪽〉은 구약성서에서 소재를 얻었으며, 제1차 세계대전을 배경으로 한 작품

80 유리알 유희 - 헤르만 헤세
1946년 노벨문학상을 수상한 헤르만 헤세의 〈유리알 유희〉는 나치스에 대한 깊은 저항과 20세기의 문화현상에 대한 비판서이자, 인간정신을 새로 갈망한 작품

81 천로역정 - 존 버니언
성서와 함께 고전으로 유명한 〈천로역정〉은 한 인간이 온갖 고난을 넘어서 영혼의 구원에 이르는 과정이 잘 묘사된 작품

82 어머니 - 고리키
러시아 문학의 아버지이며 사회주의 리얼리즘의 창시자인 고리키의 작품 〈어머니〉는 진보적 노동자의 전형을 생생히 보여 준 사회주의 리얼리즘 문학의 고전

83 구토 外 - 사르트르
프랑스의 작가이며, 사상가인 사르트르의 작품 〈구토〉는 역사 연구가의 일기 형식을 취한 것으로 프랑스 문학에 있어 가장 중요한 소설로 손꼽힘

84 · 85 장 크리스토프 - 로맹 롤랑
1915년 노벨문학상을 수상한 작품 〈장 크리스토프〉는 독일인 음악가가 인생 체험을 거쳐 세계시민으로까지 승화해 가는 과정을 그린 교양소설

86 완전한 기쁨·다니엘라 - 루이제 린저

〈다니엘라〉는 한 여자가 가지는 사회적 신념과 그 의지를 극명하게 드러냈으며, 루이제 린저의 역량이 깃들어 있는 〈완전한 기쁨〉은 소설 형식으로 표현한 작품

87 올랜도 - 버지니아 울프

1928년에 발표된 〈올랜도〉는 한 개인이 어떻게 자아의 속박에서 벗어나 영혼의 드높은 영역에 진입하게 되는가를 그린 작품

88 체호프 4대 희곡 - 체호프

러시아 리얼리즘 문학의 선구자로 평가되는 체호프는 희곡 작품의 창작에 있어 플롯을 최소한으로 줄이고 극적인 위기나 돌발 사건, 긴장 등이 미미한 역할을 하는 새로운 형식의 시적인 희곡을 성공적으로 창조해 냈다.

89 말테의 수기 - 릴케

전형적인 독일 산문 문체인 〈말테의 수기〉는 파리 생활의 고독한 슬픔과 우울, 영혼의 수난과 위기, 일상생활의 빈곤과 풍성함을 표현한 작품

90 심판·유형지에서 - 카프카

〈심판〉은 인간의 극한 상황에 대한 카프카 자신의 절규이며, 시적인 형상화라 할 수 있다. 〈유형지〉에서는 상극적인 두 세계의 갈등 속에서 체험했던 카프카 자신의 내면적인 진실이 담겨져 있다.

91 이지와 감정 - 제인 오스턴

짜임새 있는 구성과 따뜻하고 섬세한 아이러니, 정교한 인물 묘사를 통하여 작품의 완벽을 〈이지와 감정〉은 두 자매의 이야기를 통해 상반된 자아 실현의 모습을 절제되고 균형 있게 잘 묘사

92 중국 현대 단편선 - 루신 외

중국의 대표적인 작가 작품만을 엄선해 놓은 것으로, 인간의 본성과 인류의 관계를 진지하게 묘사하여 짙은 감동을 줌

93 검찰관, 외투 - 고골리

근대 러시아 사실주의 문학의 확립자로 일컬어지는 고골리의 예술적 사실주의와 날카로운 풍자가 흘러넘치는 작품

94 위대한 개츠비 - 피츠제럴드

피츠제럴드는 20세기 초 미국의 낙관주의를 대표하는 작가로서, 미국 사회의 실상을 예리하게 잘 표현한 세계적인 작가로 〈위대한 개츠비〉는 '사랑'만이 타락한 현실을 구원할 수 있다는 것을 제시

95 첼카쉬 - 막심 고리키

사회주의 리얼리즘을 확립한 작가인 막심 고리키는 이 작품을 통해 거친 현실에 저항하면서도 올곧게 살아가려는 힘찬 인간의 긍정적인 모습을 그림

96 돈 키호테 - 세르반테스

높은 도덕적 철학, 인간 내면에 대한 깊은 연구, 당시 사회의 비판적인 의식, 그리고 문학과 예술에 대한 비평을 가한 작품

■ 계속 출간됩니다.